2018年北京市属高校高水平教师队伍建设支持计划"长城学者培养计划"资助项目"新型城镇化与产业集聚：格局、过程与机理"（批准号：CIT&TCD20180336）资助出版

交通基础设施建设与经济空间格局塑造

王　菲　毛琦梁　著

Transport Development Reshape Economic Geography of China

经济管理出版社
ECONOMY & MANAGEMENT PUBLISHING HOUSE

图书在版编目（CIP）数据

交通基础设施建设与经济空间格局塑造/王菲，毛琦梁著．—北京：经济管理出版社，2020.8
ISBN 978 - 7 - 5096 - 7326 - 3

Ⅰ.①交… Ⅱ.①王… ②毛… Ⅲ.①交通运输建设—基础设施建设—影响—区域经济—空间结构—研究—中国 Ⅳ.①F512.3②F127

中国版本图书馆 CIP 数据核字（2020）第 146070 号

组稿编辑：胡　茜
责任编辑：胡　茜
责任印制：黄章平
责任校对：董杉珊

出版发行：经济管理出版社
　　　　　（北京市海淀区北蜂窝 8 号中雅大厦 A 座 11 层 100038）
网　　址：www. E - mp. com. cn
电　　话：（010）51915602
印　　刷：北京玺诚印务有限公司
经　　销：新华书店
开　　本：720mm × 1000mm/16
印　　张：13.75
字　　数：261 千字
版　　次：2020 年 9 月第 1 版　　2020 年 9 月第 1 次印刷
书　　号：ISBN 978 - 7 - 5096 - 7326 - 3
定　　价：69.00 元

·版权所有　翻印必究·
凡购本社图书，如有印装错误，由本社读者服务部负责调换。
联系地址：北京阜外月坛北小街 2 号
电话：（010）68022974　　邮编：100836

前　言

交通基础设施建设在经济社会发展过程中具有基础性、支撑性、先导性、服务性的作用。新中国成立以来，随着国家战略重心的阶段性转移以及制度环境的深刻变迁，交通基础设施建设经历了恢复式发展阶段、跨越式发展阶段，迈入了适度超前发展阶段。如今，中国的交通基础设施建设取得了引人注目的成就，公路成网、铁路密布、高铁飞驰，高速交通基础设施网络建设规模位居世界前列，"中国路、中国桥、中国高铁"已成为展示中国形象的新品牌。随着"八纵八横"高速铁路网的持续延展，多层次城镇交通骨干网络建设的加速，以及京津冀协同发展、粤港澳大湾区建设、长三角一体化发展等国家发展战略主导下的综合运输走廊建设的不断推进，交通基础设施建设已成为促进生产要素合理流动和优化配置，推动我国城镇体系持续健康发展，调整优化生产力布局以及促进区域协调发展的重要支撑。

众所周知，空间距离及其相关的运输成本，被认为是经济活动空间布局及空间作用的核心变量，人类经济发展过程的一个重要方面就是克服"距离专制"的历史。交通基础设施作为承载地区间联系的物理网络，是改变空间距离感知的重要方式。作为产品、生产要素等流通与联系的纽带，交通基础设施的规模、布局、网络结构等不断发展，能够提高地区间的可达性、促进时空压缩，有利于降低要素与产品的流动成本，促进资源在产业和地区间的重新分配，进而对经济空间格局的塑造有着不可忽视的作用。新经济地理学从产业集聚内生机制角度，分析了交通基础设施对新企业的诞生、企业分布与产业布局的影响，认为交通发展通过降低运输成本将改变区域离心力和向心力之间的平衡，可能会对不同区域发展产生相反的影响。一方面，交通条件改善有利于缩短地区间的时空距离，使外围低密度经济区可以更便捷地向中心区供给产品，促进地区间空间作用强度的提升，有利于区域经济一体化发展。另一方面，随着运输成本的逐步降低，生产要素也可能会向优势区域集聚，导致产业在核心地区的空间集聚程度加深，加剧地区发展的失衡。已有研究表明，交通基础设施建设能够诱导企业向落后地区布局或搬迁，导致经济空间格局趋于非均衡。关于中国的丰富研究也发现，高速公路、高铁等多种类型交通基础设施改善对区域经济发展的积极影响与负面影响同时存在，甚至会扩大中心—边缘地区间的发展不均衡。那么，近几十年来我国交通基础设施建设的快速发展对区域经济格局到底产生了怎样的影响？在助推整体经济增长的同时，是促进了区域协调发展，还是加剧了区域发展的失衡？由此可见，在中国大力推进交通基础设施建设和促进区域协调发展的背景下，对于交通发展如何塑造经济空间格局的问题需要更深入的探索。

本书将通过探讨交通基础设施建设对国内市场一体化的影响及其内在机制，分析不同的交通可达性水平下市场分割对产业增长的影响差异，以及空间接近对空间均衡的影响。利用中国地级地区制造业的相关数据，考察交通发展对产业区位选择的影响机制及对地区产业升级的促进作用，从而为正确认识交通基础设施建设与区域均衡的关系、合理制定区域协调发展政策提供理论依据，也在类型选择与区域布局等方面为中国未来交通基础设施建设提供决策参考。本书共七章，除第一章绪论外，第二章是对相关文献的述评和理论思考，第三章至第七章的具体内容安排如下：

第三章从地区间贸易的角度考察了我国交通基础设施建设对国内市场一体化的影响，重点从交通可达性提升对省际贸易规模、贸易结构、贸易壁垒等方面的影响来展开。一方面，交通基础设施建设水平的提升能够缩短地区间贸易的时空距离，有利于省际贸易量的增加；另一方面，随着地区间交通可达性提升带来的贸易成本下降，本地生产者将面临更加激烈的外部市场竞争，地方政府出于对所在区域利益角度的理性考虑，会利用扶持性产业政策来推行市场分割，从而保护本地产业，以求在短期内获得较快发展，从而加剧贸易壁垒。

第四章进一步分析了市场分割对产业增长的影响，以及不同的交通可达性水平下市场分割对于产业增长的影响差异。研究发现，市场分割对于地区产业增长具有倒 U 形的非线性影响，当市场分割水平不高于某个门槛值时，提高市场分割水平有利于当地的产业增长；当市场分割程度超过某个门槛值之后，其对产业增长将不再起促进作用，甚至可能对产业增长产生负面影响。交通发展提高了地区可达性，在一定程度上能够增强市场分割对产业增长的促进作用，即交通发展可能会影响地方政府行为模式，激励地方政府加强地方保护以实现市场分割的产业增长效应。由此可见，中国交通发展只是促进市场一体化的必要物质条件，而非充分条件。

第五章基于公路交通网络发展对于地区制造业增长的非线性影响视角，构建了产业增长门限模型，利用中国地级地区面板数据检验了空间接近对空间均衡的非线性影响。结果表明，空间接近并不一定能促进空间均衡，中心地区对于外围地区的溢出效应随着可达性的变化存在倒 U 形变化规律。在可达性提高到一定程度之前，到中心地区距离的缩短会抑制本地产业增长，但随着可达性的进一步提高，可以显著促进地区产业增长。另外，空间接近对于空间均衡的影响具有产业差异，改善中心—外围的可达性，可能会率先促使外围地区某些劳动密集度高、中间投入比重低、最终需求比重较低的产业活动繁荣。这可引导我们辩证地认识交通基础设施建设与区域均衡的关系，理性地分析通过交通基础设施建设实现经济空间均衡的规划。

第六章通过对中国地级地区制造业空间分布的研究，分析了交通发展促使时空压缩的产业区位效应，即在不断改善的交通条件下，如要素禀赋、市场潜力、集聚经济等区位因素在塑造经济空间中的作用与变化。研究结果表明，交通发展促使不同因素对于产业区位选择的作用性质、影响程度产生差异性变化，并表现出非线性特征。交通发展将可能率先导致劳动力等生产要素成本成为产业空间分布的离散力；在交通可达性提高到一定临界值之前，时空压缩使在市场、产业基础等方面具有优势的地区对于产业布局吸引力进一步强化，但是随着交通进一步发展，经济集聚的优势弱化，而拥挤效应强化，成为产业布局的离散力。由此可见，交通发展会重塑地区间的产业竞争优势，从而引导我们辩证地认识交通基础设施建设对于经济主体空间决策的影响，有助于深入理解经济空间格局的内在塑造机制。

第七章基于空间知识溢出视角，考察了以高速公路建设为代表的交通发展对于地区产业升级的促进作用。研究结果发现，地区产业升级受到空间知识溢出的正面效应，但是影响程度随着地区间空间、经济与文化等多维距离的增大而衰减。高速公路建设有助于缓解多维距离对于空间知识溢出的限制作用，从而增进知识溢出对于地区产业升级的促进作用。这说明交通基础设施建设可以成为促进产业升级的重要力量，区域经济发展要重视地区间互动，提高地区间可达性，促使地区更便捷地利用区外的知识禀赋，可以有机会实现更大程度的产业升级。这也意味着，如今各地区在促进本地产业升级的过程中，除了注重自身创新投入对本地区的直接效应之外，还应进行有效的区际互动，重视利用空间知识溢出效应，促进产业升级中的地区间集体学习机制。从全国层面来看，目前交通基础设施建设的大力投入不断促进时空压缩，有助于扩大地区间的知识溢出，成为促进地区产业升级的重要力量。从某种意义上而言，交通基础设施建设有助于推进地区产业升级的内生过程，能够成为产业转型与新经济结构塑造的重要源泉。

目　录

第一章 绪论

第一节 问题的提出与研究意义

为进一步增强我国区域发展的协同性、拓展区域发展新空间，党的十九大报告明确提出了区域协调发展战略的主要任务和战略取向。交通基础设施建设被视为促进区域协调发展的重要措施之一，中国政府积极推进交通先行发展作为支撑"四大板块""三大战略"等国家区域发展总体战略的重点任务，积极打通发达地区、中等发达地区、欠发达地区之间的联系通道，以促进区域协调发展（《中国交通运输发展白皮书（2016）》）。改革开放40年以来，中国交通基础设施建设取得了引人注目的成就，"中国路、中国桥、中国高铁"成为展示中国形象的新品牌。截至2019年末，全国高速铁路营业总里程超过3.5万公里，占全球高铁里程2/3以上，高速公路覆盖了97%的人口在20万人以上的城市及地级行政中心，总里程超过14万公里，稳居世界第一。

交通基础设施建设的跨越式发展如何影响中国经济空间格局已成为重要的研究主题（金凤君，2012；董艳梅和朱英明，2016；王雨飞和倪鹏飞，2016）。作为影响经济活动空间组织的关键因素（Redding & Turner，2015），随着交通的发展，地理距离对于经济的影响面临着如何被重新理解和表达的挑战。地理距离影响产品与要素空间流动的难易程度，是塑造经济空间格局的重要力量。交通网络可以显著缩短地区间通行时间，产生"空间吞噬"效应（Space Eating Effect）（Spiekermann & Wegener，2008），地域范围随着交通发展不断"缩小"，形成时空压缩（Time - Space Compression）。长期以来，运输成本大幅度下降似乎提高了经济活动空间布局的自由度，很多人预测"距离的消失"将会出现，"平坦的世界"成为可能（藤田昌久和蒂斯，2016），不少证据也表明交通发展导致了很多产业的空间扩散。有理由相信，交通发展改变了距离因素对于经济活动区位选择的重要性。

尽管交通发展降低了地理距离对经济活动的制约，但远未使其在经济活动选址决策中消失，很多新的力量正在成为决定因素。经济空间非均衡持续存在，而且还展现出新的区域经济极化（Regional Economic Polarization），其背后对应于新经济机会的空间差异（Storper，2018；Vickerman，1991；Finders & Tatum，2008）。交通发展带来的时空距离压缩，已成为改变经济空间格局与均衡态势的重要力量。在中国大力推进交通基础设施建设和促进区域协调发展的背景下，对于交通发展如何塑造经济空间格局的问题需要更深入的探索。

首先，交通基础设施建设作为影响市场一体化的重要措施之一，通过缩短区域间联系的距离、减少地理分割（世界银行，2009），从而降低区域间贸易成本、提高区域之间的贸易效率、增强地区间经济交流合作的便利性。但更重要的是，交通基础设施改善可以改变经济集聚力（市场规模和集聚经济）和离散力（要素成本和竞争）的相对平衡，影响经济活动的空间分布。一方面，良好的交通连接使外围低密度经济区可以更便捷地向中心区供给产品；另一方面，也意味着中心区可以从更低成本和扩大的需求联系中获得收益，加剧区域竞争（刘钜强、赵永亮，2010；Hulten et al.，2006）。那么，改革开放以来我国交通基础设施建设的快速发展是促进了国内市场的一体化发展，还是导致区域经济格局趋向非均衡？由此可见，研究交通基础设施建设对国内市场一体化的影响机制，分析不同交通可达性水平下市场分割对产业增长的影响差异，不仅关系到区域协调发展政策的价值导向，是对现实政策框架的有益思考，而且能够为中国利用交通基础设施供给调控经济资源区域分布、推动国内市场一体化进程提供科学的决策依据。

其次，交通发展会促进区域收敛还是发散，关键在于理解交通发展如何影响经济活动的空间分布，研究经济主体对广义运输成本降低的空间决策反应。区域发展非均衡的基础在于产业区位选择的空间非均衡机制，探索交通发展对于产业区位选择的影响，是理解空间距离对于经济空间格局塑造机制以及区域协调发展的重要内容，也有助于帮助政府合理制定区域协调发展政策组合，使不平衡增长与和谐性发展的双赢目标得以实现。

很多国家政府过度强调国内平等，在客观的经济规律作用下，旨在降低区域生产不平等的政策往往效果不佳，国家行为容易导致空间效率低下，很可能会给国家总体竞争力带来负面影响（世界银行，2009）。本书有助于思考"强调通过针对地方的干预措施来鼓励落后地区的经济发展"的典型政策导向的合理性，这种政策框架受到交通发展影响下内生经济力量的挑战。为促进区域协调发展，尤其改善落后地区的福利水平，以交通基础设施建设为代表的一体化政策和以投资优惠为代表的区位导向型政策经常会被同时使用，致力于通过政策干预或激励将经济活动向落后地区推进。但是，交通基础设施建设会改变集聚力和离散力的相对平衡，影响地区间经济发展的相对优势，由此可能改变某些区位导向型政策的实施环境基础，导致政策影响范围与效果发生改变甚至扭曲。由此，探索交通发展下产业区位选择的重要意义之一是促进理性地思考不同政策之间的契合性，有效的产业政策、产业园区规划等区域导向型政策必须考虑交通发展变量。

再次，交通基础设施建设往往投资巨大，而且影响长远，探索交通发展对产业区位选择、地区产业升级等的影响机制，有助于思考中国交通基础设施的投资类型与空间分布的改善需求，为明晰未来交通基础设施建设的重要方向提供参考。不同的交通基础设施对运输空间格局具有差异性影响，不同交通基础设施投资选择将影响地区间的运输结构，进而影响空间经济关联格局。近年来，我国交通基础设施建设结构较为偏向高铁，高铁对于缩短较远距离地区间人员流动的时间距离具有重要作用，但不具有大规模的货运功能。不同类型的交通基础设施建设对于异质性企业区位选择具有影响差异，进而影响区域的非均衡发展格局。分析公路、普速铁路、高铁等不同类型交通方式对于经济空间格局的影响，有助于确定未来交通基础设施的投资类型结构。

最后，探索交通发展对产业区位选择及地区产业增长的影响机制，可以帮助政府识别在交通发展引致高度"要素流动性"背景下地区产业竞争优势的可持续来源，为地方政府明确经济管理目标与任务，并因地制宜地实施相应政策提供科学依据。目前，产业转型与升级成为当今中国普遍关注的重大现实问题。新兴产业可以带来新思想、新产品和新技术，新企业的进入是地区生产率和就业机会增长的重要推动力。基于"区位机会窗口"理论，在交通极速发展的当今世界，产业资本具有高度流动性，导致了很多"松脚型"产业，细微的地区差异都将对经济活动的空间分布产生重大影响。因此，剖析产业区位选择的影响因素对地方政府制定吸引新企业进入、推进产业有序演进与发展的政策具有重要的指导意义。一方面，有助于理性推行产业政策。中国很多地方性产业政策一般具有对目标产业提供偏向性优惠条件的特征，而这容易扭曲资源配置，不利于构建地方化的集体学习机制（Collective Learning）并塑造地方根植性的竞争优势，反过来可能限制目标产业的发展。另一方面，有助于合理推进招商引资。引入外资或承接产业转移等招商引资若忽视本地经济的嵌入度，难以形成根植于地方的可持续竞争优势基础，在交通发展极大缓解地区间联系成本的背景下，非地方根植性的优势容易被复制而丧失，区域经济易受"流动资本"的负面影响，从而不利于区域经济可持续发展，损伤区域韧性。

第二节　研究对象与研究目的

本书旨在探讨我国交通基础设施建设快速发展的背景下，交通可达性的提升对于市场一体化程度及经济空间格局的影响。基于投入产出、集聚经济与产业演化等理论基础，探讨交通基础设施建设对国内市场一体化的影响程度及内在机制，并利用产业增长门限模型分析空间接近对于空间均衡的非线性影响。在此基础上，通过对国内产业空间分布的研究，分析交通发展对产业区位选定机制的影响，并以高速公路建设为例就交通发展对于地区产业升级的促进作用进行实证研究。研究目的主要包括以下三个方面：

第一，通过分析交通可达性提升对于省际贸易规模、贸易结构、市场分割的影响，综合基于运输成本的自然壁垒和基于地方保护主义的人为市场壁垒两个方面，揭示交通基础设施对于我国市场一体化的影响程度及内在机制。

第二，系统分析空间接近对于空间均衡影响的产业差异，基于中心—外围地区间空间溢出效应的角度，探讨交通基础设施建设将会促进区域收敛还是发散。通过分析产业空间分布变化的行业特征，挖掘空间接近对于空间均衡的内在影响机制，辩证地认识交通基础设施建设与区域均衡发展的关系。

第三，探讨交通发展对于产业区位选择的影响机制，以及交通发展如何通过空间溢出效应影响地区产业升级，从而揭示交通基础设施建设对经济主体空间决策的影响，以及空间溢出与区域经济发展的关系，并从中获得有益的政策启示。

第三节　研究的主要内容

本书将通过探讨交通基础设施建设对国内市场一体化的影响及其内在机制，分析不同的交通可达性水平下市场分割对产业增长的影响差异，并基于公路交通网络发展对地区制造业增长的非线性影响视角，分析空间接近对空间均衡的影响；同时，以集聚经济和产业演化理论为基础，利用中国地级地区制造业的相关数据，考察交通发展对产业区位选择机制的影响，并从空间知识溢出的视角揭示交通发展对于地区产业升级的促进作用，从而为正确认识交通基础设施建设与区域均衡的关系、合理制定区域协调发展政策提供理论依据，也在类型选择与区域布局等方面为中国未来交通基础设施建设提供决策参考。

首先，本书将从地区间贸易的角度考察我国交通基础设施建设对国内市场一体化的影响。从可达性角度评价我国交通基础设施建设的发展，并采用多个时期区域间投入产出表，建立省际分行业产业贸易与地区可达性的动态经济—空间数据库。在此基础上，利用引入交通可达性变量的引力模型，从自然壁垒和行政壁垒两个方面探索交通基础设施建设对市场一体化影响的内在机制。一是分析交通基础设施建设带来的可达性变化是否有效减弱了基于地理距离对于市场分割的影响。二是对比分析我国不同时期交通通达性水平下地方保护主义的程度，探讨交通基础设施改善对地方保护主义产生的激励导向。其中，通过博弈分析，从理论上探讨交通发展对地方政府实施地方保护的潜在激励以及市场分割的方式导向。此外，通过计量经济分析，实证检验交通发展过程中市场分割对地区产业增长的影响（即反映地方政府实施地方保护的潜在激励），以揭示交通基础设施建设对国内市场一体化的影响及其内在机制。

其次，根据新经济地理学理论，基于公路交通网络发展对于地区制造业增长的非线性影响视角，构建了产业增长门限模型，通过到中心地区可达性与地区制造业增长来衡量空间接近与空间均衡，并利用1999～2010年的中国地级地区面板数据检验了空间接近对空间均衡的非线性影响。该部分研究在一定程度上印证了新经济地理学理论关于贸易成本下降促进经济集聚呈现倒 U 形的发展趋势，引导我们辩证地认识交通基础设施建设与区域均衡的关系，以及理性地思考通过交通基础设施促成经济空间均衡的规划。

再次，通过对中国地级地区制造业空间分布的研究，考察交通发展促使时空压缩的产业区位效应，即中国不断发展的交通条件如何影响资源禀赋、市场潜力、集聚经济等区位因素在塑造经济空间中的作用及其变化。交通发展作为其他区位导向性政策发挥效果的重要基础，对于地区内生异质性竞争优势的激发，有助于政策性力量对于经济空间的塑造，进而实现基于交通基础设施和政策的外生力量引导基于市场机制的内生经济空间组织的优化。

最后，基于空间知识溢出的视角，以高速公路建设为例，一方面，探索交通发展是否会通过缩短空间距离而增强空间知识溢出对产业升级的促进作用；另一方面，探索交通发展是否有助于通过弱化经济、文化等其他维度距离对于空间知识溢出的限制从而促进产业升级，以此深化认识空间溢出与区域经济发展之间的关系，并从中获得有益的政策启示。

本章参考文献

［1］Finders M，Tatum A．Death of distance？Economic implications of infrastructure improvement in Russia［J］．Eib Papers，2008，13（2）：126 – 147.

［2］Hulten C．，Bennathan E．，Srinivasan S．Infrastructure，Externalities，and Economic Development：A Study of the Indian Manufacturing Industry［J］．The World Bank Economic Review，2006，20（2）：291 – 308.

［3］Redding S J，Turner M A．Chapter 20 – Transportation costs and the spatial organization of economic activity［A］// Duranton G，Henderson V，Strange W．Handbook of Regional and Urban Economics（vol. 5）［M］．Elsevier B. V.，2015：1339 – 1398.

［4］Spiekermann K，Wegener M．The shrinking continent：Accessibility，competitiveness，and cohesion［J］．European Spatial Research and Planning，2008，177（4）：115 – 140.

［5］Storper M．Separate Worlds？Explaining the current wave of regional economic polarization［J］．Journal of Economic Geography，2018（18）：247 – 270.

［6］Vickerman R．Introduction［A］// Vickerman R．Infrastructure and regional development［M］．Londom：Pion，1991.

［7］董艳梅，朱英明．高铁建设能否重塑中国的经济空间布局——基于就业、工资和经济增长的区域异质性视角［J］．中国工业经济，2016（10）：92 – 108.

［8］国务院新闻办公室．中国交通运输发展白皮书［EB/OL］．http：// news. xinhuanet. com/politics/2016 – 12/29/c_1120210887. htm，2016 – 12 – 29.

［9］金凤君．基础设施与社会经济空间组织［M］．北京：科学出版社，2012.

［10］刘钜强，赵永亮．交通基础设施、市场获得与制造业区位——来自中国的经验数据［J］．南开经济研究，2010（4）：123 – 138.

［11］世界银行．2009 年世界发展报告：重塑世界经济地理［M］．北京：清华大学出版社，2009.

［12］藤田昌久，蒂斯．集聚经济学：城市、产业区位与全球化（第二版）［M］．上海：格致出版社，2016.

［13］王雨飞，倪鹏飞．高速铁路影响下的经济增长溢出与区域空间优化［J］．中国工业经济，2016（2）：21 – 36.

第二章　研究综述

　　空间距离及其相关的运输成本被认为是经济活动空间布局及空间作用的核心变量，交通网络作为承载地区间联系的物理网络，是改变空间距离感知的重要方式。从早期的区位理论到新经济地理学把区位、空间距离引入经济学，致力于寻找经济学工具解释经济活动在何地发生。新经济地理学认为从"地理视角"理解经济空间动态十分重要，经济活动的空间集聚是收益递增的来源。经济活动通过空间邻近获得收益递增，追逐集聚经济是经济空间格局塑造的核心机制之一。不过，新经济地理学没有引入时间因素，无法解释伴随经济系统历史演化的区位选择问题。因此，演化经济学、复杂性科学等理论被引入空间经济研究之中，以演化经济地理学为典型代表，构建起解释经济空间演化的理论框架，强调基于"地理视角"理解空间距离关系在决定经济系统演化的性质和轨迹方面的重要作用。本章将从以下三方面梳理交通基础设施建设与经济空间格局塑造的相关理论与实践研究：一是交通可达性提升对于市场一体化的影响研究；二是空间接近对于空间均衡影响机制的研究；三是交通发展对于产业区位选择影响的研究。

第一节　交通基础设施建设与市场一体化

一、中国国内市场一体化程度及影响因素

　　市场一体化与市场分割是一对相对应的概念：一方面，它描述的是一种状态，在这种状态下，一个完整区域内不同地方的市场主体行为受到同一供求关系的调节（李善同和侯永志，2008）；另一方面，它描述的是一个过程，在这个过程中，不同区域之间的行政区划界线将被打破，贸易壁垒得以消除，产品、服务和生产要素在空间上的流动更加自由和便利，同质的产品、服务和资本要素价格

趋于相同（陈红霞和李国平，2009）。目前，对于中国国内市场一体化的研究，大致从以下两方面展开。

（一）评估市场一体化程度及变化

目前，测度市场一体化程度的方法主要有以下四种：一是价格法，由于市场分割将导致地区间产品价格的离散化，因此可以根据区域间相关产品的价格是否趋于一致来评估国际市场整合程度或某个国家的内部市场整合程度，通常是建立价格的协整模型、基于协整的误差修正模型或面板单位根模型等来进行分析（Parsley & Wei，2001；Ma & Oxley，2011）。二是生产法，通过考察地区产出结构的相似度、生产效率等来度量区域间市场整合程度。三是经济周期法，若各地区经济周期的相关程度高，则表明市场的一体化程度高（Xu，2002）。四是贸易法，主要从贸易规模、贸易壁垒两方面展开。一方面，随着一体化程度的提高，地区间的贸易量会显著增加，反之，较大的贸易量也反映了地区间市场整合程度的提升（Behrens，2004；刘生龙和胡鞍钢，2011；黄森，2014）。另一方面，用边界效应反映地区间贸易壁垒的大小（市场分割程度），如果地区间贸易壁垒增加了，则认为市场非一体化水平提升（Poncet，2003；赵永亮等，2009；行伟波和李善同，2010；张少军，2013）。

目前，国内外学者对于中国国内市场一体化的程度及变化趋势大致持两种不同看法。第一类看法是中国国内市场向非一体化方向发展，以 Young（2000）和 Poncet（2002）的研究为代表。Young（2000）基于生产法角度，通过考察1978～1997 年我国各地区产业结构的趋同性来证明地方经济发展中资源配置扭曲，认为国内市场处于越来越严重的分割状态；Poncet（2002）基于贸易法角度，测算出 1987～1997 年中国各省之间的边界效应不断上升，甚至认为中国各省份之间的贸易壁垒已达到欧盟内部各国之间的水平。第二类看法是国内市场一体化水平在逐步提升。Naughton（1999）基于贸易法的研究发现，1987～1992 年各省制造业产品的贸易流量有所提升，表现出国内市场一体化水平提升的态势；Fan 和 Wei（2003）、桂琦寒（2006）基于价格法考察了中国国内商品市场整合程度及变化趋势，发现中国市场一体化在逐步提升；吴三忙（2010）基于生产法的研究发现，中国制造业地理集聚程度提高的同时，地区专业化水平也明显提高，由此认为改革开放以来中国市场一体化水平不断提高。李善同和侯永志（2008）通过对国内市场一体化状况的抽样调查，认为国内市场正在走向一体化。

（二）影响市场一体化的主要因素

影响市场一体化进程的主要因素大致分为两类：一类是自然因素，主要是地理距离产生的天然屏障对要素流动带来的阻碍，运输成本作为贸易成本的一部分会随着距离的增加而增加（Anderson & Wincoop，2004；Hummels，2007），在一定程度上会减少区域间贸易量。另一类是人为因素，大多数研究认为，中国国内市场一体化与地方政府行为有直接联系，地方保护主义是导致市场分割的重要原因。我国存在行政区经济现象（鲁勇，2002；周黎安，2004），地方政府都追求行政区域边界内的利润最大化（洪银兴等，2003），当本地的生产者面临外部市场竞争时，地方政府可以通过行政手段强制性地使管辖范围内的本地市场变成封闭半封闭的分割性的市场（银温泉等，2001）。地方保护是市场经济中行政权力与市场干预相结合的产物，地方保护所导致的要素价格扭曲、竞争秩序混乱、区域市场分割使市场经济的价格发现和促进竞争功能受到严重削弱（余东华等，2010），具体表现为商品贸易、人口、资本和知识流动的阻碍与壁垒，产生效率损失、资源的扭曲效应等（郑毓盛等，2003；刘培林，2005；徐现祥等，2005），社会福利受到严重损失。

地方政府保护的动机可以从两个方面来解释：一是财税激励，在地方经济绩效最大化的激励下，地方政府的财政自主权越高，其地方保护意识越强，对于财力薄弱的地区而言，财政支出的压力也是其加强地方保护和地方封锁的动因之一，这些都是导致贸易壁垒或市场分割的因素（赵永亮等，2008；何雄浪等，2014）。二是政治晋升激励，在经济绩效优先的政绩观下，地方官员间存在嵌入于经济竞争当中的政治晋升博弈，地方政府官员会理性地选择市场分割，以免殃及自身经济增长以及相应的晋升可能性，合作的空间非常狭小（周黎安，2004、2007；张军，2005；徐现祥等，2007；付强和乔岳，2011）。地方政府从本地经济发展的短期利益出发，通过地区性行政垄断分割市场来保护本地生产者至少可以在短期内获得更快的经济增长（陆铭和陈钊，2009）。分权式改革后，不少地方政府发动新一轮的赶超，将延长产业链、提高当地产品附加值作为促进当地经济发展的重要手段，在当地的基础设施、技术水平、资金供给等客观条件都不具备的条件下，新的赶超只有在地方保护和市场分割的条件下才能实现（林毅夫和刘培林，2004）。

二、交通基础设施建设对市场一体化影响相关研究进展

现有研究成果表明，交通基础设施建设主要通过降低自然性的和改变人为设置的市场分割对市场一体化产生影响。由于区域之间的交流和要素流动主要是通过贸易来实现的，地区间贸易能够直观反映区域间经济联系的状况，因此从贸易的角度来讨论交通基础设施建设对市场一体化的影响较为常见。一方面，交通基础设施建设有助于降低贸易成本，从而增加地区间贸易需求，加强区域间经济联系，促进地区间市场整合程度；另一方面，地区间贸易成本降低也会影响地方政府地方保护决策，从而影响市场一体化（行伟波和李善同，2009）。

（一）交通基础设施通过降低运输成本促进地区间经济联系

交通基础设施建设对地区间贸易最直接的影响，就是有利于跨越地区之间的自然地理障碍，缩短地区间时空距离，提高区域通达能力，从而降低要素运输成本，提高受惠地区的市场接近性（Hummels，1999），促进地区间社会经济联系和空间相互作用强度，极大地降低自然性的地区市场分割。长期以来的一个经验发现认为，距离对于地区间贸易具有负面作用。众多关于地理距离与贸易总量之间关系的研究表明，运输成本随着距离而增加（Anderson & Wincoop，2004），地理距离的增加会减少贸易量（Disdier & Head，2008）。这甚至被认为是在分歧众多的经济学领域最为成功、争议最少的结论之一。交通基础设施属于网络性基础设施，网络效应这一重要特性将影响产品与生产要素在地区间流动而需克服空间阻碍的难易程度。随着交通基础设施建设规模、布局、网络结构和技术的不断发展，交通对于提高区域通达能力、加快要素的区际流动、加强区域间经济联系、优化经济社会空间格局有着不可忽视的作用（金凤君，2012）。

大量实证研究表明，交通基础设施水平提高能有效降低贸易成本（Limão，Venables，2001），从而促进地区间贸易流量增长（Bougheas et al.，1999；Buys，2006；Shepherd & Wilson，2007），那些拥有更好的交通基础设施的国家能够获得更大的国际贸易流量（Behrens，2004）。目前，已有学者采用若干指标衡量地区交通基础设施，定量测度了地区交通基础设施水平对于地区间（或国家间）贸易量的影响，如 Fleisher 等（2009）、刘生龙和胡鞍钢（2011）使用地区内公路、铁路和河运航道等交通设施密度来衡量交通基础设施水平。研究结论基本一致，即交通基础设施更好的地区往往能够产生较大的对外贸易规模。

（二）交通发展通过改变地区发展优势潜在影响地方保护实施

在我国现有的分权与晋升激励体制下，地方政府具有动机来实施不同程度的地方保护以控制地区间交通改善对本地经济发展的影响。交通基础设施改善对于市场一体化的另外一个重要意义是能够潜在影响地方保护。

首先，交通发展会改变地区经济集聚力和离散力的相对平衡，并非总是有利于所有地区发展，这是推行地方保护、实现市场分割的重要原因。

新经济地理学从产业集聚内生机制角度，分析了交通基础设施对新企业的诞生、企业分布与产业布局的影响，认为交通发展通过降低运输成本将改变区域离心力和向心力之间的平衡，可能会对不同区域发展产生相反的影响（Adelheid，2004；Fujita et al.，1999；Ottaviano et al.，2002）。当企业能够自由进退区域市场时，交通基础设施改善产生的总社会收益在外围区和中心区之间的分配并不明确（Venables，1996；Puga，1999）。

在给定空间距离的情形下，交通改善使外围低密度经济区可以更便捷地向中心区供给产品。良好的交通连接能使本来经济活动低密度区更加具有吸引力，促使已有或潜在企业获得与中心区域交往联系的更多机会（刘钜强，2010）。Hewings 和 Parr（2009）的研究表明，在交通成本较高时，企业一般会将生产建立在较为临近的区域内，当交通成本下降时，企业能够将生产工序分割成若干专业化的环节，并将不同环节布局在不同地点以更好地实现每个环节的规模经济，从而增加地区间的贸易联系。

不过，随着运输成本的降低，生产要素也可能会向优势区域集聚，导致产业在核心地区的空间集聚程度加深，加剧地区发展的失衡。交通改善不仅可以为落后地区提供市场准入，而且允许先进地区的企业打入市场。运输成本的降低有助于先进地区具有竞争力的公司更易实现规模生产，以低于落后地区当地生产者的成本进入当地市场。这样，提高市场准入可能挫伤落后地区的经济发展。

交通发展对区域发展均衡的影响具有阶段性。Venables（1996）的研究发现，运输成本下降会同时削弱向心力和离心力，但却分为两个不同阶段——从高到低开始下降的第一阶段，向心力超越离心力，产业向某一地区集中，地区经济结构和人均收入的差距扩大；运输成本继续下降到第二个阶段，随着产业集聚地区工资水平的上升，离心力超过向心力使产业向另一地区转移和扩散。

实证研究表明，交通基础设施的网络结构往往导致其影响超出所属地区或部门之外而产生溢出效应（张光南，2013）。不过这种效应并非总是正面的。交通基础设施的发展完善对资源要素的流动起到降低空间摩擦的作用，有利于提高国民经济运行中的配置效率从而促使向最优配置的均衡点靠近（刘秉镰等，2010），能够实现发达地区与落后地区的资源优势互补，促进全要素生产率的提高。一些国际案例表明，一个地区基础设施的发展能对相邻地区产生正的空间溢出效应（Cohen & Paul，2004）。中国省级地区的经验证据也表明存在交通基础设施跨区域的正溢出效应（刘生龙和郑世林，2013）。与之相反的是，一个地区交通基础设施的发展很可能给周边地区和其他地区的经济发展带来不利影响。本地交通基础设施发展会使其他地区的劳动力和资本向该地区流动，从而导致其他地区因生产资源减少从而降低经济增长速度（Bartik，1991；Boarnet，1998）。交通改善不仅可以为落后地区提供市场准入，而且允许先进地区的企业打入市场。运输成本的降低有助于先进地区具有竞争力的公司更易实现规模生产，以低于落后地区当地生产者的成本进入当地市场。这样，提高市场准入可能挫伤落后地区的经济发展。

其次，交通基础设施建设对于地方保护具有潜在激励，而且影响程度因地区发展水平不同而异。

交通发展有助于通过降低贸易成本促进地区间经贸联系，本地的生产者将面临更具竞争性的外部市场竞争，通过分割市场来保护本地生产者至少可以在短期内获得更快的经济增长，这可能成为地方政府分割市场的潜在激励。而且，很多研究发现，区位劣势地区的保护主义需求更为强烈。对于具体地区经济增长的影响，取决于该区域在集中或扩散中的地位，即是产业流入还是产业流出（刘勇，2010）。目前中国存在的地方间市场分割，更像是一种"囚徒困境"的局面，当其他地方政府采取分割市场的政策时，本地如果要得到更高的经济增长，就必须也采取"以邻为壑"的政策，这有可能引导地方政府展开分割市场的竞赛，把对手拉下马，来提高本地经济的相对表现（陆铭和陈钊，2006；陆铭等，2007）。

交通发展对于地方保护主义表现出阶段性和非线性影响。在一定时期内，交通发展有可能刺激地方保护主义以进行市场分割，以此强化"以邻为壑"的发展策略；不过随着交通的进一步发展，在一定程度上可以减少地方政府利用行政力量限制要素流动的市场分割行为（张学良，2009；刘玉海，2013），地方保护主义对于市场分割的作用逐渐弱化，交通发展带来的贸易成本下降显著促进市场一体化进程。随着全国交通可达性程度日益提高，地区间贸易成本逐步下降，地方政府将面临一个竞争性越来越强的市场环境，在国内采取分割市场和地方保护主义政策的成本也越来越高昂，最终促使地方政府逐渐减少分割市场的活动（Li et al.，2003）。交通发展除了改变地方政府的决策环境以外，还能够通过改变企业行为与人们的观念促进市场一体化。当地区间可达性提高的时候，投资的准入门槛降低，企业的形式变得多样化，大量非国有企业在市场活动中的作用日益重要，削弱了政府非市场行为的有效性。同时，区外资本的进入也形成了大量跨区域的合资、合营经济，促使地方政府之间加强区域经济的合作。此外，相互联系的便利化还可能促使人们的观念发生不可逆转的变化，公众对于政府的角色有可能形成新的认识，由此，这也可能加速政府职能的转变，促进市场一体化的进程。

陆铭和陈钊（2009）研究认为，在我国，市场分割与地方保护主义之间存在倒U形关系。在市场分割程度并不太高的时候，提高市场分割程度有利于当地的经济增长，但是，如果市场分割程度超过某个临界值后，经济增长就会受到负面影响。如果针对交通基础设施建设而言，较高的交通运输成本导致市场分割时，地方政府通过地方保护维护区内产业发展的必要性并不强烈，当区际交通进一步改善，产品、生产要素的流动成本显著下降时，地方政府往往具有很强的激励推行地方保护；但随着区域交通的进一步发展，地方政府将面临一个竞争性越来越强的市场环境，在国内分割市场和地方保护主义政策的成本也越来越高昂，最终促使地方政府逐渐减少分割市场的活动。程艳和叶徵（2013）研究发现，目前中国存在制造业空间外溢和各省份之间基于地方政府保护主义的市场分割并存情况，通过数值模拟发现，地方政府采取保护主义政策在短期内可能有利于当地制造业集聚的发展，但这样的集聚优势难以长期维持，因为流通成本变动会在一定程度和范围内打破地方保护主义所构筑的藩篱。随着买方市场的形成和内外竞争压力的增大，地区之间的合作将不断增添新的动力（李善同和侯永志，2008）。特别是，目前，东部地区产业转移趋势逐渐明显，中西部地区对于东部地区的产业转移需求较高，而东部地区进行产业结构升级也迫切需要更加一体化的国内市场。

国内的一些实证研究表明，我国近几十年来交通基础设施建设总体上对我国经济增长具有正向的溢出效应，但由于各地区发展基础和历史条件的差异，各地区溢出效应强弱不一，东部地区与西部地区之间存在显著差异（邓丹萱，2014）。我国交通基础设施建设尤其是东部地区交通条件的改善，在一定程度上加速了中西部地区人口和劳动力向东部沿海地区流动，使内陆地区与沿海发达地区的经济发展差距变得更大（张学良，2012），中西部的地方政府更有动力实施地方保护，中西部区域壁垒远高于东部区域（赵永亮和徐勇，2007）。而且，吴意云和朱希伟（2015）的研究发现，中国工业地理演化显著受到新经济地理因素之外的非市场力量的"干扰"。地方政府通过"五年规划"产业政策直接干预地方产业发展的针对性和有效性很强，已经深刻地改变了各省的产业结构和地区间分工，尽管随着国内地区间交通成本的不断降低，工业的地理集中水平经历了由上升转为下降的过程，但是地区间专业化在2005年之后却呈现出明显的恶化态势，地区间产业同构呈上升之势。不过，也有学者认为我国交通基础设施的改善弱化了市场分割，代表性的研究如刘生龙和胡鞍钢（2011）证明了交通基础设施能够通过降低省际边界效应，对市场一体化产生促进作用。陈宇峰和叶志鹏（2014）的研究发现铁路基础设施建设能显著地促进农产品市场整合。

三、研究进展评述

综合现有的研究成果，学者们主要以贸易理论、区位理论和新经济地理学的相关理论为基础，针对交通基础设施降低自然性的市场分割和影响人为设置的贸易壁垒两方面考察了交通基础设施对市场一体化产生的影响，在研究方法、研究视角、实证研究结果等方面取得了一定进展，为今后理论和实证研究的继续深入奠定了基础，同时，现有研究存在以下几个薄弱环节，需要不断改进完善。

首先，关于交通基础设施建设对国内市场一体化影响程度的研究不够完善。目前，有关交通基础设施建设对市场一体化的影响的研究并不多见，更多的是从交通对区域间贸易影响角度侧面反映市场一体化。总体而言，关于交通基础设施的改善在多大程度上影响了国内的市场一体化程度还缺乏深入研究，而且还缺乏对交通影响市场一体化的区域格局与行业差异的进一步详细分析。交通基础设施建设作为政府公共投资领域的重要方面，是影响市场一体化重要的硬件条件，尽可能研究长时间以来我国交通基础设施建设影响国内市场一体化的程度、区域格局与行业差异具有非常重要的现实指导意义，有利于进一步推进我国市场一体化建设的政策设计与公共投资导向。

其次，缺乏系统分析交通基础设施建设对国内市场一体化的影响机制。从现有的研究交通基础设施建设对国内市场一体化影响的文献来看，更多的是在实证分析层面定量测度交通基础设施对于省际贸易量及边界效应的影响，而缺乏对两者内在影响机制的系统分析与规律总结。目前的研究基本上仅能反映出交通基础设施改善后，基于贸易规模的市场一体化改进总效应，而难以反映出促进一体化的内在机制，特别是难以区别因为运输成本下降导致的自然壁垒降低还是基于认为市场分割的弱化。

特别需要指出的是，目前对于交通基础设施改善如何影响地方保护主义激励的研究较少，基于地方保护主义的市场分割在交通基础设施有很大改善的情况下是影响我国市场一体化的关键因素之一。很多研究指出，在交通降低地区间交易成本时，地方政府采取保护主义政策在短期内可能有利于当地经济发展，但这种优势不一定能长期维持，因为流通成本变动会在一定程度和范围内打破地方保护主义的藩篱。交通基础设施建设是促进市场一体化的硬件条件，但不仅只在硬件上影响市场一体化，而且会在制度建设上影响政府有关地方保护主义等地区间贸易壁垒的政策和措施的实施程度，政府政策取向的变化也将影响到区际交通设施建设。因此，交通基础设施对于市场一体化的影响是一种复合机制，是交通、地方保护、市场一体化三者相互作用的机制。尽管从理论上可以论证交通基础设施对市场一体化的促进作用，但是国内有关交通基础设施对市场一体化的实证研究仍然十分缺乏，而且其中的多数研究还是分别着眼于交通对于市场一体化或地方保护对于市场一体化的影响，欠缺对于三者的综合研究。

最后，评估交通基础设施水平的方法和数据需要改进和完善。对于交通基础设施水平的衡量指标，现有文献中一类是采用交通里程或交通密度来反映交通基础设施的存量水平，即用公路、铁路和内河航道里程之和除以各省份的国土面积来进行衡量；另一类是采用交通基础设施公共投入来反映流量变动。这两种方法都有一定的缺陷，前者虽然能够反映交通基础设施的整体规模，但是使用各省内部交通里程或密度不能够有效反映地区之间交通通达性的改善程度；后者会遗漏私人对交通投资的部分，产生误差。此外，在利用引力模型来分析交通基础设施对省际贸易的影响时，距离作为一个重要变量，现有的研究基本利用经纬网定位下的直线距离或省会间最短公路、铁路距离来衡量，前者不能有效排除不同地区间地形差异对实际通行距离的影响，后者不能有效反映不同等级路网通行速度差异导致的便捷性影响。

第二节　交通基础设施建设与空间均衡

空间接近对于空间均衡的影响错综复杂。一方面，交通发展使外围地区容易受到空间接近的负面影响。提升外围地区市场准入是改善交通基础设施的潜在利益，不过反过来可能促使企业向更大的集聚区集中（Baldwin et al.，2003）。中心地区由于长期积累的优势，包括集聚经济、产业前后向联系、知识外溢等更利于产业发展的向心力，空间接近降低要素空间流动成本，增强中心地区对外围地区的虹吸效应，促使人力资源、资本等要素更便捷地流向经济发达地区。交通发展致使经济活动转移到其他地区（Boarnet，1998；Cantos et al.，2005），区域经济增长可能会以抑制其他区域的增长为代价，对其他区域特别是外围地区产生负溢出效应。另一方面，空间接近的正面效应也不能忽视。可达性提升有助于增强跨区联系，为地区之间互相满足中间产品的需求提供可能，并推进技术传播和生产专业化，促进贸易发展，带来规模经济效益和生产率的增长，形成扩大增长区域的机制（World Bank，2009）。交通发展也有助于重新识别中心与外围的比较优势，当中心地区的增长达到顶峰，产业高度集聚产生诸如非贸易品价格高企、环境污染等拥挤成本，形成促使产业向外转移的离心力，空间接近能够便利企业家到外围地区寻找新的基地，促进新的增长地区蓬勃而起。

新贸易理论与新经济地理学强调规模收益递增与贸易成本的相互作用决定了产业空间分布。集聚力与扩散力的角逐与此消彼长决定产业区位及其变迁。其中，集聚力与扩散力的权衡受到贸易成本的影响（Krugman，1991）。从长期来看，贸易成本下降使经济集聚程度呈倒 U 形（或钟状曲线）发展趋势。"两地区×两产业中心—外围模型"的理论预测是，在贸易成本很高时，为了满足遍布性需求，人口和产业呈分散布局；在中等贸易成本下，人口和产业在空间上迅速集聚；当贸易成本很低时，产业活动又趋向于分散（Krugman，1991）。在多地区框架内，基于 Rossi - Hansberg（2005）理论模型的数值模拟结果也证实了产业空间集聚程度随着贸易成本的下降呈倒 U 形变化（Aiginger & Rossi - Hansberg，2006）。这种倒 U 形变化意味着空间接近对于中心—外围地区间的经济空间均衡会产生阶段性的影响差异。交通发展降低了贸易成本，提升了经济主体之间的可达性，实际上改变了不同区位因素的影响力，可能会使某些地区优势弱化或丧失，而有些地区优势得到强化，从而影响产业区位（Fujita & Mori，2005）。正如 Puga（1999）研究发现，在一定的贸易成本下，规模经济与产业间联系将吸引产业集聚到市场更大、产业基础更好的地区；但随着贸易成本的进一步降低，产业对于区域间要素成本差异的敏感程度提高，部分产业将转移到要素成本低廉的地区。Forslid 等（2002）利用可计算一般均衡模型仿真模拟了欧洲一体化过程中贸易成本变化对产业集聚的影响，结果发现，当贸易成本从高位处趋于下降时，行业的集聚水平会趋于提升；但当贸易成本降至某个关键点时，要素市场开始发挥出主导性的力量并影响产业的集聚倾向。

尽管如此，目前对于空间接近如何影响空间均衡的研究仍然比较欠缺，而且相对于理论研究，实证研究显得不足。在分析空间接近对区域经济增长以及空间均衡的总效应时，除了需要综合考虑正面与负面的溢出效应外，对于影响地区增长的非线性过程至关重要。很多研究都是基于模拟（Forslid et al.，2002；Combes & Lafourcade，2011；许友德和梁琦，2012）来分析贸易成本下降对于产业空间分布（集聚）的影响，用 Forslid 等（2002）的话说，这类研究就是"数字的理论，而不是实际结果"。研究的深入需要寻找一个实际案例，这样反过来还可以根据实际情况来对标准模型中与理论密切相关的实证预测的可靠性进行评价。

中国案例具有很好的典型性。中国区域间发展很不均衡，而且在改革开放后经历了交通发展与经济空间格局显著变化的几个阶段：改革开放以来到21世纪初期，交通基础设施显著改善，沿海与内地间极化发展格局增强，产业显著集聚于东部地区（范剑勇，2008）；此后，进一步实施了大规模高速公路建设、铁路网优化与提速等措施，此时区域差距呈现缩小趋势。大多数产业集聚程度在2004年左右进入拐点，维持稳定或开始下降（贺灿飞和潘峰华，2011），工业发展向中西部扩散与转移的趋势日渐明显（石敏俊等，2013）。其中，交通发展促进空间接近在多大程度上影响了中国的空间均衡值得深入研究。已有相关经验研究关注到交通发展对于区域经济发展的正面与负面效应。王任飞和王进杰（2007）、刘生龙和胡鞍钢（2010）、刘冲和周黎安（2014）等为代表的研究表明了地区交通基础设施存量或水平对于经济增长具有促进作用。相对应地，张学良（2012）研究发现，交通基础设施对于区域经济增长具有促进作用的同时也存在负的空间溢出效应。Roberts 等（2012）研究发现目前中国高速公路网络建设更多地强化了地区差距。Faber（2014）研究发现，由于本地市场效应，可达性的提升对于边缘地区的产业增长更多地表现出负面效应。

第三节　交通基础设施建设与产业区位选择

产业区位选择不仅是集聚经济现象及其机制的反映，也是产业演化过程在地域空间上的展开。因此，将集聚经济理论与产业演化理论相结合可以更完整地理解产业区位选择。无论是产业集聚还是产业演化，其发生机制都具有空间基础。空间距离关系是理解企业区位选择以及广义上经济空间动态的核心维度之一。在理论上，交通发展促进了时空压缩，有助于改变经济主体对物理距离的感知，改变潜在的集聚经济空间分布和新生产业力量的发生空间，引致经济—空间关系的重塑。因此，有必要在综合以上两种主要理论的基础构建理论框架，从动态空间距离的维度，深入剖析交通发展对于产业区位选择的影响。

一、集聚经济视角下的产业区位选择

基于空间邻近的外部性，集聚经济为产业区位选择提供了一个重要的视角，这方面的研究在国内外已有较长的历史，研究也已非常深入，从古典区位论到新经济地理学都强调集聚经济在企业选址决策中的重要性，主要研究进展如下。

（一）集聚经济影响产业区位选择的空间基础

产业区位选择是某个特定地点集聚力和扩散力相互作用的结果。企业间空间邻近内生的集聚经济机制是影响企业区位及其变迁的重要动力。Marshall（1890）提出了目前被普遍认可的关于集聚经济影响企业区位选择的微观基础。企业定位于同类企业较为集中的区位可以获得知识外溢、劳动力池和中间投入共享等外部性收益。同类企业集聚所产生的外部性收益也被称为地方化经济。与Marshall（1890）的观点不同，Jacobs（1969）认为知识溢出更可能发生在多样性产业之间，因而，产业多样性高的地区更容易吸引新企业进入。多样性产业集聚所产生的外部性收益也被称为城市化经济。另外，Duranton和Puga（2004）将集聚经济的微观基础归纳为共享、匹配与学习三种机制，分别源于中间投入等方面的共享、劳动力市场的匹配以及个人或厂商之间面对面的交流与学习。

新经济地理学基于规模收益递增和运输成本相互作用探讨经济空间集聚的内生机制，认为企业区位是内生的，任何企业都是以产品生产者和消费者的双重身份出现在空间经济系统中，空间集聚可以有效地降低贸易成本（Krugman，1991）。邻近需求与供给以获得更高的利润率是引导企业趋向空间集聚的核心机制之一。由于规模经济存在，企业选址会尽可能靠近消费市场以节约贸易成本；

邻近中间产品需求与供给进行生产能够减少贸易成本，企业希望靠近与自身有紧密投入产出关联的企业来组织生产（Venables，1996）。市场需求与中间投入关联对于企业布局的作用力可以总结为需求邻近与供给邻近。由此，集聚经济的微观基础可以进一步总结为投入—产出关联（Input - Output Dependencies）、劳动力池（Labor Pool）以及知识溢出（Knowledge Spillovers）。

众多实证研究表明集聚经济在产业区位选择中发挥着重要作用。Ellison 和 Glaeser（1999）基于美国企业的研究表明，产业集聚的知识外溢效应是吸引企业选址的重要因素。Devereux 等（2007）基于英国新建企业的研究发现，新企业倾向定位于同一产业企业较为集中的地区，同时地区产业多样性也是吸引企业选址的重要因素。Jofre - Monseny 等（2014）关于西班牙的研究表明，同一产业内的企业就业量和产业的多样性对地区新生企业数量存在显著为正的影响。Bougna（2016）基于加拿大企业的研究也证实，三类马歇尔集聚经济对特定地区新企业的进入有着显著为正的影响。刘修岩和张学良（2010）、陈建军等（2012）关于中国企业区位选择的机制分析中也证实了集聚经济的正面作用。

（二）集聚经济对于产业区位选择的异质性影响

集聚经济对于产业区位选择的异质性影响逐渐受到关注。不同类型的集聚经济在异质性产业选址中的重要性并不相同，并非所有产业区位选择都会均衡地受到同种集聚经济的影响，集聚经济对异质性产业的价值不一致。在理论上，一个企业与其他企业集聚，不仅能获取集聚经济，同时也贡献于集聚经济。但是，某些企业获得的集聚经济收益很可能小于其贡献，贡献部分很可能被竞争者获取，净效应可能为负。此外，由于不同要素市场的完善程度不一，企业贡献的集聚经济有些很难被运用，如知识溢出，如果技术领先企业的知识溢出很难被技术落后企业有效吸收，那么技术领先企业也可能选择与科技落后企业集聚；反之，技术领先企业很可能不会选择与技术落后企业集聚。但有些贡献却容易被竞争对手利用，如技能熟练劳动力池。因而，集聚经济并不总能使空间邻近企业降低生产成本或者获得外部性收益，相应地，企业也并不总是选择与相关企业集聚，企业区位选择受到集聚经济的异质性影响。

大量经验证据表明，集聚经济对于产业区位选择的异质性影响主要体现在技术水平、规模、要素密集度、产业生命周期等方面具有差异性特征的产业之间。Henderson 等（1997）研究发现，高技术产业与低技术产业的企业区位选择受集聚经济的影响存在差异。高技术企业更会因为知识溢出而空间集聚（Alcácer & Chung，2007）。处于不同产业生命周期的企业选址受集聚经济的影响并不一致，其中，处于早期成长阶段的企业更依赖集聚经济（Duranton & Puga，2001）。面对更多不确定性的企业更加受益于知识溢出、技能劳动力等集聚经济（Strange et al.，2006）。Ellison 等（2010）研究发现，三类马歇尔集聚经济对于企业区位选择都具有显著影响，但投入产出关联的影响最重要，其次是劳动力池，知识溢出的影响最弱。从企业规模来看，集聚经济对于小企业的影响更为强烈（Glaeser & Kerr，2009），小规模的企业更容易从投入产出关联和劳动力池的集聚经济中获得收益（Hanlon & Miscio，2014）。Alcácer 和 Chung（2015）基于集聚经济异质性及企业异质性的系统性研究表明，熟练劳动力以及专业供应商比知识溢出对企业更具吸引力，规模大的企业较少被技能熟练劳动力吸引，而较多被专业供应商吸引，技术领先企业更容易被潜在知识溢出吸引。Faggio 等（2015）对于英国的研究表明，高科技企业选址更加依赖知识溢出，非高科技企业更加依赖投入产出关联和劳动力池，而且，小企业更加受到投入产出关联的影响。

二、产业演化视角下的产业区位选择

以演化经济地理学为代表的理论从产业演化视角解释了新产业和相关新企业的区位选择，着重强调产业间技术关联对于企业区位选择的重要性，新企业选址于具有较强技术关联的地区，表现出路径依赖特征。主要研究进展如下。

（一）产业演化的路径依赖

演化经济地理学将技术和知识置于理论的核心，研究新知识、新企业、新产业出现的内生机制，这对理解新产业的区位选择具有重要意义。事实表明，发散或随机式的创新通常只是例外（Simmie，2012），创新一般是既有知识结构的深化与重新组合而成。基于复杂性科学，技术创新在某种程度上是此前已有技术的新组合，形成"组合演化"（Combinatorial Evolution）机制（阿瑟，2014）。产业是地区知识和能力的载体，知识产生的路径依赖导致产业发展的历史依赖。产业创新也被认为来自多样性产业部门间的交流并表现为重组创新（Recombinant Innovation）（Nooteboom，2000）。Weitzman（1998）提出重构增长理论（Recombinant Growth），新产业很难在没有任何基础的情况下在区域内部孕育出来，要基于区域长期历史形成的资源、知识禀赋和技能经验的重组。

产业方面的知识间认知距离表现为技术关联（Technological Relatedness），体现了产业间知识背景的相似程度（Hidalgo et al.，2007）。技术关联程度影响了行业间的知识溢出以及知识可拓展的方向与程度。基于演化视角，本地出现的新产业往往来源于技术相近的部门（Neffke et al.，2011）。越来越多的经验研究表明技术关联是产业发展中的重要影响因素：一则通过知识溢出等外部性影响已有产业的发展，二则影响新产业的发展路径（Boschma et al.，2013）。区域产业结构直接影响到产业演化的程度与方向，经济空间格局直接影响到新产业的区位选择特征。Boschma 等（2013）、Zhu 等（2017）、Zhu 等（2018）分别通过对多国的研究证实了技术关联对于产业发展路径依赖的影响。不同企业在区位选择上的共聚（Co – agglomeration）明显受到地区历史的影响（O' Sullivan & Strange，2018）。

（二）技术关联与产业演化的空间基础

经济系统演化的性质和轨迹立足于空间基础。演化经济地理学关注新企业产生的微观空间行为机制，其中，空间知识网络结构在产业创新中扮演关键性角色。企业空间邻近性促进知识溢出，特别是隐性知识（Tacit Knowledge）的传播（Gertler，2003），依赖于面对面的学习（Feldman & Audretsch，1999）。大量研究证实了新产业兴起与本地产业基础紧密相关（Essletzbichler，2015）。其中，产业多样化程度与之密切相关。传统上，MAR 外部性强调同类产业空间集聚的专业化对于创新的意义。Jacobs 外部性认为突破性创新常常发生在不同产业的交叉融合中，多样化产业的空间集聚更利于不同知识的重组。另外，知识溢出还受到产业之间技术关联的影响。有效的学习通常发生在产业认知距离较近且又不完全一样的情况（Nooteboom，2000）。Boschma 等（2010）提出亲近度悖论（Proximity Paradox）：认知距离过近使企业很难通过交流获取新知识而落入认知锁定，认知距离过远使企业很难获得其他领域的关键知识和技能。Frenken 等（2007）提出相关多样化（Related Variety）概念，表明存在联系和能力互补的产业间才能有效产生知识溢出。产业相关多样性保证各主体间足够但不过分接近的认知距离，成为地区产业间知识融合创新所必需的微观基础（Castaldi et al.，2015）。Boschma 等（2013）、苏红键和赵坚（2012）等提供了相关证据，表明相关多样化与生产率或工业发展之间的关系。

除此以外，其他理论也认识到新产业部门的区位选择依赖显著的空间基础。产业集群被认为是创新引致生产率增长的源泉，同时也有利于促进或刺激新产业的发展（Porter，1998），其重要原因在于集群主体在空间上的共聚形成产业间的网络联系机制。另外，产业公地（Industrial Commons）（也被译为产业共享）（钱平凡，2016）作为一种较新的概念阐述了相关产业关联对于产业创新与发展的影响。产业公地是能够对多个产业的创新提供支持的技术和制造能力的集合，强调产业间联系以及相关产业群体共同发展中的溢出效应和网络效应对于增长与创新的影响，产业公地的侵蚀很可能会导致削弱具有类似能力新产业的发展机会，美国消费电子产业外包导致与之具有密切关联的可充电锂电池产业的发展受到限制就是其中的典型案例（Pisano & Shih，2009）。

（三）产业演化视角下企业区位选择的空间差异性

基于产业演化的空间基础，有些地区相比于其他地区更具备孕育新产业的拓展能力，从而表现出新企业选址的区域非均衡性。产品间生产能力的相似性决定了产品转换或产业升级能否顺利实现（张其仔，2008；邓向荣和曹红，2016）。不同区域产业创新差异的重要原因就在于初始产业结构的不同。基于演化视角，产业间技术关联程度导致了不同地区差异化的产业演化路径。Hidalgo 等（2007）发展的产品空间理论（Product Space）表明，发达国家多专业化于产品空间中的核心产品，更易通过紧密的产业关联发展距离较近的产品，发展中国家由于专业化于边缘产品，产品之间的技术距离较远，很难进行新产品的扩展。

大量研究已证实区域产业演化取决于地方生产能力。本地能力（Local Capabilities）提供了机会连接已有的技术或产业以孕育新的产业，现有产业基础是地区产业演化的保障性因素（Boschma et al.，2016）。与本地产业结构的接近程度可以被定义为相应产业潜在的生产能力禀赋（Hidalgo et al.，2007）。内生增长理论、集聚经济理论以及演化经济地理理论都指出，地区产业发展与地方利用、吸收和创造知识的生产能力直接相关。产业发展与其生产结构紧密相连，产业间生产能力的相似性决定了产业转型或升级是否能够顺利实现。例如，在技能劳动力角度考察地方能力，Holm 等（2014）通过对丹麦造船厂工人在经济危机冲击下的转业去向调查，发现这些劳工更倾向在和原岗位所需知识和技能类似的部门重新就业，以迅速找到有满意报酬的工作。

三、交通发展对于产业区位选择的影响

运输成本是影响地区间经济关联的内在属性，也是经济空间格局演变的核心（Fujita & Mori，2005）。交通发展会促进时空压缩，实质上影响广义的运输成本变化，本质上是要素与产品区际流动困难程度的缓解，有助于扩大区际联系的范围与频度，也改变了区位要素的可达性与作用程度。另外，一个地点的区位价值不仅在于自身条件，还受到产生联系的其他区域经济发展状况的综合影响。空间溢出对区域经济发展的影响已被普遍证实（潘文卿，2012；魏守华等，2015）。交通发展也有助于打破知识溢出在空间范围上的限制，促进创新的产生与扩散。总体上，交通发展弱化了经济系统中空间距离的阻碍作用，促进了各个地点之间相对区位价值不断变化，基于集聚经济与产业演化的产业区位选择机制受到交通发展的影响，目前主要研究进展如下所述。

（一）交通发展与经济活动空间尺度的重塑

空间尺度是涉及地理的经济研究中必须谨慎考虑的问题。长期以来，空间尺度对于经济活动空间分布机制的重要性不断得到重视并予以谨慎考虑，其中的重点之一就是不同空间尺度内经济空间组织的影响因素具有差异性。不同经济空间并不是像俄罗斯套娃那样除了大小差异外别无二致，而是具有自身特有的性质，某种因素与某种尺度的空间有关，而与另一种范围的空间无关。对于每一层次的

空间而言，某些特定的基本原理决定了各自经济活动的空间结构，而且并不意味着对所有的空间范围都成立（Combes et al., 2008）。这也正如生态谬论（Ecological Fallacy）所言，在某个空间尺度上正确的规则未必在另一空间尺度上也是正确的。在此意义上，Martin（1999）对于经济研究使用同一模型去解释各种空间尺度下经济活动的集聚现象的批评是正确的。Briant 等（2010）也证实，空间尺度大小选择对于经济空间分布影响因素的评估具有显著影响。

交通发展对于产业区位选择的影响体现为空间尺度的重新塑造。交通发展引致时空压缩，将地区间实际时空范围大大缩小，实质上也是空间尺度的变化。空间尺度变化使原本适用的机制在新的空间尺度下发生变化。不同空间尺度上各种作用力的特性和系统平衡点是不一样的。正如 Anas 等（1998）所述，不同距离尺度上集聚经济作用的类型是不一样的，因为导致空间邻近的相互作用机制各有不同。也如国际与国家内部区域间经济空间分布的机制差异，主要原因在于不同空间尺度下要素流动性存在差异（Davis & Weinstein, 1999）。自然地，交通发展使国内不同地区间的贸易成本与要素流动性也会发生巨大变化，这种时空压缩也类似于空间尺度变化。由此，交通发展改变了一国内部经济活动所面对的空间尺度，有理由相信，交通发展将影响企业区位选择的微观基础，即改变不同因素对于企业区位选择的作用性质与影响程度。

（二）交通发展对于集聚经济视角下的产业区位选择的影响

现有的集聚经济理论与经验研究通常将集聚经济的范围限定在一定的地理单元之内。大量的经验证据也表明集聚经济存在地理边界，会随着距离的增加而减弱（Combes & Gobillon, 2015）。不过，对集聚经济空间基础的认识正在拓展，集聚经济并不仅限于地区内部，可能扩展影响到周围地区。Alonso（1973）提出"借用规模"（Borrowed Size）假说：靠近大城市的小城市会呈现出与大城市类似的一些特征，意味着小城市可以"借用"其邻近大城市的集聚经济（Camagni et al., 2015；刘修岩等，2017）。经验证据也表明，显著影响地区产业发展的专业化劳动力、中间投入品以及知识外溢等集聚经济不仅来自本地企业集聚，也会来自周边地区（Drucker & Feser, 2015）。在中国，集聚经济表现出空间连续性，100 公里范围内邻近地区间的产业集聚有互相依赖作用（韩峰和柯善咨，2012）。

交通发展促进时空压缩，有助于拓展集聚经济的空间外溢范围，成为影响产业区位选择的重要力量。首先，交通发展影响市场结构，促进企业在更大空间范围内配置资源，改变投入产出关联对于企业区位选择的影响程度。交通发展能够提升地区可达性，实现更远程的经济联系，加强更大空间范围内的分工与联系。事实上，随着交通发展，企业获得原材料的平均距离也在不断提高（Alcácer & Chung, 2015）。交通发展影响企业库存（Shirley & Winston, 2004；李涵和黎志刚，2009），使企业对某些零部件厂商的依赖会降低。总体上，交通发展有助于降低贸易成本，本地企业可以更便利地获取投入供给，其产品也能更快运抵需求市场，投入产出关联对于企业区位选择的重要性会弱化。

交通发展影响劳动力池效应。劳动力市场是人口、技能和工作岗位共同作用的结果。交通发展降低劳动力流动成本，增大劳动者就业半径和择业范围，劳动者会更多考虑住房成本、生活成本和基础设施，以及年龄、出生地和受教育程度等影响因素（Blum et al.，1997）。交通发展降低运输成本，企业接近更大劳动力市场，降低招聘成本，提升高素质劳动力与工作岗位匹配职工概率，最终实现劳动力加速流动和劳动力市场扩张。

交通发展拓展空间知识溢出效应。面对面交流对隐性知识传播至关重要。交通发展有助于促进地区间的人口流动，使个体更加容易接近，增加面对面交流机会，加速和扩大信息和知识的交流、扩散和创新，从而影响企业区位选择。从高铁的影响来看，罗燊和林晓言（2018）研究发现，高铁通过便利面对面交流，降低知识溢出的成本，地区可接收的知识显著增加。Dong 和 Zheng（2018）基于科学研究角度发现，高铁开通有利于城市之间学者的交流与互动。从对企业选址的影响来看，法国高铁建设使巴黎公司可以在里昂设立分公司，管理技术人员在总部与里昂分部之间当天往返，巴黎商务活动延伸到法国南部，同样的现象存在于中国的京津城际铁路（陈建军和郑广建，2014）。

（三）交通发展对于产业演化视角下企业区位选择的影响

产业演化理论通常将演化机制运行的范围限定在区域内部，假设知识或生产能力难以复制和跨区域流动（Boschma，2017）。在该视角下，企业进入、退出等相关企业区位选择机制完全立足于技术相关性等地方能力，区域被视为自成一体的实体，这与实际并不相符，忽视了地区间关联机制对于企业区位选择的影响。区域并不是孤立与封闭的，而会与其他地区特别是邻近地区产生复杂的关联。区域经济发展也会受益于其他地区的空间溢出，获得产业发展的潜在机会窗口。就创新而言，各区域创新生产除了利用自身资源之外，还源于对其他区域的要素获取（白俊红和蒋伏心，2015）。随着区域间逐步置于紧密的分工网络和一体化经济中，生产要素流动平台与知识溢出通道得到铺设，成功的产业演化路径可以在区域间传播，从而改变企业区位选择对于本地因素的依赖。

区际联系有助于打破本地锁定效应（Moodysson，2008）。交通发展降低了主体间的空间联系成本，极大地拓展了可发生联系的空间距离（Harvey，1990）。如此，有助于促进地区间关联，从而缓解本地禀赋对于企业区位选择的影响，促进企业在更大地域范围内进行选址，从而影响演化视角下的企业选址机制。第一，与生产相关的隐性知识很难转移和传播，而且，产业越向高级化升级，越依赖于知识基础（Hidalgo & Hausmann，2009）。交通发展使经济主体有更多面对面交流的机会，促进新知识的产生及其产业化过程，形成影响企业区位选择的"边际强化机制"。第二，交通发展能促进远距离地区间经济主体间建立合作关系，有助于扩大产业关联的空间范围，突破有限区域内产业结构的"认知锁定"，促进产业创新，从而提高新产业选址的可能性，形成影响企业区位选择的"边际拓展机制"。第三，交通发展使边缘地区能够更加便利地接近中心地区，缓解企业在边缘地区选址的诸多限制，形成影响企业区位选择的"借用规模机制"。

交通发展有助于提高地区可达性（Accessibility），使地区具有更多"机会"和"潜力"与外界产生联系，产业发展对本地知识积累与创新的依赖可能较小。可达性表达了实体之间的空间疏密关系，反映了地区间相互作用的难易程度，是导致经济发展空间差异的重要原因（张莉，2013）。在当今全球化背景下，区域发展越来越依赖空间协作网络，空间溢出对于区域产业发展的影响及其作用机制逐渐得到关注，地区间获取生产要素、进行知识交流的"机会"和"潜力"成为区域发展极为重要的因素。Boschma 等（2017）对美国的研究表明，区域间会发生知识扩散，并导致邻近区域之间生产能力的协同演化。Gao 等（2017）、贺灿飞等（2016）分别基于省级与地级地区的研究表明，类似结论在中国也成立。Chen 和 Hall（2011）等研究发现，交通发展提高沿线城市的可达性，增加知识交流的频率，促进地区高技术产业的布局。毛琦梁和王菲（2017）对于中国地级地区的研究表明，可达性的提升有助于弱化地区产业升级对于本地能力的依赖。

（四）交通发展对于产业区位选择的非线性影响

交通发展对于产业区位选择的影响表现出非线性特征。交通发展在实质上影响了广义贸易成本的变化，从而改变各种区位因素的作用性质与影响程度。新经济地理学核心—边缘模型表明，在贸易成本很高时，产业分散布局以满足遍在性需求；在中等贸易成本下，规模经济驱使产业集聚；当贸易成本很低时，为了节约要素成本，产业活动又倾向于空间分散（Krugman，1991）。Puga（1999）通过改进核心—边缘模型发现了类似规律，在一定的贸易成本下，规模经济与产业间联系将吸引产业集聚到市场更大、产业基础更好的地区；但随着贸易成本的降低，产业对于区域间要素成本差异的敏感程度提高，部分产业将转移到要素成本低廉的地区。Amiti（2005）在 H－O 分析框架下的研究表明，要素成本差异促使厂商根据比较优势来选择区位，投入产出联系则促使上下游企业集聚，两者间的平衡取决于区际贸易成本水平。Forslid 等（2002）利用可计算一般均衡模型仿真模拟了欧洲区际贸易成本变化对产业集聚的影响，结果表明，在贸易成本较高时，市场潜力更重要；当贸易成本降到某个关键点时，要素市场开始发挥主导力量并影响产业的集聚倾向。

（五）交通发展对于产业区位选择的异质性影响

交通发展确实影响了以产业区位选择为典型代表的经济空间组织的决定机制，但其影响结果与机制十分复杂。交通发展使企业决策趋于复杂化，对于产业区位选择的影响表现出异质性特征，不同因素对于产业区位选择的影响具有差异性。事实上，交通发展确实使某些因素对于经济活动的影响程度在弱化（Portnov et al.，2011），企业可以在更大空间范围内配置资源（Alcácer & Chung，2015）。但交通发展并未弱化所有因素的作用，某些地方化力量仍然是影响企业区位选择的重要因素。很多事实表明，嵌入地方尺度的产业发展历史、社会组织结构以及制度环境等要素共同作用，通过产业集聚、收益递增和路径依赖等机制（集聚与演化机制）影响产业的区位选择。

从目前来看，持续影响产业区位选择的地方化力量背后是知识基础。影响知识获取的因素也成为影响产业区位选择的重要力量之一。学习机制具有显著的空间有限性，表现出地方化特征。知识传播具有显著的空间衰减特征，尤其针对影响产业发展的关键性缄默知识。虽然交通与通信技术的极大发展使有些知识扩散几乎没有地理阻碍。时空压缩使地区具有更多可能与外界产生联系，理论上能够更加便利地获取知识。但是，格莱泽（2012）关于信息化与经济集聚的研究提出"信息悖论"：现代通信技术是对"面对面"交流的补充而非替代，尽管远距离的交流成本已经有了极大的下降，但是空间邻近性却变得更有价值，人们反而更加需要空间上的靠近。由此意味着，交通发展对于不同地区间联系的促进程度具有非均衡性。经验证据表明，知识生产存在集聚经济，主要原因在于检验信息质量要求理解力和信任关系，这需要非常地方化的非正式网络发挥甄别作用（Storper & Venables，2004）。经济主体形成网络化关联并建立信任以地理邻近为前提（Barnes & Gertler，1999）。持续下降的运输成本强化了商业、职业和技术服务等知识生产的地方化经济，较低的运输成本有望促进更自由的贸易，但是大多数沟通密集型产业依然高度集聚（Leamer & Storper，2001）。

四、研究进展评述

首先，从集聚经济与产业演化两类视角分离探讨产业区位选择不够充分，需要进行多元理论维度的交叉融合构建研究框架展开产业区位选择研究。

产业区位选择既是集聚现象的反映，也是产业演化现象在地域空间上的展开，表现出集聚与演化机制的复合作用特征。目前，相关研究主要以集聚经济与产业演化两类视角分离进行探讨，不利于获得全面的理解。集聚经济也表明了历史的重要性，当前产业的分布模式受到地区历史工业基础所蕴藏的集聚经济的强烈影响。不同的地区因其历史的差异而提供不同类型的外部经济。因此，集聚经济对于企业区位选择的影响也需要置于"演化"的框架内。不过,集聚经济理论并未指示集聚的历史遗产将引导产业向什么方向演化,而演化经济理论则较好地表明了产业演化的方向、路径与机制。但是,仅从演化视角难以较好地解释基于空间邻近关系的企业区位选择策略,集聚经济理论则能成为很好的补充。比较典型的是,不同产业生命周期阶段的企业选址决定因素并不一致,新企业往往会产生于创新能力较强的地区,这种创新能力很大程度上得益于集聚经济,而产业演化理论可以补充解释产业创新的方向与机制;随着产业进入成熟阶段,企业往往会选址于能够降低成本的地区,投入产出关联、劳动力池等集聚经济的影响提升。

交通发展提升了融合集聚经济与产业演化理论的研究需求。根据产业演化理论,产业结构单一容易限制新产业的拓展能力。在既定交通条件下,经济空间分布奠定了各个地区可能的产业演化轨迹以及相关新企业的选址空间。但是,交通发展可能改变基于集聚经济的企业区位选择机制,也能拓展本地产业演化所立足的地域范围基础。演化理论强调新企业的建立依赖于本地产业基础,较难解释脱离本地产业关联的非路径依赖演化路径(Neffke et al.,2014)。可能的原因之一就是忽视了交通发展的作用。交通发展通过促进更大范围的地区间关联,有助于降低本地产业基础对于新产业力量生成的限制。此外,产业演化促成新产业力量在特定区域的集结也会进一步与现有产业空间产生复合关联,驱动新的集聚经济生成,成为影响企业区位选择的新力量。

其次,关于交通发展影响产业区位选择变化的空间特征总结不足,需要结合理论从企业间空间距离变化的角度刻画企业选址的空间动态变化。

目前对于交通发展影响下企业区位选择空间特征的刻画主要有以下形式:一是交通发展是否促进企业的空间集聚或扩散(Duran – Fernandez & Santos,2014;Yu,2016);二是企业选址与交通基础设施的空间位置关系(Chandra & Thompson,2000;Holl,2004,2007;张天华等,2018);三是交通可达性与地区产业专业化的关系(Mora & Moreno,2013;Lin,2016)。总体而言,对于企业选址变化更为细致的空间特征总结有所不足。主要表现为,这些研究范式基本立足于企业自身的视角,忽视了企业区位选择的空间特征是整体复杂经济网络在地域上的反映,企业选址受到空间中与其关联的其他企业的影响,就"区位"的内涵而言,企业区位选择的空间特征应该从经济主体间空间关联的视角展开。

因此,基于企业之间的空间距离关系考察企业区位选择变化的空间特征具有重要意义。无论是基于集聚经济还是产业演化理论,企业区位选择具有规律性的空间特征:为追求集聚经济或技术关联,企业选址会靠近相关企业。如果交通发展影响了企业区位选择,必然对应于相应选址策略的改变,企业选址变化的空间特征就可以从新建企业与已有企业之间空间距离关系的角度予以观测。如此，能够和企业区位选择的理论基础形成紧密关联，更有助于理解交通发展影响企业选址的微观机制，而且，也有助于从区域协调发展的角度明晰交通发展将在何种类型产业方面推进区域间收敛还是发散。

再次，对于产业区位选择微观机制的考察基本立足于静态视角，未区分交通条件变化下的差异性，需要基于动态经济—空间关系展开交通发展影响产业区位选择的微观基础研究。

交通发展改变了经济活动对物理距离的感知，是区位价值的重要决定因素，因此，动态地理解与表达经济—空间关系非常必要。但是，虽然有大量横截面证据表明企业选址和区位价值存在联系，却少有证据探究这种关系随着交通发展而产生的时间变化。换言之，已有研究对于企业区位选择影响机制的考察基本立足于静态视角，并不区分交通条件或时空距离动态变化下的差异性。相关研究虽然将交通条件或时空距离作为变量纳入企业区位选择的分析（Holl，2004；周浩等，2015；林善浪等，2018），但忽略了交通条件实际上也是影响其他变量作用程度的重要调节因素。而且，很多研究仅基于交通基础设施存量与水平角度衡量交通发展情况，并不能真正反映出交通发展对于空间距离的影响。

以上原因限制了对于交通发展影响产业区位选择的作用机制的理解。已有研究表明，广义上贸易成本的下降在一定程度上提高了经济活动空间布局的自由度，使细微的区际差异都将对经济活动的空间分布产生了重大影响（藤田昌久和蒂斯，2016）。但是，目前并没有系统的研究说明交通发展将使什么因素成为关键变量。交通发展使经济—空间关系需要被如何重新理解与表达还有很多不足，对时空压缩如何影响不同因素对于企业区位选择的作用程度与影响机制缺乏系统的认知，诸如什么因素容易被时空压缩所弱化，什么因素不容易被改变，甚至作用程度还会增强。因此，非常有必要基于动态经济—空间关系，深入探索交通发展对于企业区位决定机制中不同因素的作用性质、程度及其变化的影响，进一步明晰交通发展影响企业区位选择的微观基础。

最后，对于交通发展影响产业区位选择的异质性特征分析不足，需要从产业异质性与交通方式异质性角度系统地展开研究。

交通发展使产业区位选择趋于复杂化，因此，基于异质性视角的深入探索非常必要。一方面，很多研究认识到交通发展对于不同区域发展的影响具有差异性，这种区域异质性影响的背后是异质性企业选址行为的结果。理解异质性企业区位选择受交通发展的影响差异是理解交通发展影响区域协调发展的重要基础。尽管很多国内外研究表明交通发展的影响存在企业异质性（Holl，2016；林善浪等，2017；毛琦梁和王菲，2017），但是对于异质性的挖掘还有所不足，主要表现为对异质性的考察较为零散，并未紧密结合理论框架对异质性影响进行系统的实证研究，由此需要进行针对性的改进。

另一方面，已有研究较少对异质性交通基础设施影响产业区位选择的差异进行研究。有证据表明，不同类型的交通基础设施改善对产业空间分布的影响并不相同（徐辉和欧国立，2016；唐红祥等，2018）。一是公路、铁路等不同类型交通运输方式运行时速不同，导致时空压缩程度并不一致（Knowles，2006）；二是交通基础设施具有网络化特征，即使交通发展缩短了节点之间的绝对时间距离，也可能会扩大节点之间的相对距离，换言之，交通发展可能会使某些地区边缘化。就中国的铁路建设而言，铁路提速以后反倒减少了原本小城市的停靠站点（范欣和姚常成，2018）。高铁建设往往也会取消低等级车站，大、小城市之间的可达性差距反而会被拉大（范欣等，2017）。事实上，取消低等级车站导致某些地区交通成本提高，经济活动会减少（Yu，2017）。此外，不同交通基础设施的功能性差异也会影响企业区位选择。公路与铁路都具有客运与货运的功能，一般而言，公路更利于短途客货运，铁路是远距离客货运的主要方式（魏立佳和张彤彤，2018），目前，高铁不具备货运功能，其优势在于快速的客运能力。高铁会影响人力资本的流向，进而改变地区的就业结构（范欣和姚常成，2018），但是高铁并不能通过货运机制改变企业区位选择。

综上所述，已有研究并未明晰交通发展影响企业区位选择的空间特征及其微观基础，主要的不足表现为：①基于空间距离关系视角，目前相关研究主要从集聚经济与产业演化两类理论分离探讨企业区位选择，难以全面地理解集聚与产业演化共存的空间经济现象；②已有研究基本立足于企业自身的视角，忽视了企业选址的空间特征受到其他企业的关联性影响；③已有研究对于企业区位选择微观机制的考察基本立足于静态视角，并不区分交通条件或时空距离动态变化下的差异性；④多数研究对于交通发展影响企业选址的异质性的考察缺乏系统性，并未紧密结合理论展开分析；⑤在研究方法方面，已有研究基本立足于行政区单元，较难有效地刻画企业区位选择的空间特征及其微观基础。

基于以上原因，本书将在以下方面进行有益的拓展：第一，综合集聚经济与产业演化理论，从多元理论视角展开企业区位选择研究，尽可能全面地捕捉企业选址特征；第二，紧密结合企业区位选择的理论基础，基于新建企业与其他相关联企业之间的空间距离关系刻画企业选址变化的空间特征；第三，基于动态经济—空间关系探索交通发展影响企业区位选择的微观基础，追踪交通发展下企业选址微观机制的演变规律；第四，从交通基础设施异质性和企业异质性角度加强交通发展影响企业区位选择的研究。

本章参考文献

［1］ Adelheid H. Transport infrastructure, agglomeration economies, and firm birth: Empirical evidence from Portuga ［J］. Journal of Regional Science, 2004.

［2］ Aiginger K, Rossi – Hansberg E. Specialization and concentration: A note on theory and evidence ［J］. Empirica, 2006, 33（4）: 255 – 266.

［3］ Alcácer J, Chung W. Location strategies for agglomeration economies ［J］. Strategic Management Journal, 2015, 35（12）: 1749 – 1761.

［4］ Alcácer J, Chung W. Location strategies and knowledge spillovers ［J］. Management Science, 2007, 53（5）: 760 – 776.

［5］ Alonso W. Urban zero population growth ［J］. Daedalus, 1973, 102（4）: 191 – 206.

［6］ Amiti M. Location of vertically linked industries: Agglomeration versus comparative advantage ［J］. European Economic Review, 2005,（49）: 809 – 832.

［7］ Anas A, Arnott R, Small K A. Urban spatial structure ［J］. Journal of Economic Literature, 1998, 36（3）: 1426 – 1464.

［8］ Anderson, James E., Ericvan Wincoop. Trade cost ［J］. Journal of Economic Literature, 2004, 42: 691 – 751.

［9］ Baldwin R, Forslid R, Martin P, Ottaviano G, Robert – Nicoud F. Economic goegraphy and public policy ［M］. Princeton, NJ: Princeton University Press, 2003.

［10］ Barnes T, Gertler M. The new industrial geography: Regions, regulation and institutions ［M］. London, UK: Routledge, 1999.

［11］ Bartik T J. Who Benefits from state and local economic development policy? ［R］. Kalamazoo, Michigan W. E. Upjohn Institute for Employment Research, 1991.

［12］ Behrens, K. International integration and regional inequalities: How important is national infrastructure? ［Z］. CORE Discussion Paper, 2004.

［13］ Blum U, Haynes K E, Karlsson C. Introduction to the special issue, The regional and urban effects of high – speed trains ［J］. Annals of Regional Science, 1997, 31（1）: 1 – 20.

［14］ Boarnet M G. Spillovers and the Locational Effects of Public Infrastructure

[J]. Journal of Regional Science, 1998, 38 (3): 381 –400.

[15] Boschma R, Coenen L, Frenken K, et al. Towards a theory of regional diversification [A] //Evolutionary Economic Geography (PEEG) 1617 [Z]. Utrecht University, Department of Human Geography and Spatial Planning, 2016.

[16] Boschma R, Martin R. The handbook of evolutionary economic geography [M]. Cheltenham, UK: Edward Elgar, 2010.

[17] Boschma R, Martín V, Minondo A. Neighbour regions as the source of new industries [J]. Papers in Regional Science, 2017, 96 (2): 227 –245.

[18] Boschma R, Minondo A, Navarro M. The emergence of new industries at the regional level in Spain: A proximity approach based on product relatedness [J]. Economic Geography, 2013, 89 (1): 29 –51.

[19] Bougheas S., Demetriades P. O., Morgenrothe E. L. W. Infrastructure, transport costs and trade [J]. Journal of International Economics, 1999 (47): 169 –189.

[20] Bougna T. The Determinants of localization: A conditional distance –based approach [M]. Social Science Electronic Publishing, 2016.

[21] Briant A, Combes P P, Lafourcade M. Dots to boxes: Do the size and shape of spatial units jeopardize economic geography estimations? [J]. Journal of Urban Economics, 2010, 67 (3): 28.

[22] Buys P, Diechmann U, Wheeler D. Road network upgrading and overland trade Expansion in Sub –Saharan Africa [Z]. Working Paper 4097, World Bank, Washington, D. C., 2006.

[23] Camagni R, Capello R, Caragliu A. Static vs. dynamic agglomeration economies: Spatial context and structural evolution behind urban growth [J]. Papers in Regional Science, 2015, 95 (1): 133 –158.

[24] Cantos P, Gumbau –Albert M, Maudos J. Transport infrastructures, spillover effects and regional growth: Evidence of the Spanish case [J]. Transport Reviews, 2005, 25 (1): 25 –50.

[25] Castaldi C, Frenken K, Los B. Related variety, unrelated variety and technological breakthroughs: An analysis of US state –level patenting [J]. Regional Studies, 2015, 49 (5): 767 –781.

[26] Chandra A, Thompson E. Does public infrastructure affect economic activity?: Evidence from the rural interstate highway system [J]. Regional Science & Urban Economics, 2000, 30 (4): 457 –490.

［27］ Chen C L, Hall P. The impacts of high – speed trains on British economic geography: A study of the UK's InterCity 125/225 and its effects ［J］. Journal of Transport Geography, 2011, 19 (4): 689 – 704.

［28］ Cohen J, Paul C. Public Infrastructure investment, interstate spatial spillovers, and manufacturing costs ［J］. Review of Economics and Statistics, 2004 (86): 551 – 560.

［29］ Combes P. P, Lafourcade M. Competition, market access and economic geography: Structural estimations and predictions for France ［J］. Regional Science and Urban Economics, 2011, 41 (6): 508 – 524.

［30］ Combes P – P, Gobillon L. The empirics of agglomeration economies ［A］ // Handbook of Regional and Urban Economics ［M］. Elsevier B. V. , 2015.

［31］ Combes P – P, Mayer T, Thisse J F. Economic geography: The integration of regions and nations ［M］. New Jersey: Princeton University Press, 2008.

［32］ Davis D R, Weinstein D E. Economic geography and regional production structure: An empirical investigation ［J］. European Economic Review, 1999, 43 (2): 379 – 407.

［33］ Devereux M P, Griffith R, Simpson H. Firm location decisions, regional grants and agglomeration externalities ［J］. Journal of Public Economics, 2007, 91 (3 – 4): 413 – 435.

［34］ Disdier. A. C, Head. K. The puzzling persistence of the distance effect on bilateral trade ［J］. The Review of Economics and Statistics, 2008.

［35］ Dong X F, Zheng S Q, Kahn E M. The role of transportation speed in facilitating high skilled teamwork ［Z］. NBER Working Papers, No. 24539, 2018.

［36］ Drucker J, Feser E. Regional industrial structure and agglomeration economies: An analysis of productivity in three manufacturing industries ［J］. Regional Science & Urban Economics, 2015, 42 (1): 1 – 14.

［37］ Duran – Fernandez R, Santos G. Regional convergence, road infrastructure, and industrial diversity in Mexico ［J］. Research in Transportation Economics, 2014, 46: 103 – 110.

［38］ Duranton G, Puga D. Micro – foundations of urban agglomeration economies ［A］ //Handbook of Regional and Urban Economics ［M］. Elsevier B. V. , 2004.

［39］ Duranton G, Puga D. Nursery Cities: Urban diversity, process innovation, and the life cycle of products ［J］. American Economic Review, 2001, 91 (5): 1454 – 1477.

[40] Ellison G, Glaeser E L, Kerr W R. What causes industry agglomeration? Evidence from coagglomeration patterns [J] . American Economic Review, 2010, 100 (3): 1195 – 1213.

[41] Ellison G, Glaeser E L. The geographic concentration of industry: Does natural advantage explain agglomeration? [J] . American Economic Review, 1999, 89 (2): 311 – 316.

[42] Essletzbichler J. Relatedness, industrial branching and technological cohesion in US metropolitan areas [J] . Regional Studies, 2015, 49 (5): 752 – 766.

[43] Faber B. Trade integration, market size, and industrialization: Evidence from China's national trunk highway system [J] . Review of Economic Studies, 2014, 81 (3): 1046 – 1070.

[44] Faggio G, Silva O, Strange C W. Heterogeneous agglomeration. Workshop to be held on the island of San Servolo in the Bay of Venice, Italy.

[45] Fan C S, Wei X D. The law of one price: Evidence from the transitional economy of China [Z] . Lingnan University, Hongkong, 2003.

[46] Feldman M P, Audretsch D B. Innovation in cities: Implications for innovation [J] . European Economic Review, 1999, 43 (2): 409 – 429.

[47] Fleisher B, Li H Z, Zhao M Q. Human capital, economic growth, and regional inequality in China [J] . Journal of Development Economics, 2010 (92): 215 – 231.

[48] Forslid R, Haaland J I, Knarvik K H M. A U – shaped Europe?: A simulation study of industrial location [J] . Journal of International Economics, 1999, 57 (1): 273 – 297.

[49] Frenken K, van Oort F G, Verburg T. Related variety, unrelated variety and regional economic growth [J] . Regional Studies, 2007, 41 (5): 685 – 697.

[50] Fujita M P, Krugman A J, Venables. The spatial economy: Cities, regions and international trade [M] . Oxford University Press, 1999.

[51] Fujita M, Mori T. The role of ports in the making of major cities: Self agglomeration and hub – effect [J] . Journal of Development Economics, 1996, 49 (1): 93 – 120.

[52] Fujita M, Mori T. Transport development and the evolution of economic geography [J] . Portuguese Economic Journal, 2005, 4 (2): 129 – 156.

[53] Gao J, Jun B, Pentland A, Zhou T, Hidalgo C A. Collective learning in China's regional economic development formations of co – inventors during the dot – com

bubble in the research triangle region [Z]. Evolutionary Economic Geography (PEEG) 1706, 2017.

[54] Gertler M S. Tacit knowledge and the economic geography of context, or The undefinable tacitness of being (there) [J]. Journal of Economic Geography, 2003, 3 (1): 75 – 99.

[55] Glaeser E, Kerr W. Local industrial conditions and entrepreneurship: How much of the spatial distribution can we explain? [J]. Journal Economics & Management Strategy, 2009, 18 (3): 623 – 663.

[56] Hanlon W, Miscio A. Agglomeration: A dynamic approach [Z]. NBER Working Papers, 2014.

[57] Harvey D. Between space and time: Reflections on the geographical imagination [J]. Annals of the Association of American Geographers, 1990, 80 (3): 418 – 434.

[58] Henderson J V. Externalities and industrial development [J]. Journal of urban economics, 1997, 42 (3): 449 – 470.

[59] Hewings D, Parr B. The changing structure of trade and interdependence in a mature economy: The US Midwest [A] //McCann P. Technological change and mature industrial regions: Firms, knowledge, and policy [M]. Edward Elgar, Cheltenham, 2009.

[60] Hidalgo C A, Klinger B, Barabási A L, et al. The product space conditions the development of nations [J]. Science, 2007, 317 (5837): 482 – 487.

[61] Holl A. Highways and productivity in manufacturing firms [J]. Journal of Urban Economics, 2016, 93: 131 – 151.

[62] Holl A. Manufacturing location and impacts of road transport infrastructure: Empirical evidence from Spain [J]. Regional Science & Urban Economics, 2004, 34 (3): 341 – 363.

[63] Holl A. Transport Network development and the location of economic activity [A] //Coto – Millán P., Inglada V. Essays on Transport Economics. Contributions to Economics [M]. Physica – Verlag HD: 341 – 361.

[64] Holm J R, Østergaard C R, Olesen T R. Destruction and reallocation of skills following large company closures [J]. Journal of Regional Science, 2014, 57 (2): 245 – 265.

[65] Hummels D. Have international transportation costs declined? [R]. http: //www. mgmt. purdue. edu/faculty/hummelsd/, 1999.

［66］Hummels D. Transportation costs and international trade in the second era of globalization［J］. Journal of Economic Perspectives, 2007, 21 (3): 131 – 154.

［67］Jacobs J. The economy of cities［M］. New York: Vintage Books, 1969.

［68］Jofre – Monseny J, Marín – López, Raquel, Viladecans – Marsal E. The determinants of localization and urbanization economies: Evidence from the location of new firms in Spain［J］. Journal of Regional Science, 2014, 54 (2): 313 – 337.

［69］Krugman P. Increasing returns and economic geography［J］. Journal of Political Economy, 1991, 99 (3): 483 – 499.

［70］Leamer E E, Storper M. The economic geography of the internet age［J］. Journal of International Business Studies, 2001, 32 (4): 641 – 665.

［71］Li J, Qiu L D, Sun Q Y. Interregional protection: Implications of fiscal decentralization and trade liberalization［J］. China Economics Review, 2003, 14 (3): 227 – 245.

［72］Limão N, Venables A J. Infrastructure, geographical disadvantage, transport costs and trade［J］. World Bank Economic Review, 2001 (15): 451 – 479.

［73］Lin Y. Travel costs and urban specialization patterns: Evidence from China's high speed railway system［J］. Journal of Urban Economics, 2016, 98.

［74］Ma H. Y., Oxley L. Are China's energy markets cointegrated?［J］. China Economic Review, 2011 (22): 398 – 407.

［75］Marshall A. Principles of economics［M］. New York: Macmillan and Co., 1890.

［76］Martin R. The 'New Economic Geography': Challenge or irrelevance? ［J］. Transactions of the Institute of British Geographers, 1999, 24 (4): 387 – 391.

［77］Moodysson J. Principles and practices of knowledge creation: On the organization of "buzz" and "pipelines" in life science communities［J］. Economic Geography, 2008, 84 (4): 449 – 469.

［78］Mora T, Moreno R. The role of network access on regional specialization in manufacturing across Europe［J］. Regional Studies, 2013, 47 (6): 950 – 962.

［79］Naughton B. How much can regional integration do to unify China's markets?［Z］. Paper on Conference for Research on Economic Development and Policy Research, Stanford University, 1999.

［80］Neffke F, Hartog M, Boschma R, et al. Agents of structural change: The role of firms and entrepreneurs in regional diversification［J］. Papers in Evolutionary Economic Geography, 2014 (5): 1 – 26.

［81］ Neffke F, Henning M, Boschma R. How do regions diversify over time? Industry relatedness and the development of new growth paths in regions ［J］. Economic Geography, 2011, 87 （3）: 237 – 265.

［82］ Nooteboom B. Learning and innovation in organizations and economies ［M］. Oxford University Press, 2000.

［83］ O'sullivan A, Strange W C. The emergence of coagglomeration ［J］. Journal of Economic Geography, 2018, 18: 293 – 317.

［84］ Ottaviano P, Tabuchi T, Thisse J – F. Agglomeration and trade revisited ［J］. International Economic Review, 2002, 43 （2）: 409 – 435.

［85］ Parsley D C, Wei S J. Limiting currency volatility to stimulate goods market integration: A price based approach ［Z］. NBER Working Paper 8468, 2001.

［86］ Pisano G P, Shih W C. Restoring American competitiveness ［J］. Harvard Business Review, 2009, 35 （7）: 1 – 13.

［87］ Poncet S. Measuring Chinese domestic and international integration ［J］. China Economic Review, 2003, 14 （1） : 1 – 22.

［88］ Porter M. Clusters and the new economics of competition ［J］. Harvard Business Review, 1998, 76 （6）: 77 – 90.

［89］ Portnov B A, Axhausen K W, Tschopp M. Diminishing effects of location? Some evidence from Swiss municipalities, 1950 – 2000 ［J］. Journal of Transport Geography, 2011, 19 （6）: 1368 – 1378.

［90］ Puga D. The rise and fall of regional inequalities ［J］. European Economic Review, 1999, 43 （2）: 303 – 334.

［91］ Roberts M, Deichmann U, Fingleton B, Shi T. Evaluating China's road to prosperity: A new economic geography approach ［J］. Regional Science and Urban Economics, 2012, 42 （4）: 580 – 594.

［92］ Rossi – Hansberg E. A spatial theory of trade ［J］. American Economic Review, 2005, 95 （5）: 1464 – 1491.

［93］ Simmie J. Path dependence and new path creation in renewable energy technologies ［J］. European Planning Studies, 2012, 20 （5）: 729 – 731.

［94］ Shepherd B, Wilson J S. Trade, Infrastructure, and Roadways in Europe and Central Asia: New Empirical Evidence ［J］. Journal of Economic Integration, 2007, 22 （4）: 723 – 747.

［95］ Shirley C, Winston C. Firm inventory behavior and the returns from highway infrastructure investments ［J］. Journal of Urban Economics, 2004, 55 （2）:

0 – 415.

［96］Storper M, Venables A J. Buzz：Face – to – face contact and the urban economy ［J］. CEP Discussion Papers, 2004, 4（4）：351 – 370.

［97］Venables A J. Equilibrium locations of verticaly linked Industries ［J］. International Economic Review, 1996（37）：341 – 359.

［98］Weitzman M L. Recombinant growth ［J］. The Quarterly Journal of Economics, 1998, 113（2）：331 – 360.

［99］World Bank. Reshaping economic geography ［Z］. World Bank Development Report, 2009.

［100］Xu X. Have the Chinese provinces become integrated under reform ［J］. China Economics Review, 2002,（13）：116 – 133.

［101］Young A. The razor's edge：Distortions and incremental reform in the People's Republic of China ［J］. Quarterly Journal of Economics, 2000, 115（4）：1091 – 1135.

［102］Yu N, Roo G D, Jong M D, et al. Does the expansion of a motorway network lead to economic agglomeration? Evidence from China ［J］. Transport Policy, 2016, 45：218 – 227.

［103］Zhu S, He C, Zhou Y. How to jump further and catch up? Path – breaking in an uneven industry space ［J］. Journal of Economic Geography, 2017, 17（3）：521 – 545.

［104］Zhu S, Li Z, He C. Who leads regional industrial dynamics? "New industry creators" in Chinese regions ［J］. Growth and Change, 2018：1 – 21.

［105］阿瑟. 技术的本质 ［M］. 杭州：浙江人民出版社, 2014.

［106］爱德华·格莱泽. 城市的胜利 ［M］. 上海：上海社会科学院出版社, 2012.

［107］白俊红, 蒋伏心. 协同创新、空间关联与区域创新绩效 ［J］. 经济研究, 2015（7）：174 – 187.

［108］陈红霞, 李国平. 1985—2007 年京津冀区域市场一体化水平测度与过程分析 ［J］. 地理研究, 2009, 28（6）：1476 – 1483.

［109］陈建军, 崔春梅, 陈菁菁. 集聚经济、空间连续性与企业区位选择——基于中国 265 个设区城市数据的实证研究 ［J］. 管理世界, 2011（6）：63 – 75.

［110］陈建军, 郑广建. 集聚视角下高速铁路与城市发展 ［J］. 江淮论坛, 2014（2）：37 – 44.

［111］陈宇峰，叶志鹏．区域行政壁垒、基础设施与农产品流通市场分割——基于相对价格法的分析［J］．国际贸易问题，2014（6）：99－111.

［112］程艳，叶徵．流通成本变动与制造业空间集聚——基于地方保护政策的理论和实践分析［J］．中国工业经济，2013（4）：146－158.

［113］邓丹萱．交通基础设施的网络效应及溢出效应的实证研究［D］．对外经济贸易大学博士学位论文，2014.

［114］邓向荣，曹红．产业升级路径选择：遵循抑或偏离比较优势——基于产品空间结构的实证分析［J］．中国工业经济，2016（2）：52－67.

［115］范剑勇．产业集聚与中国地区差距研究［M］．上海：格致出版社，2008.

［116］范欣，宋冬林，赵新宇．基础设施建设打破了国内市场分割吗？［J］．经济研究，2017（2）：22－36.

［117］范欣，姚常成．时空压缩下的经济趋同［J］．求是学刊，2018（5）：54－64.

［118］付强，乔岳．政府竞争如何促进了中国经济快速增长：市场分割与经济增长关系再探讨［J］．世界经济，2011（7）：43－63.

［119］桂琦寒，陈敏，陆铭，陈钊．中国国内商品市场趋于分割还是整合：基于相对价格法的分析［J］．世界经济，2006（2）：20－30.

［120］韩峰，柯善咨．追踪我国制造业集聚的空间来源：基于马歇尔外部性与新经济地理的综合视角［J］．管理世界，2012（10）：55－70.

［121］行伟波，李善同．本地偏好、边界效应与市场一体化——基于中国地区间增值税流动数据的实证研究［J］．经济学（季刊），2009，8（4）：1455－1474.

［122］行伟波，李善同．引力模型、边界效应与中国区域间贸易：基于投入产出数据的实证分析［J］．国际贸易问题，2010（10）：32－41.

［123］何雄浪，张择义．边界效应、国内市场一体化与区域壁垒［J］．工业技术经济，2014（10）：58－67.

［124］贺灿飞，潘峰华．中国制造业地理集聚的成因与趋势［J］．南方经济，2011，29（6）：38－52.

［125］贺灿飞，任永欢，李蕴雄．产品结构演化的跨界效应研究——基于中国地级市出口产品的实证分析［J］．地理科学，2016，36（11）：1605－1613.

［126］洪银兴，刘志彪．长江三角洲地区经济发展的模式和机制［M］．北京：清华大学出版社，2003.

［127］黄森．空间视角下交通基础设施对区域经济的影响研究［D］．重庆

大学博士学位论文，2014.

[128] 金凤君. 基础设施与社会经济空间组织［M］. 北京：科学出版社，2012.

[129] 李涵，黎志刚. 交通基础设施投资对企业库存的影响——基于我国制造业企业面板数据的实证研究［J］. 管理世界，2009（8）：73 – 80.

[130] 李善同，侯永志. 中国区域协调发展与市场一体化［M］. 北京：经济科学出版社，2008.

[131] 林善浪，叶炜，王娜. 高速公路发展对于新企业选址的影响——来自中国制造业微观企业数据的证据［J］. 财贸研究，2017（3）：28 – 38.

[132] 林善浪，叶炜，张丽华. 时间效应对制造业企业选址的影响［J］. 中国工业经济，2018（2）：137 – 156.

[133] 林毅夫，刘培林. 地方保护和市场分割：从发展战略的角度考察［Z］. 北京大学中国经济研究中心工作论文，NO. C2004015，2004.

[134] 刘秉镰，武鹏，刘玉海. 交通基础设施与中国全要素生产率增长——基于省域数据的空间面板计量分析［J］. 中国工业经济，2010（3）：54 – 65.

[135] 刘冲，周黎安. 高速公路建设与区域经济发展：来自中国县级水平的证据［J］. 经济科学，2014（2）：55 – 67.

[136] 刘钜强，赵永亮. 交通基础设施、市场获得与制造业区位——来自中国的经验数据［J］. 南开经济研究，2010（4）：123 – 138.

[137] 刘培林. 地方保护主和市场分割的损失［J］. 中国工业经济，2005（4）：69 – 76.

[138] 刘生龙，胡鞍钢. 交通基础设施与经济增长：中国区域差距的视角［J］. 中国工业经济，2010（4）：14 – 23.

[139] 刘生龙，胡鞍钢. 交通基础设施与中国区域经济一体化［J］. 经济研究，2011（3）：72 – 82.

[140] 刘生龙，郑世林. 交通基础设施跨区域的溢出效应研究——来自中国省级面板数据的实证证据［J］. 产业经济研究，2013（4）：59 – 69.

[141] 刘修岩，李松林，秦蒙. 城市空间结构与地区经济效率——兼论中国城镇化发展道路的模式选择［J］. 管理世界，2017（1）：51 – 64.

[142] 刘修岩，张学良. 集聚经济与企业区位选择——基于中国地级区域企业数据的实证研究［J］. 财经研究，2010，36（11）：83 – 92.

[143] 刘勇. 交通基础设施投资、区域经济增长及空间溢出作用——基于公路、水运交通的面板数据分析［J］. 中国工业经济，2010（12）：37 – 46.

[144] 刘玉海. 交通基础设施的空间溢出效应及其影响机理研究［M］. 北

京：经济科学出版社，2013.

　　［145］鲁勇．行政区域经济［M］．北京：人民出版社，2002.

　　［146］陆铭，陈钊．分割市场的经济增长——为什么经济开放可能加剧地方保护？［J］．经济研究，2009（3）：42－52.

　　［147］陆铭，陈钊．中国区域发展中的市场整合与工业集聚［M］．上海：上海人民出版社，2006.

　　［148］陆铭．经济开放、地区差距与市场分割［J］．世界经济研究，2007（2）：78－79.

　　［149］罗燊，林晓言．高速铁路影响下的知识可达性与区域梯度——来自中国31个省份的证据［J］．技术经济，2018（2）：69－76.

　　［150］毛琦梁，王菲．比较优势、可达性与产业升级路径——基于中国地区产品空间的实证分析［J］．经济科学，2017（1）：48－62.

　　［151］毛琦梁，王菲．空间接近能促进空间均衡吗？——基于交通发展对制造业增长的非线性影响研究［J］．产业经济研究，2017（6）：38－51.

　　［152］Poncet S. 中国市场正在走向"非一体化"？——中国国内和国际市场一体化程度的比较分析［J］．世界经济文汇，2002（1）：3－17.

　　［153］潘文卿．中国的区域关联与经济增长的空间溢出效应［J］．经济研究，2012（1）：54－65.

　　［154］钱平凡．产业共享：塑造产业群体竞争优势的新利器［J］．发展研究，2016（2）：52－56.

　　［155］石敏俊，杨晶，龙文，魏也华．中国制造业分布的地理变迁与驱动因素［J］．地理研究，2013，32（9）：1708－1720.

　　［156］苏红键，赵坚．相关多样化、不相关多样化与区域工业发展——基于中国省级工业面板数据［J］．产业经济研究，2012（2）：26－32.

　　［157］唐红祥，王业斌，王旦，贺正楚．中国西部地区交通基础设施对制造业集聚影响研究［J］．中国软科学，2018（8）：137－147.

　　［158］藤田昌久，蒂斯．集聚经济学：城市、产业区位与全球化（第二版）［M］．上海：格致出版社，2016.

　　［159］王任飞，王进杰．基础设施与中国经济增长：基于VAR方法的研究［J］．世界经济，2007（3）：13－21.

　　［160］魏立佳，张彤彤．铁路经济学研究的新进展［J］．经济评论，2018（6）：154－166.

　　［161］魏守华，汤丹宁，孙修远．本地经济结构、外部空间溢出与制造业增长：以长三角为例［J］．产业经济研究，2015（1）：71－82.

［162］吴三忙，李善同．市场一体化、产业地理集聚与地区专业分工演变——基于中国两位码制造业数据的实证分析［J］．产业经济研究，2010（6）：7 – 16.

［163］吴意云，朱希伟．中国为何过早进入再分散：产业政策与经济地理［J］．世界经济，2015，38（2）：140 – 166.

［164］徐现祥，李郇．市场一体化与区域协调发展［J］．经济研究，2005（12）：57 – 67.

［165］徐现祥，王贤彬，舒元．地方官员与经济增长——来自中国省长、省委书记交流的证据［J］．经济研究，2007（9）：18 – 31.

［166］徐塱，欧国立．交通基础设施对区域间制造业分工的影响——基于制造业细分行业数据的实证研究［J］．经济问题探索，2016（8）：28 – 35.

［167］许德友，梁琦．贸易成本与国内产业地理［J］．经济学（季刊），2012（3）：1113 – 1136.

［168］银温泉，才婉茹．我国地方市场分割的成因和治理［J］．经济研究，2001（6）：3 – 12.

［169］余东华，李真．地方保护论——测度、辨识及对资源配置效率的影响研究［M］．北京：中国社会科学出版社，2010.

［170］张光南，洪国志，陈广汉．基础设施、空间溢出与制造业成本效应［J］．经济学（季刊），2013（13）：285 – 304.

［171］张军．中国经济发展：为增长而竞争［J］．世界经济文汇，2005（Z1）：101 – 105.

［172］张莉．可达性与区域空间结构［M］．北京：科学出版社，2013.

［173］张其仔．比较优势的演化与中国产业升级路径的选择［J］．中国工业经济，2008（9）：58 – 68.

［174］张少军．贸易的本地偏好之谜：中国悖论与实证分析［J］．管理世界，2013（11）：39 – 49.

［175］张天华，陈力，董志强．高速公路建设、企业演化与区域经济效率［J］．中国工业经济，2018（1）：79 – 99。

［176］张学良．交通基础设施、空间溢出与区域经济增长［M］．南京：南京大学出版社，2009.

［177］张学良．中国交通基础设施促进了区域经济增长吗——兼论交通基础设施的空间溢出效应［J］．中国社会科学，2012（3）：60 – 77.

［178］赵永亮，才国伟．市场潜力的边界效应与内外部市场一体化［J］．经济研究，2009（1）：119 – 130.

［179］赵永亮，徐勇，苏桂富．区际壁垒与贸易的边界效应［J］．世界经济，2008（2）：17－29.

［180］赵永亮，徐勇．国内贸易与区际边界效应：保护与偏好［J］．管理世界，2007（9）：37－47.

［181］郑毓盛，李崇高．中国市场分割的效率损失［J］．中国社会科学，2003（1）：64－72.

［182］周浩，余壮雄，杨铮．可达性、集聚和新建企业选址——来自中国制造业的微观证据［J］．经济学（季刊），2015（4）：1393－1416.

［183］周黎安．晋升博弈中政府官员的激励与合作——兼论我国地方保护主义和重复建设问题长期存在的原因［J］．经济研究，2004（6）：33－40.

［184］周黎安．中国地方官员的晋升博弈锦标赛模式研究［J］．经济研究，2007（7）：36－50.

第三章　交通基础设施建设、省际贸易与市场一体化

交通基础设施建设在经济社会发展过程中发挥着基础性、支撑性、先导性、服务性的作用，其发展水平的高低关系到国民经济社会发展速度的快慢，而经济社会的发展又为交通基础设施建设提供了重要保障。在新常态背景下，我国经济增长将更多地依赖要素在空间优化配置上带来的生产率提高，区域政策将更加注重区域协同发展和全国统一市场建设。研究交通基础设施建设对国内市场一体化的影响和内在机制，对于提高国家整体经济效率、促进区域协调发展有重要的现实意义。

省际贸易是一国经济的晴雨表，其发展有助于发挥各省的比较优势，建立直接与间接的经济技术联系和互补依存关系，从而促进区域经济协调发展、推进全国市场一体化进程。为了全面系统考察中国省际贸易发展趋势与特征，本章将采用中国地区投入产出表和区域间投入产出表对省际贸易流量和流向进行分析，并对中国的省际贸易依存度进行测算。

从理论上来讲，完善交通基础设施建设可以降低要素空间转移的物质成本，即消除自然地理障碍、缩短要素流动的时空距离、提高区域间联系的通达性，从而降低区域之间的贸易成本、促进区域间贸易效率的提升。现有的一些研究成果也表明，交通基础设施建设是增加区域间贸易量、促进区域经济一体化的重要手段。那么，我国交通基础设施建设到底对国内市场一体化产生了怎样的影响呢？本章将选取 1997~2007 年为研究时段，重点以铁路及公路建设为例，利用 1997年、2002 年、2007 年中国区域间投入产出表，从省际贸易规模（贸易量）、贸易壁垒（边界效应）两个方面，定量分析我国交通基础设施建设对国内市场一体化的影响程度。

第一节　我国交通基础设施发展的历史阶段及特征

交通基础设施建设是我国城市发展和产业布局的重要支撑，交通网络的延伸和改造对于生产要素的流动、城镇体系的发展、区域差异的变化、生产力布局的优化等起到重要的推动作用。新中国成立以来，特别是改革开放以来，我国交通基础设施经过大规模投资建设，其规模、质量及技术水平得到显著提升，现代综合交通运输体系逐渐完善，有力地支撑了经济社会的快速发展。

随着国家战略重心的阶段性转移以及制度环境的深刻变迁，我国交通基础设施建设在不同时期也表现出不同的阶段性特征。相对于国民经济社会的发展需求而言，我国交通基础设施建设实现了从发展滞后型逐渐向基本适应型、适度超前型的转变。

一、恢复式发展阶段（1949~1978年）

新中国成立之初至改革开放以前，我国交通基础设施建设处于恢复式发展阶段。在计划经济体制下，交通基础设施作为国民经济恢复的先导性领域，获得了资金和政策方面的支持和倾斜，铁路、公路、港口等建设均取得了一定成绩。例如，在第一个、第二个五年计划和国民经济调整期间（1953~1965年），国家投资开始向交通运输倾斜，改造和新建了一批铁路、公路、港口码头、民用机场，提高了西部和边远地区的交通运输基础设施覆盖程度，疏浚了主要航道，新开辟了国际、国内水路和空中航线，扩大了邮政网络，增加了运输装备数量[1]。截至1978年，我国交通线路总里程由1949年的17.61万公里增加到123.51公里。其中，铁路由2.18万公里增加到5.17万公里，公路由8.08万公里增加到89.02万公里，内河航道7.36万公里增加到13.6万公里[2]，为我国资源开发、城市发展、产业布局等提供了重要支撑，为经济恢复发展提供了一定保障。

虽然该时期交通基础设施的规模总量有了显著增长，但建设能力、质量、安全性、快捷性、网络性等方面均有限，总体来看处于滞后型的发展状态。该时期交通基础设施建设的主要特征如下：

首先，从建设水平来看，受技术条件的制约，运输线路的等级处于较低层次。以公路为例，为了更好地满足经济社会发展以及国防等方面的基本要求，在

---

① 资料来源：国务院新闻办公室《中国交通运输发展》白皮书。
② 资料来源：中华人民共和国国家统计局网站。

尽可能短的时间内实现大区域（特别是边远地区）之间的连汇互通，该时期修建了大量标准较低的干线公路，包括青藏公路、新藏公路、川黔公路等（樊一江，2009）。

其次，从建设区域来看，该时期我国交通基础设施建设多属于特定范围的局部性发展，结构等级和功能布局没有得到充分发展，区域差异性显著（樊一江，2009）。20世纪60年代中期到70年代末期，"三线建设"是国家经济建设的重点，交通建设也体现了这一空间特征，新建干线集中在"三线"地区，对内迁企业建设和投产起到保障作用（陆大道，2003）。由于持续的内陆交通基础设施建设，造成东部沿海地区运输能力不足，制约了东部地区的经济发展。

最后，受特殊历史条件的影响，"文化大革命"期间（1966～1976年），交通运输发展受到严重干扰，交通基础设施建设缺乏持续性。该时期交通基础设施供给远远滞后于经济社会发展的需求，工业生产、资源开发等存在以运定产的现象（金凤君，2012）。

二、跨越式发展阶段（1978～2008年）

1978年，改革开放揭开了中国经济社会发展的新篇章。随着我国经济实力和国际竞争力的迅速增强，交通运输需求也迅速增长，国民经济快速发展与交通运输供给不足的矛盾也日益凸显，交通运输业成为制约经济发展的瓶颈。

为了改善交通运输发展严重滞后的局面，该时期中央政府及各级地方政府将交通基础设施建设放在优先发展的位置，加大了政策扶持力度。国家在交通运输领域重点实施了两大措施：一是加快交通基础设施建设在规模和质量上的提升；二是加速运输产业结构的改革，在放开交通运输市场、建立社会化融资机制方面进行开创性探索，积极扭转交通运输不适应经济社会发展的被动局面[①]。尤其是1998年以后，受东南亚金融危机的影响，国家为了扩大内需、刺激经济增长，实行了积极的财政政策，大力加强交通基础设施建设（白雪洁等，2009），交通基础设施建设步入了全面快速发展的新阶段。

经过30年持续大规模的投入和建设，该阶段我国交通基础设施在建设能力、质量、技术、安全性、便捷性、运输组织优化等方面均取得了质的飞跃，交通运输网络初具规模，基本建成了与经济社会发展需求相适应的交通基础设施体系。该时期的交通基础建设为我国现代化综合运输体系的建设奠定了基础，全面支撑经济社会发展的交通运输保障局面基本形成（金凤君，2012）。随着交通运输方式的变革及交通基础设施网络的拓展与完善，地区间运输费用、运输成本大幅度

---

① 资料来源：国务院新闻办公室《中国交通运输发展》白皮书。

降低，运输能力、运输稳定性逐渐提高，经济要素空间流动的阻力和成本大为缩减，推动了区域经济一体化的发展。具体来看，该时期，我国交通基础设施建设的特征主要有以下三点：

（一）交通基础设施建设与国家区域开发政策紧密结合，综合交通运输网络初具规模

铁路建设方面，改革开放以后，国家开始着力加强以铁路为中心的交通基础设施建设，铁路建设的布局与国家区域开发政策紧密结合。从"六五"计划（1981～1985 年）开始，我国生产力布局和经济发展的指导方针，由过去主要强调备战和缩小地区差别，逐步转移到以提高经济效益为中心，向沿海地区倾斜，东部沿海地区成为中国改革开放的试验区和经济发展的重点区域（王菲、李善同，2016），交通基础设施建设的重心也随之东移。20 世纪 80 年代铁路建设方针是"南攻衡广（京广线南段）、北战大秦（运煤专线）、中取华东（新建）"；20 世纪 90 年代是"强攻京九、兰新、速战宝中、侯月，再取华东、西南"（张文尝和王姣娥，2009）。20 世纪末至 21 世纪初期，国家将缩小区域差距、促进区域协调发展放到了区域政策更加重要和更加核心的位置上，先后制定和实施了西部大开发战略（1999 年）、振兴东北地区等老工业基地战略（2002 年）和促进中部地区崛起战略（2004 年），铁路建设布局也与之相配合。"十五"期间（2001～2005 年），国家围绕"八纵"和"八横"路网主通道进行建设，从而构建四通八达的中国铁路运输网络。

截至 2008 年底，铁路营业里程由 1978 年的 5.2 万公里增加到 8 万公里，铁路密度由 1978 年的 53.7 公里/万平方公里增加到 82.7 公里/万平方公里（见图 3-1），增加了 54%。该时期我国铁路网络骨架基本形成，全国大部分国土面积已被铁路网路覆盖，各省会城市以及直辖市均有铁路线路连接。

公路建设方面，为了增强国家干线公路运输能力，1981 年国家计划委员会、国家经济委员会和交通部联合制定颁布了《国家干线公路网（试行方案）》，简称国道网规划，明确指出建设由"12 射、28 纵、30 横"共 70 条路线组成的国道网，总规模约 11 万公里。"八五"（1991～1995 年）初期，又在国道网规划的基础上形成"五纵七横"12 条国道主干线规划，公路网络主骨架基本形成。2004 年，国家发展和改革委员会又联合制定颁布了《国家高速公路网规划》，明确国家高速公路网由"7 射、9 纵、18 横"等路线组成，总规模约 8.5 万公里[①]。此外，农村公路建设在该时期也得到重视，国家加快推进城镇化和城乡一体化，并充分发挥公路引导区域空间布局和促进区域协调发展的作用，全国农村公路路

①　资料来源：国家发展和改革委员会《国家公路网规划（2013 年—2030 年）》。

网不断向少数民族地区、边疆地区、贫困地区拓展延伸，2008 年我国农村公路通车里程比 1978 年增长了 4 倍，达到 313 万公里。

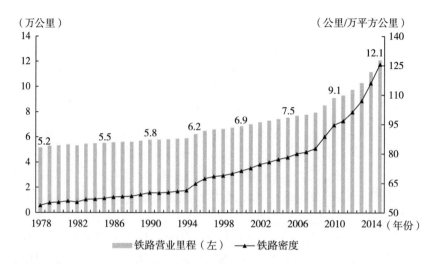

图 3 - 1 1978 ~ 2015 年全国铁路营业里程

资料来源：中华人民共和国统计局网站。

截至 2008 年底，我国公路营业里程由 1978 年的 89 万公里增加到 373 万公里，公路密度由 1978 年的 9.2 公里/百平方公里增加到 38.7 公里/万平方公里（见图 3 - 2），增加了 3.2 倍。高速公路经历了从无到有、不断拓展完善的过程，高速公路里程由 1990 年的 0.05 万公里增加到 2008 年的 6.03 万公里（见图 3 - 3）。随着国道、高速公路等高级公路的建设，全国高速公路网络骨架在该时期基本形成，干线高速公路相继连接贯通，全国主要城市、交通枢纽、工业中心、对外口岸等均已通过高速公路网络得到连接。公路交通的快速发展，有效缓解了我国交通运输紧张状况，显著提升了国家的综合国力和竞争力。

除了铁路、公路建设以外，国家更加注重交通资源的优化配置和各种交通方式的优化衔接。以京杭大运河、长江、珠江为主航道的内河运输网络稳定发展，内河航道里程呈显著增长的态势，由 1949 年的 7.9 万公里增加到 2008 年的 12.3 万公里，增加了 55.7%。以枢纽机场、干线机场和支线机场相配合的机场体系逐渐形成，民航航线里程从 1978 年的 14.9 万公里增加到 2008 年的 246.2 万公里，增加了近 16 倍。港口建设、输油输气管道建设也逐步发展完善。2007 年，国家还制定颁布了《综合交通网中长期发展规划》，成为我国首个全国性的综合衔接铁路、公路、水路、民航及管道五种运输方式的综合交通规划。

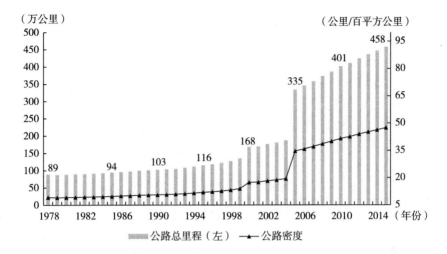

图 3 - 2 1978 ~ 2015 年全国公路总里程及公路密度

资料来源：中华人民共和国统计局网站。

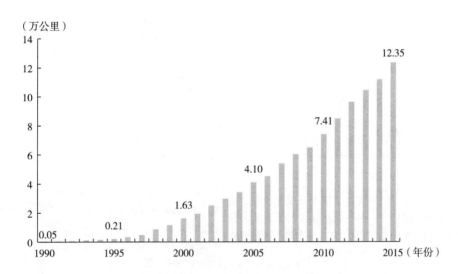

图 3 - 3 1990 ~ 2015 年全国高速公路总里程

资料来源：中华人民共和国统计局网站。

　　截至 2008 年底，我国交通运输线路总里程达到 399 万公里，是 1949 年 11.8 万公里的 33.8 倍，我国交通运输网络规模总量已位居世界前列。其中，我国内河通航航道里程位居全球首位；铁路营业里程仅次于美国、俄罗斯，位居世界第三；公路里程仅次于美国，位居世界第二；高速公路里程位居全球第二（张文尝，2009；金凤君，2012；白雪洁等，2009）。

（二）交通技术等级不断提高，可达性大幅度提升

1997～2007年，铁路现代化技术取得了重大进展，我国逐步实施了六次全国范围内的铁路大提速。其中，2004～2007年的三次大提速攻克了九大核心技术，诞生了CRH（中国铁路高速的简称），标志着中国动车组列车技术能力从引进消化到创新的突破性发展。通过提速，全国列车平均旅行速度从1993年的48.1公里/小时上升到2007年的70.18公里/小时，仅六次大提速，运输能力就提高了50%以上（周浩，2013）。

表3-1　中国铁路六次大面积提速调图情况一览表

时间	提速范围	主要成就
第一次提速 （1997年4月1日）	提速主要在京广、京沪、京哈三大干线进行	全国铁路旅客列车旅行速度由1993年的时速48.1公里，提高到时速54.9公里；提速列车最高运行时速达到了140公里；首次开行了快速列车和夕发朝至列车
第二次提速 （1998年10月1日）	提速主要在京广、京沪、京哈三大干线进行	全国铁路旅客列车平均旅行速度达到时速55.2公里；允许时速超过120公里的线路延长为6449公里，时速超过140公里的线路延长为3522公里，时速超过160公里的线路延长为1104公里
第三次提速 （2000年10月21日）	提速范围主要是陇海、兰新、京九和浙赣线，初步形成了覆盖全国主要地区的"四纵两横"提速网络	全国铁路旅客列车平均时速达到60.3公里；允许时速超过120公里的线路延长为9581公里，时速超过140公里的线路延长为6458公里，时速超过160公里的线路为1104公里
第四次提速 （2001年10月21日）	提速范围主要是京九线、武昌—成都（汉丹、襄渝、达成）、京广线南段、浙赣线和哈大线	全国铁路旅客列车平均旅行速度达到时速61.6公里；进一步增开了特快列车，允许时速超过120公里的线路延长为13166公里，时速超过140公里的线路延长为9779公里，时速超过160公里的线路为1104公里
第五次提速 （2004年4月18日）	推出416列城际快速客车，主要集中在环渤海、长三角、珠三角三大城市群，以及以郑州、武汉为中心的中原城市群，以沈阳、长春、哈尔滨为中心的东北城市群，以西安为中心的西北城市群	全国铁路旅客列车平均旅行速度达到时速65.7公里；几大干线的部分地段线路基本达到时速200公里的要求；提速网络总里程16500多公里；全国共开行了19对直达特快列车，最高时速160公里/小时

续表

时间	提速范围	主要成就
第六次提速 （2007 年 4 月 18 日）	提速范围主要是京哈、京沪、京广、京九、陇海、浙赣、兰新、广深、胶济等干线	时速 120 公里及以上线路延展里程达到 2.2 万公里，比第五次大提速增加 6000 公里。其中，时速 160 公里及以上提速线路延展里程达到 1.4 万公里；时速 200 公里线路延展里程达到 6003 公里

（三）交通运输支撑能力显著增强，基本满足经济社会发展需求

1978～2008 年是我国交通基础设施建设全面快速发展的 30 年，随着交通基础设施规模和技术装备水平的大幅度提升，交通网络对经济社会发展的支撑能力逐渐增强。

从运输能力来看，改革开放以来我国铁路、公路的货运量、客运量大幅度增加，地区间的货物运输、贸易往来、人员流动等需求基本得到满足。其中，2008 年全国货物运输总量达到 258.6 亿吨，公路货运量 191.7 亿吨，铁路货运量 33 亿吨，分别是 1978 年的 8.1 倍、12.6 倍、3 倍（见图 3－4）；2008 年全国旅客运输量达到 286.8 亿人，增长最为显著的公路客运量达到 268.2 亿人，分别是 1978 年的 11.3 倍和 18 倍（见图 3－5）。

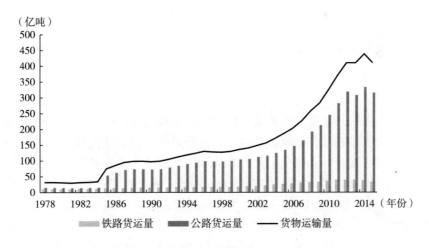

图 3－4　1978～2015 年全国铁路及公路货运量

资料来源：相关年份《中国统计年鉴》。

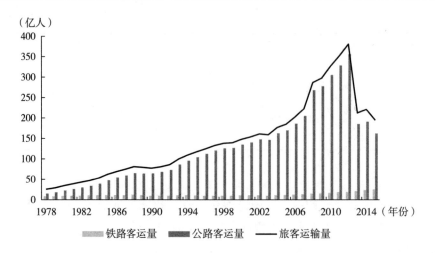

图 3 – 5　1978～2015 年全国铁路及公路客运量

资料来源：相关年份《中国统计年鉴》。

从空间服务水平来看，21 世纪初已有 297 个地级行政单元连接到全国统一的铁路网中，占地域单元总数（330 个）的 90%（金凤君等，2004）。交通网络建设与经济社会空间结构的演化互为动力，京广、京哈、京沪等一系列依托交通干线不断集散，融合人口、产业、城镇、物流、能流、信息流的交通经济带逐渐形成，并成为中国经济发展的主轴（韩增林等，2000；张文尝等，2009）。

三、适度超前发展阶段（2008 年以来）

2008 年以来，我国交通基础设施建设在满足国民经济基本需求的情况下，总体上看呈现出超前建设的特征和趋势，主要标志是以提升速度为特征的高速交通网络建设、以提升效率和功能为特色的网络系统优化建设、以优化城市群空间结构与效率为目标的综合运输体系建设，在塑造我国国土开发结构、提高国土开发效率、改善区域差异、优化生产力布局和推动城镇体系发展等方面发挥着重要作用（金凤君，2012）。中国政府把推进交通运输先行发展作为支撑"四大板块""三大战略"等国家区域发展总体战略的重点任务，积极打通发达地区、中等发达地区、欠发达地区之间的联系通道。依托京沪、京广、沿海、沿江等综合运输大通道以及长三角、珠三角、环渤海等港口群形成的经济带、城市群，成为中国经济最具活力、人口最为密集的区域。[①] 具体来看，该时期，我国交通基础设施建设的主要特征是：

---

① 资料来源：《中国交通运输发展白皮书》。

（一）以"五纵五横"为主骨架的综合运输大通道基本贯通，高速交通基础设施网络建设规模位居世界前列

近十年来，我国加快推进高速交通基础设施网络建设，路网规模以及运输能力显著提升，为拉动经济增长、服务改善民生发挥了重要作用。公路建设方面，2014 年，我国高速公路里程超过 11 万公里，位居世界第一，2016 年全国高速公路总里程突破 13 万公里。铁路建设方面，2015 年底，中国铁路营业里程达 12.1 万公里，居世界第二位；高铁营业里程突破 1.9 万公里，占世界高铁营业里程的 60% 以上，居世界首位。

目前，我国"五纵五横"综合运输大通道基本贯通，联通了 21 个城镇化地区，干线通道骨架初步形成，重要枢纽节点渐趋稳定。2016～2025 年，我国将构筑以"八纵八横"主通道为骨架①、区域连接线衔接、城际铁路补充的高速铁路网。到 2020 年，我国铁路网规模将达到 15 万公里，其中高速铁路 3 万公里，覆盖 80% 以上的大城市，为完成"十三五"规划任务、实现全面建成小康社会目标提供有力支撑。②

（二）多层次城镇交通骨干网络建设加速，成为促进城市群地区空间结构优化和职能分工的重要力量

区域维度的交通网络完善将通过增强中心城市的辐射带动能力，促进中心城市和周边地区的一体化发展。例如，在公路基础设施密度较高的地区，中心城市对周边城镇的辐射力度得以极大化，从而带动了周边地区的城镇化协同发展，在局部地区形成了密度较高的中小城镇群落（柳思维等，2011）。

城市群是未来我国推进城镇化的主体形态，近十年来，我国在城镇化地区大力发展高速公路网络、城际铁路、市域（郊）铁路等，多层次轨道交通骨干网络体系逐渐形成，高效衔接了大中小城市和城镇。"十三五"期间，国家将进一步加强城镇化地区内部综合交通网络建设，至 2020 年，京津冀、长江三角洲、珠江三角洲三大城市群基本建成城际交通网络，相邻核心城市之间、核心城市与周边节点城市之间实现 1 小时通达，其余城镇化地区初步形成城际交通网络骨架，大部分核心城市之间、核心城市与周边节点城市之间实现 1～2 小时通达（国家发改委交通运输部，2015）。随着高铁网络的建成，2025 年我国高铁里程将翻一番，主要连接省会城市和 50 万人口以上大中城市，2030 年实现相邻大中城市 1～4 小时交通圈、城市群内 0.5～2 小时交通圈，区域经济产生"融城"

---

① "八纵"为沿海通道、京沪通道、京港（台）通道、京哈—京港澳通道、呼南通道、京昆通道、包（银）海通道、兰（西）广通道；"八横"为绥满通道、京兰通道、青银通道、陆桥通道、沿江通道、沪昆通道、厦渝通道、广昆通道。

② 资料来源：国家发展改革委交通运输部《中长期铁路网规划》。

效应。

多层次城镇交通骨干网络建设使不同交通方式的经济技术优势得到充分发挥，促进了城市群城镇体系职能分工与协作，实现了空间运行效率和经济效益的最大化，充分发挥了城市群在推进我国健康城市化过程中的重要作用，促进城市之间基础设施互联互通、公共服务共建共享、产业发展共生共赢。未来交通体系将向着更具安全性、高速化、网络化、一体化方向发展，城市之间的联系将更加紧密，要素交换更加快速。

（三）国家发展战略主导下的综合运输走廊建设初步形成，以交通线路为轴线的经济带成为我国城镇化和工业化发展的重要承载区域

交通基础设施改善通过改变沿线地区的可达性，影响区域土地利用，是空间形态和空间结构的重要引导。同时，由于交通网络建设的非均衡性，各城市在网络优化中的获益是不均衡的，从而导致其"相对区位"条件发生变化，对重塑区域和城市空间结构产生重要影响（王姣娥，2011）。

近些年来，随着国家"一带一路"倡议、京津冀协同发展战略、长江经济带建设战略的全面推进，边境口岸城市及沿边地区的交通基础设施建设获得新的发展机遇，京津冀城市群、成渝城市群、长江中游城市群、长三角城市群等地区的城际高铁、快速铁路、高速公路、航空、内河航道、管道等多种运输方式协同发展的综合交通网络逐渐完善。国家发展战略主导下的综合运输走廊建设将提升沿线城市、沿线区域的交通区位优势，形成以交通线路为轴线的城市群、产业带，并推动其成为我国城镇化和工业化发展的重要承载区域。

（四）信息技术在综合交通运输体系建设中得到广泛应用，多样化、个性化的交通运输需求得到满足

交通运输是提供生产性和消费性服务的部门，也是影响居民生活方式、反映生活质量的重要物质组成。随着经济社会的发展和人们生活水平的提升，对交通运输的消费品质要求也不断提高，逐步由"走得了"向"走得好""便捷化""自由化"发展，对便捷性、舒适性及个性化方面的要求逐渐增强（罗仁坚等，2013）。随着物联网、云计算、大数据技术的发展，数字通信、智能手机、LBS（位置服务）、移动互联等信息技术为公共交通出行服务的个性信息需求提供了多样化的应用和发布载体。"定制公交""商务班车"等新型公共交通服务形式使城市公共交通系统越来越智能，城市地铁、轻轨、有轨电车、快速公交系统（BRT）等大中运量的运输方式发展迅速，形式多样的交通方式和综合交通运输体系建设使人们多样化的交通运输需求得到满足。

第二节　我国省际贸易的演变趋势与特征

地区间贸易是区域市场一体化的重要体现。作为世界上的国际贸易大国之一，中国的国内贸易在近 20 多年来也是飞速发展，能够反映出中国内部经济调整和市场一体化的发展情况。为了全面系统考察中国省际贸易的变迁，本章采用中国地区投入产出表和区域间投入产出表进行分析。具体包括 1987 年、1992 年、1997 年、2002 年、2007 年和 2012 年六个年份的各省、自治区、直辖市投入产出表，以及 1997 年、2002 年和 2007 年中国区域间投入产出表。其中，原属广东省的海南行政区在 1988 年升级为海南省，原属四川省的重庆行政区在 1997 年升级为重庆直辖市，青海省没有编制 1987 年的投入产出表，再去除西藏，最终使用的 1987 年地区投入产出表共有 27 张，1992 年地区投入产出表共有 29 张，1997 年、2002 年、2007 年与 2012 年地区投入产出表均有 30 张。本章使用的投入产出表涉及 22 个省、4 个自治区和 4 个直辖市，在文中统称为省份。

对于一国的某省来说，其对外贸易可分为两个部分：一部分是该省与本国其他地区的省际贸易，即省际调出和省际调入；另一部分是该地区与国外的国际贸易，本章在此统称为出口和进口。该地区的省际调出和出口之和在此统称为调出，该地区的省际调入和进口之和在此统称为调入。地区投入产出表中分列了一个省份对外贸易量，部分省份的投入产出表还将调出项拆分为省际调出和出口、将调入项拆分为省际调入和进口。由于部分省份的投入产出表没有将调出项拆分为省际调出和出口，也没有将调入项拆分为省际调入和进口，只提供了调出项和调入项，本章将采用《新中国六十年统计资料汇编》和《中国统计年鉴》各省的进出口数据，将调出项和调入项进行拆分。

一、省际贸易流量概况

随着中国整体经济的发展，国内地区间贸易总量也在迅速增长。1987 年中国省际贸易总额为 1.01 万亿元，1997 年增加到 6.80 万亿元，2007 年进一步增加到 29.27 万亿元，2012 年达到 79.6 万亿元。[①] 省际贸易在中国经济发展进程中发挥着重要作用。

引力模型表明，两地区间的贸易规模与两地的 GDP 成正比，与两地间的距

---

① 1987 年、1997 年与 2002 年的数据来源于李善同主编的《2007 年中国地区投入产出表：编制与应用》（经济科学出版社，2016 年），2012 年数据根据《2012 年中国地区投入产出表》计算得到。

离成反比，中国国内省际贸易流量也较好地体现出了这一规律。从表3-2罗列的1987年、1992年、1997年、2002年、2007年、2012年六个年份省际贸易流量和GDP在全国排名前五的省份情况来看，省际贸易流量排名靠前的大多属于东部地区，而西部地区没有一个省份进入前五名，广东、江苏每个年份均进入前五名。结合GDP进行分析可以发现，省际贸易流量靠前的省份很多也是GDP排名靠前的地区，两者的重合度非常高，这也说明GDP是影响中国省际贸易的重要因素。

表3-2　省际贸易流量和GDP排名前五位的省级地区

年份	省际贸易流量	比重（%）	GDP	比重（%）
1987	上海、江苏、浙江、河南、广东	40.2	江苏、山东、广东、四川、辽宁	35.8
1992	江苏、河北、广东、山东、上海	45.1	广东、山东、江苏、四川、辽宁	38.2
1997	江苏、广东、河北、山东、安徽	41.1	广东、江苏、山东、浙江、河南	38.2
2002	浙江、广东、河北、江苏、山东	39.9	广东、江苏、山东、浙江、河南	40.2
2007	广东、河北、江苏、浙江、河南	43.3	广东、江苏、山东、浙江、河南	42.0
2012	北京、江苏、上海、广东、河南	41.3	广东、江苏、山东、浙江、河南	39.1

进一步从表3-3与表3-4所示的各省份1997年、2002年与2007年省际贸易流出与流入排名前五的贸易对象的分布来看，经济规模较大的东部省份（尤其是广东、江苏等GDP排名最靠前的省份）几乎成为所有省份的主要贸易对象。事实上，虽然与珠三角、长三角和京津冀三个主要经济中心区域相隔很远，但是中部、西部地区的很多省份最主要的贸易伙伴也来自这三个中心地区。由此也进一步表明，地区经济规模是影响省际贸易的重要因素。

此外，省际贸易的空间分布也反映了距离是影响地区间贸易的主要因素之一。表3-3与表3-4列举了各省份三个年份省际贸易流出与流入排名前五的贸易对象，以此较为清晰地刻画出某省份贸易的去向与来源，结果表明周边地区往往是一个省份主要的贸易对象。进一步从铁路货运情况来看，基于1998~2011年给定省份下的汇地流量和源地流量的历年平均数筛选出流出和流入的前三大省份（见表3-5），结果表明给定某省份无论是流出还是流入最大的三个省份基本上是其相邻省份或相近省份，而且它们占总流出或总流入的比重较多在40%以上，很多甚至高达80%以上。这说明中国省际贸易存在流出和流入的邻近性，地理距离在其中起到了不可忽视的重要作用，但也不排除有可能是邻近省份在经济、产业、技术、制度、政策等方面的相似性使双边贸易更为便利。

表3－3　基于调入角度的分省份省际贸易流向前五位的省级地区

年份 省份	1997	2002	2007
北京	河北、广东、江苏、山东、天津	广东、河北、天津、浙江、江苏	广东、河北、天津、上海、江苏
天津	江苏、河北、山东、广东、北京	北京、山东、重庆、河北、浙江	河北、北京、江苏、上海、山东
河北	江苏、山东、广东、安徽、上海	山东、辽宁、广东、浙江、北京	广东、山东、江苏、北京、山西
山西	广东、河北、江苏、山东、上海	河北、浙江、广东、山东、北京	河北、天津、广东、北京、山东
内蒙古	江苏、河北、广东、山东、上海	山东、河北、浙江、广东、江苏	陕西、河南、河北、浙江、上海
辽宁	黑龙江、河北、江苏、山东、广东	黑龙江、山东、吉林、广东、浙江	河北、吉林、黑龙江、广东、山东
吉林	广东、辽宁、黑龙江、江苏、河北	辽宁、河北、浙江、安徽、黑龙江	辽宁、黑龙江、江苏、浙江、河北
黑龙江	广东、江苏、河北、辽宁、吉林	吉林、浙江、广东、辽宁、江苏	河北、辽宁、吉林、江苏、广东
上海	江苏、安徽、河北、浙江、山西	浙江、山东、广东、河北、安徽	广东、浙江、北京、河北、江苏
江苏	广东、河北、安徽、上海、浙江	广东、浙江、上海、安徽、河北	广东、河北、上海、安徽、河南
浙江	上海、江苏、广东、山东、河北	广东、安徽、河北、江苏、上海	河北、广东、江苏、河南、安徽
安徽	江苏、河北、山东、广东、上海	浙江、江苏、山东、河北、广东	江苏、浙江、广东、上海、河北
福建	江苏、河北、广东、安徽、山东	浙江、河北、上海、广东、江苏	广东、浙江、河北、上海、江苏
江西	江苏、广东、山东、河北、上海	浙江、广东、安徽、江苏、上海	河北、北京、江苏、上海、浙江
山东	河北、江苏、上海、安徽、广东	河北、浙江、北京、辽宁、广东	河北、安徽、辽宁、吉林、广东

续表

年份\省份	1997	2002	2007
河南	江苏、广东、河北、山东、上海	河北、广东、山东、江苏、浙江	广东、河北、江苏、上海、北京
湖北	广东、江苏、河北、河南、山东	广东、山东、河南、河北、浙江	湖南、河北、河南、安徽、陕西
湖南	广东、江苏、河北、上海、山东	广东、浙江、江苏、河北、湖北	陕西、广东、河南、浙江、江苏
广东	江苏、河北、山东、上海、安徽	浙江、上海、河北、江苏、吉林	河北、江苏、上海、浙江、安徽
广西	广东、江苏、山东、河北、上海	北京、广东、上海、浙江、重庆	江苏、广东、北京、浙江、上海
海南	广东、江苏、河北、山东、广西	北京、广西、山东、广东、浙江	新疆、上海、陕西、黑龙江、吉林
重庆	江苏、广东、山东、河北、上海	广东、浙江、北京、江苏、河北	四川、北京、广东、陕西、河北
四川	江苏、广东、山东、河北、天津	广东、浙江、重庆、江苏、河北	山东、广东、浙江、江苏、河北
贵州	广东、江苏、山东、河北、广西	广东、北京、浙江、上海、河北	江苏、上海、广东、北京、浙江
云南	广东、江苏、山东、河北、上海	广东、山东、浙江、北京、河北	广东、上海、浙江、河北、陕西
陕西	江苏、广东、河南、河北、山东	河北、广东、北京、浙江、河南	河北、河南、北京、广东、浙江
甘肃	江苏、广东、山东、河北、河南	广东、江苏、河北、浙江、山东	陕西、新疆、黑龙江、山东、河北
青海	广东、江苏、河北、河南、甘肃	北京、河北、上海、吉林、重庆	上海、江苏、河北、陕西、北京
宁夏	江苏、广东、山东、河北、河南	北京、河北、浙江、上海、江苏	北京、河北、江苏、陕西、上海
新疆	江苏、广东、河北、山东、上海	北京、浙江、上海、广东、河北	江苏、河北、上海、浙江、山东

资料来源：根据中国区域间投入产出表计算。

表3-4　基于调出角度的分省份省际贸易流向前五位的省级地区

年份 省份	1997	2002	2007
北京	河北、山东、广东、江苏、安徽	广东、天津、河北、广西、山东	河北、上海、天津、河南、陕西
天津	河北、江苏、广东、山东、北京	北京、广东、河北、浙江、江苏	北京、河北、广东、辽宁、浙江
河北	广东、江苏、山东、安徽、上海	山东、浙江、广东、北京、吉林	浙江、广东、江苏、天津、北京
山西	上海、江苏、浙江、河北、广东	河北、广东、浙江、江苏、北京	河北、浙江、安徽、广东、上海
内蒙古	江苏、河北、广东、上海、山东	浙江、河北、北京、吉林、广东	河北、浙江、广东、江苏、天津
辽宁	江苏、河北、广东、吉林、黑龙江	河北、吉林、浙江、山东、北京	广东、河北、吉林、安徽、江苏
吉林	山东、黑龙江、江苏、广东、辽宁	广东、浙江、黑龙江、河北、北京	广东、辽宁、河北、山东、河南
黑龙江	广东、辽宁、江苏、河北、吉林	辽宁、吉林、浙江、河北、山东	浙江、辽宁、吉林、广东、河北
上海	广东、江苏、浙江、河北、山东	广东、浙江、江苏、北京、河北	广东、江苏、浙江、河北、河南
江苏	广东、河北、安徽、上海、山东	浙江、广东、安徽、北京、河北	广东、安徽、浙江、河北、河南
浙江	江苏、广东、上海、河北、安徽	广东、江苏、安徽、上海、山东	广东、上海、安徽、河北、江苏
安徽	江苏、广东、上海、河北、山东	浙江、广东、江苏、河北、吉林	广东、浙江、江苏、河北、上海
福建	广东、江苏、河北、安徽、山东	浙江、河北、山东、广东、北京	河北、广东、陕西、湖南、上海
江西	上海、广东、江苏、河北、安徽	浙江、安徽、广东、河北、上海	广东、河北、安徽、浙江、福建
山东	广东、河北、江苏、安徽、河南	河北、浙江、安徽、广东、上海	河北、江苏、安徽、河南、辽宁

续表

年份 省份	1997	2002	2007
河南	江苏、广东、河北、上海、安徽	河北、浙江、山东、江苏、广东	浙江、陕西、广东、河北、江苏
湖北	广东、江苏、河北、湖南、安徽	浙江、广东、河北、湖南、河南	广东、河北、上海、浙江、江西
湖南	广东、河北、江苏、上海、河南	浙江、广东、山东、河北、安徽	广东、陕西、河北、山东、江苏
广东	江苏、河北、黑龙江、河南、湖北	浙江、江苏、北京、河北、重庆	河北、江苏、浙江、北京、上海
广西	广东、江苏、河北、上海、安徽	广东、浙江、河北、山东、重庆	广东、河北、上海、江苏、浙江
海南	江苏、河北、广东、山东、安徽	浙江、广西、安徽、河北、吉林	广西、上海、云南、浙江、湖北
重庆	江苏、广东、山东、河北、上海	天津、广东、北京、浙江、江苏	广东、河南、河北、上海、云南
四川	广东、江苏、河北、天津、重庆	广东、重庆、河北、浙江、江苏	重庆、陕西、河北、广东、安徽
贵州	广东、河北、江苏、安徽、上海	浙江、广东、重庆、河北、山东	山东、重庆、云南、广西、河北
云南	广东、河北、江苏、上海、安徽	广东、浙江、河北、安徽、上海	广东、山东、浙江、江苏、河北
陕西	广东、江苏、河北、河南、山东	浙江、广东、河北、北京、河南	内蒙古、湖南、河北、广东、上海
甘肃	江苏、上海、河北、安徽、广东	河北、浙江、江苏、广东、上海	广东、江苏、河北、河南、北京
青海	江苏、河北、上海、浙江、广东	北京、天津、甘肃、江苏、广西	甘肃、宁夏、湖北、重庆、安徽
宁夏	江苏、河北、上海、浙江、广东	甘肃、河北、新疆、陕西、北京	甘肃、陕西、内蒙古、新疆、天津
新疆	江苏、广东、河北、山东、安徽	浙江、河北、辽宁、江苏、上海	广东、江苏、河北、浙江、甘肃

资料来源：根据中国区域间投入产出表计算。

表 3 – 5　各省份铁路货运情况的空间流向（1998～2011 年平均）

省份	流出前三大省份	占比（％）	流入前三大省份	占比（％）
北京	河北、天津、辽宁	59.2	河北、山西、天津	70.2
天津	河北、北京、内蒙古	62.1	山西、河北、内蒙古	80.8
河北	天津、北京、山东	55.2	山西、内蒙古、山东	84.0
山西	河北、山东、天津	70.5	山东、江苏、河北	54.2
内蒙古	河北、辽宁、黑龙江	55.6	辽宁、天津、黑龙江	48.0
辽宁	吉林、黑龙江、河北	52.5	黑龙江、内蒙古、吉林	72.4
吉林	辽宁、黑龙江、河北	69.2	黑龙江、内蒙古、辽宁	84.3
黑龙江	辽宁、吉林、河北	73.4	内蒙古、辽宁、吉林	74.8
上海	浙江、四川、江西	26.7	安徽、山西、山东	29.9
江苏	河南、安徽、山西	40.7	山西、安徽、河南	58.5
浙江	江西、湖南、上海	46.9	安徽、山东、江西	40.4
安徽	江苏、浙江、江西	66.8	山西、河南、山东	54.4
福建	江西、浙江、广东	46.2	江西、安徽、河南	44.0
江西	福建、浙江、湖南	58.9	河南、安徽、浙江	34.7
山东	山西、河北、江苏	44.3	山西、河北、河南	69.0
河南	湖北、江苏、湖南	49.8	山西、山东、江苏	48.4
湖北	广东、湖南、河南	36.1	河南、山西、陕西	66.7
湖南	广东、广西、江西	59.2	广东、河南、山西	44.5
广东	湖南、广西、云南	49.3	湖南、河南、贵州	42.9
广西	云南、贵州、湖南	47.0	贵州、广东、云南	58.4
重庆	四川、广西、贵州	62.4	四川、贵州、广东	43.1
四川	云南、重庆、湖北	33.6	陕西、云南、重庆	26.6
贵州	广西、广东、湖南	65.4	广西、广东、四川	51.9
云南	广西、四川、广东	48.8	广西、广东、四川	53.7
陕西	江苏、湖北、山东	46.6	甘肃、山东、新疆	34.2
甘肃	陕西、四川、江苏	37.2	新疆、宁夏、青海	64.5
青海	甘肃、江苏、河南	40.9	甘肃、江苏、河南	47.6
宁夏	甘肃、河北、四川	55.4	内蒙古、甘肃、新疆	48.2
新疆	甘肃、河南、四川	56.0	甘肃、山东、江苏	28.0

资料来源：王庆喜，徐维祥. 多维距离下中国省际贸易空间面板互动模型分析［J］. 中国工业经济，2014（3）：31 – 43.

二、省际贸易依存度分析

为了进一步说明中国各省的省际贸易联系强度，并以此说明中国国内市场的一体化程度，本章对中国的省际贸易依存度①进行了测算，结果如表3-6所示。

表3-6　中国省际贸易依存度及其地区差异

年份 省份	1987	1992	1997	2002	2007	2012
北京	1.357	1.044	1.481	1.529	2.400	4.482
天津	2.379	1.850	2.127	2.484	2.197	1.842
河北	1.359	1.748	2.459	1.431	2.542	1.312
山西	0.871	0.943	0.573	0.515	0.672	1.145
内蒙古	0.845	1.159	0.821	0.685	1.310	2.036
辽宁	0.678	0.607	0.543	0.577	1.077	1.299
吉林	1.158	1.334	1.311	0.896	2.241	1.405
黑龙江	1.009	—	—	—	1.040	1.683
上海	2.145	2.148	1.074	0.912	1.696	2.857
江苏	1.121	1.012	1.108	0.565	0.835	1.382
浙江	1.187	0.473	0.483	0.592	1.305	1.213
安徽	0.710	—	—	1.781	2.234	2.874
福建	0.437	0.357	0.127	0.413	0.890	0.499
江西	0.701	0.766	0.747	0.797	0.745	1.024
山东	0.753	0.993	—	—	0.564	0.437
河南	1.144	0.824	0.777	0.557	1.092	1.638
湖北	1.160	1.134	0.660	0.545	0.499	0.362
湖南	0.447	0.705	0.460	0.635	0.980	1.034
广东	1.020	0.894	0.888	0.755	1.267	0.866
广西	—	1.045	1.268	1.218	1.309	1.173
海南	—	—	—	—	1.031	2.109
重庆	—	—	—	—	1.043	1.902
四川	0.436	0.410	0.221	—	0.538	0.432

---

①　省际贸易依存度表示为某省的省际调入和调出之和与该省地区生产总值之比，说明一个地区经济增长对于省际贸易的依赖程度。

续表

年份 省份	1987	1992	1997	2002	2007	2012
贵州	0.718	0.846	—	—	1.514	1.513
云南	0.632	0.262	0.620	0.753	1.307	1.404
西藏	—	—	—	—	—	1.111
陕西	0.838	1.124	1.068	1.068	2.454	2.240
甘肃	0.885	0.824	1.103	0.966	1.289	1.608
青海	—	0.765	1.192	0.704	0.681	0.881
宁夏	1.064	1.393	1.082	1.779	1.644	2.635
新疆	0.651	1.224	1.144	0.973	1.139	1.820
全国平均	0.989	0.995	0.972	0.964	1.318	1.556

　　从全国范围来看，1987 年全国 26 个省份的省际贸易均值为 0.989，1992 年全国 26 个省份的省际贸易均值为 0.995，1997 年全国 25 个省份的省际贸易均值为 0.972，2002 年全国 24 个省份的省际贸易均值为 0.964，2007 年全国 30 个省份的省际贸易均值为 1.318，2012 年全国 31 个省份的省际贸易均值为 1.556，中国省际贸易依存度自 1987 年以来大致呈现出先上升、后下降、再上升的变化趋势，总体上表现为上升趋势，由此也表明了中国各省的省际贸易联系总体上不断强化，国内市场一体化程度也呈现出总体加深的趋势。不过不能否认的是，在中间的一段时期，国内省际联系有所弱化，市场一体化程度也有所降低，中国的市场一体化进程并非持续、稳定地深入发展。这也与诸如 Poncet（2003）等的研究相符合，Poncet（2003）采集了中国 1987 年、1992 年和 1997 年的地区投入产出表数据，发现从 1987 年到 1997 年，省际贸易占 GDP 总额和贸易总额的比重显著降低，由此认为中国的市场一体化在那个时期是下降的。

　　中国的省际贸易依存度也存在较为显著的地区差异及其演变差异。表 3－6 显示，1987 年省际贸易依存度最高的一些省份依次为天津、上海、河北、北京、浙江等；1992 年省际贸易依存度最高的一些省份依次为上海、天津、河北、宁夏、吉林等；1997 年省际贸易依存度最高的一些省份依次为河北、天津、北京、吉林、广西等；2002 年省际贸易依存度最高的一些省份依次为天津、安徽、宁夏、北京、河北；2007 年省际贸易依存度最高的一些省份依次为河北、陕西、北京、吉林、安徽等；2012 年省际贸易依存度最高的一些省份依次为北京、安徽、上海、宁夏、陕西。大致而言，在早期，东部地区的省际贸易依存度较高，中西部的贸易依存度较低；但是随着时间的推移，中西部地区的贸易依存度相对增长更快，越来越多的中西部省份贸易依存度进入全国前列。

三、省际贸易结构分析

在省际贸易总量不断增长的同时，省际贸易的部门结构也发生了较大变化，呈现出一定的规律和特点。

为了更清晰地对各年度省际贸易的部门结构进行比较，将1997年、2002年、2007年按部门维度合并成农业、采掘业、消费品、中间投入品、资本品、建筑业、服务业七个部门（分类参见表3-7）。

表3-7　基于投入产出表的产业分类一览表

类别	行业
农业	农林牧渔产品和服务
采掘业	煤炭采选产品，石油和天然气开采产品，金属矿采选产品，非金属矿和其他矿采选产品
消费品	皮革、毛皮、羽毛及其制品和制鞋业，纺织服装、服饰业，文教、工美、体育和娱乐用品制造业，家具制造业，木材加工和木、竹、藤、棕、草制品业，纺织业，农副食品加工业，印刷和记录媒介复制业，食品制造业，酒、饮料和精制茶制造业，造纸和纸制品业，烟草制品业
中间投入品	金属制品业，橡胶和塑料制品业，非金属矿物制品业，医药制造业，化学原料和化学制品制造业，有色金属冶炼和压延加工业，化学纤维制造业，黑色金属冶炼和压延加工业，石油加工、炼焦和核燃料加工业，金属制品、机械和设备修理服务、电力、热力的生产和供应，燃气生产和供应，水的生产和供应
资本品	仪器仪表制造业，电气机械和器材制造业，通用、专用设备制造业，计算机、通信和其他电子设备制造业，交通运输设备制造业
建筑业	建筑
服务业	批发和零售，交通运输、仓储和邮政，住宿和餐饮，信息传输、软件和信息技术服务，金融，房地产，租赁和商务服务，科学研究和技术服务，水利、环境和公共设施管理，居民服务、修理和其他服务，教育，卫生和社会工作，文化、体育和娱乐，公共管理、社会保障和社会组织

注：本表的分类基于二位数工业行业分类；另外，1980年以来国家统计局对国民经济行业分类进行了三次修订和调整，分别是GB/T 4754—94、GB/T 4754—2002和GB/T 4754—2011，为保持不同年份行业分类的一致，对不同年份的制造业行业进行归并，并在此基础上根据中国地区投入产出表进行了部分行业的合并。

从贸易结构来看（见图3-6），各部门的省际贸易发展不均衡，1997年我国各部门省际贸易占省际贸易总额的比重由大到小依次为：中间投入品

（24.97%）、消费品（22.08%）、资本品（18.91%）、服务业（16.65%）、农业（11.64%）、采掘业（4.99%）、建筑业（0.75%）。

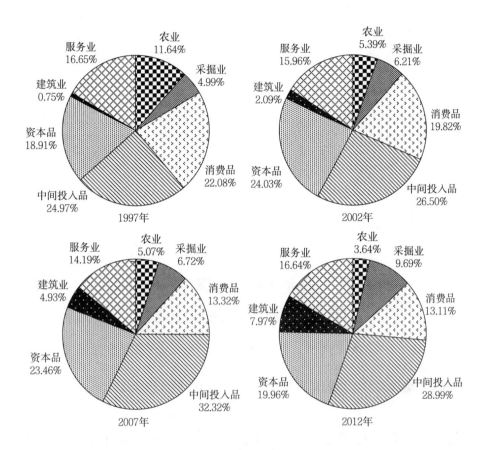

图 3-6　1997~2007 年中国省际贸易总体结构变化

2002 年各部门省际贸易占省际贸易总额的比重由大到小依次为：中间投入品（26.50%）、资本品（24.03%）、消费品（19.82%）、服务业（15.96%）、采掘业（6.21%）、农业（5.39%）、建筑业（2.09%）。

2007 年各部门省际贸易占省际贸易总额的比重由大到小依次为：中间投入品（32.32%）、资本品（23.46%）、服务业（14.19%）、消费品（13.32%）、采掘业（6.72%）、建筑业（4.93%）、农业（5.07%）。

2012 年各部门省际贸易占省际贸易总额的比重由大到小依次为：中间投入品（28.99%）、资本品（19.96%）、服务业（16.64%）、消费品（13.11%）、采掘业（9.69%）、建筑业（7.97%）、农业（3.64%）。

可以看出，各年度省际贸易排在首位的是中间投入品，排在后三位的分别是采掘业、农业和建筑业，而消费品、资本品和服务业省际贸易比重发生了变化，其中，2002 年与 1997 年相比，资本品省际贸易比重超过消费品比重，跃居第二位。2007 年与 2002 年相比，服务业省际贸易比重超过消费品比重，跃居第三位。2012 年与 2007 年相比，服务业与建筑业贸易在省际贸易中的比重有较为明显的提高，中间投入品与资本品比重有所缩小。

总体来看，1997～2012 年，采掘业、建筑业等部门省际贸易占省际贸易总额的比重不断增加，消费品、农业等部门省际贸易比重不断减小，而资本品省际贸易比重呈现先增后减的变化。我国省际贸易结构这种变化特征也反映出省际经济联系不断向深化方向发展。基于最终消费品贸易的联系逐步减少，基于中间投入品、资本品贸易的联系逐步增加，服务业和建筑业等代表广义上服务业的省际联系有所提高等都表明，省际经济联系更为密切、经济合作趋于复杂，由此也进一步表明市场一体化程度的加深。

第三节　交通基础设施建设对国内市场一体化影响的分析

一、交通基础设施建设对市场一体化影响的定量评价模型

（一）交通基础设施建设水平的衡量方法及数据

从现有文献来看，衡量交通基础设施建设水平的方法大致有三类。第一类是通过交通基础设施建设公共投入水平来衡量，这种方法会遗漏私人对交通建设投资的部分，易产生误差。第二类是采用交通里程或交通密度来反映交通基础设施的存量水平，即用公路、铁路和内河航道里程之和除以各省份的国土面积来进行衡量（Fleisher et al., 2010；刘生龙和胡鞍钢，2011）。这种方法虽然能够反映交通基础设施的整体规模，但是使用交通里程或密度不能够有效反映地区之间交通通达性的改善程度。例如，普通铁路升级为高速铁路后，路网密度没有较大变化，但是交通网络运行速度和效率显著提升，这是近些年来我国交通基础设施建设取得的不可忽视的成就，采用交通里程或交通密度作为指标则无法体现。第三类是采用交通可达性来衡量。可达性（Accessibility）是反映用特定的交通系统从某一给定的区位到达活动目的地的便利程度（孟德友和陆玉麒，2011）。可达性的高低通过人流、物流、信息流的效率效益来度量，这种方法能够更准确地反

映交通基础设施水平的发展状况。

本章重点以铁路、公路建设为例，采用交通可达性作为衡量交通基础设施发展水平的指标，选取最为常用的"最短旅行时间距离"来衡量交通可达性。最短旅行时间距离，是指在某种交通方式下某一节点到达其他节点的最短时间。对于铁路可达性，本章采用全国 29 个省会（首府）城市和直辖市间列车行车最短时间来衡量（西藏、海南两地的数据缺失）。数据采用中国铁路总公司运输局编制的历年《全国铁路旅客列车时刻表》。对于公路可达性，本章通过对多个时期全国主要高速公路、国道、省道等等级道路进行数字化，建立全国交通网络地理信息数据库，并将各地级及以上城市抽象为道路网络中的节点。基于 ArcGIS 地理信息系统，利用网络分析方法，求得各节点间最短旅行时间距离，形成时间距离矩阵。其中，对于不同类型与等级道路行车速度参数的设定，则是根据多数文献采用的标准，高速公路设为 120 公里/小时，国道为 100 公里/小时，省道为 80 公里/小时，县道为 60 公里/小时。最短旅行时间距离越短，则说明交通可达性越高，交通基础设施水平越高。

（二）市场一体化程度的衡量方法及数据

目前，衡量市场一体化程度的方法主要有：分析投入产出表中的国内贸易流量的贸易量法、比较区域间价格水平差异和波动的价格法、考察地区产出结构的相似度、生产效率的生产法、比较各地区经济周期的相关程度的经济周期法等。这些方法各有优势，但考虑到交通基础设施的改善通过降低运输成本，极大地促进了区域之间的交流和要素的流动，而区域之间的交流和要素流动主要是通过贸易来实现的，因此用贸易量法衡量市场一体化更加简洁明了。通过考察各省之间在不同交通基础设施水平下的贸易量、贸易壁垒的变化情况，将有助于分析交通基础设施建设对国内各区域市场之间经济、贸易联系及一体化进程的影响。

一方面，随着一体化程度的提高，地区间的贸易量会显著增加，反之，较大的贸易量也反映了地区间市场整合程度的提升（Behrens，2004；刘生龙和胡鞍钢，2011；黄森，2014）。另一方面，用边界效应反映地区间贸易壁垒的大小（市场分割程度），如果地区间贸易壁垒增加了，则认为市场非一体化水平提升（Poncet，2003；赵永亮等，2009；行伟波和李善同，2010；张少军，2013）。

1. 省际贸易规模与结构

通常情况下，随着一体化程度的提高，省际贸易量会有所增加，反之，较大的省际贸易量也反映了地区间市场整合程度的提升。本章中省际贸易数据是从 30 个省（自治区、直辖市）投入产出表中估计出的省际双边贸易流量数据（不包括西藏）。国家统计局发布了 1997 年、2002 年、2007 年中国各省（自治区、直辖市）的投入产出表，表中的流入和流出数据提供了该省与中国其他地区之间的贸易信息，但是在投入产出表中"其他地区"是一个整体，表中的流入流出值仅衡量的是某个省对多个省的贸易流动额。国务院发展研究中心发展战略和区域经济研究部根据分地区投入产出表估算出了 30 个省区间相互的调入调出值，编制了中国区域间投入产出表，反映了任何两个省份之间而不是一个省份与中国其他地区间的双边贸易（李善同，2016）。区域间投入产出表中各省的各部门调入、调出该省的核算值，可以视作省际的"进出口"贸易，用该省的总产值减去该省的出口值以及省际调出值就可以得到省内贸易值。

2. 贸易壁垒

本章用本地偏好和边界效应（Border Effect）的大小，来反映贸易壁垒（或地区边界）导致市场分割的程度。边界效应表示当经济规模和贸易距离被控制后，省内贸易是省际贸易的多少倍，反映的是基于行政边界的市场分割程度。本章将借鉴标准的引力模型，通过引入地区边界变量（Domestic）将引力模型发展为边界效应模型，并对 1997 年、2002 年、2007 年、2012 年的边界效应变化情况进行估计，如果边界效应下降，则说明中国国内市场一体化程度有所提升。本章还将对 33 个行业的边界效应进行估计，以此来反映不同行业中市场一体化的差异情况。

（三）基于引力方程的边界效应模型

目前，衡量市场一体化程度的方法主要有分析区域间贸易量法、比较区域间价格水平差异和波动的价格法、考察地区产出结构的相似度与生产效率的生产法、比较各地区经济周期的相关程度的经济周期法等。本章利用贸易法对国内市场一体化进行测度，对比目前非常主流的几种方法，该方法具有一些优点。如 Young（2000）对中国国内市场化的经典研究中，采用"生产法"获得的结论受到一定的质疑，因为中国各地区生产结构的趋同可能是快速工业化进程本身造成的，且目前理论上缺乏衡量各省生产结构的标准，仅凭经济结构的数据分析区域市场分割问题令人难以信服（陆铭和陈钊，2006）。而且，随着区域间经济关联的日益紧密，从产业结构角度测度市场分割具有局限性，产业统计数据相对有限，很难从足够细分层次测度地区间产业结构趋同或驱异。再者，地区间在产业内分工方面日益深化，实质上是市场一体化深入发展的表现，但基于较粗的产业分类角度可能获得产业结构趋同的结论。此外，价格法也依赖于行业分类及相应行业的价格指数变化，但是同样面临着分类较粗的问题，有可能两地专业化于同一大类行业的不同小类行业，但是只有大类统计数据难以反映真正因为市场分割带来的不同地区同行业的价格指数变化。相对而言，使用地区间贸易量进行测度能够较好地避免产业分类的统计问题。另外，考虑到交通发展能够促进区域之间交流和要素流动，而这种区域间关联主要是通过贸易来实现的，因此用贸易量法衡量市场一体化更加简洁明了。具体通过考察各省之间在不同交通水平下的贸易量与贸易壁垒的变化情况，可以较好地分析交通发展对各区域之间的经贸联系与一体化进程的影响。

在实际测算中，利用贸易法测度市场一体化（或市场分割）立足于引力模型，该模型能够分析空间相互作用能力，最初是国际贸易领域用来研究双边贸易的重要工具，随后该模型被广泛应用于国内市场一体化问题的研究（Head & Mayer，2000；Poncet，2003；行伟波等，2010；刘易昂，2016）。引力模型的内涵与物理学中的万有引力定律相似，其基本观点为，两个地区之间的贸易量与这两个地区的国民生产总值等经济规模因素成正比，与地理距离等贸易成本因素成反比。地区经济规模越大，市场需求就越大，地区间的贸易量也越大；地理距离会导致双边贸易产生运输成本，所以两个地区相距越远，运输成本越高，地区间的贸易就越少（李善同等，2016）。通过将标准引力方程改造为边界效应模型，是分析地区间贸易及市场一体化问题的常用模型，具体地，用本地偏好和反映本地偏好的边界效应（Border Effect）的大小，来反映由贸易壁垒导致市场分割的程度。本章也采用了边界效应模型，具体设定如式（3-1）所示。

$$\ln trade_{ij} = \alpha + \beta_1 \ln GDP_i + \beta_2 \ln GDP_j + \beta_3 \ln D_{ij} + \gamma Border_{ij} + \lambda Adjacent_{ij} + \varepsilon_{i,t}$$

$$(3-1)$$

其中，$trade_{ij}$表示第 i 个地区从第 j 个地区的"进口"量；GDP_i 和 GDP_j 分别表示第 i 个地区和第 j 个地区的 GDP；D_{ij}表示第 i 个地区和第 j 个地区的空间距离；β_3 表示双边贸易的距离弹性，即两地之间的距离每增加 1%，那么两地之间贸易额的下降程度。为了测度市场一体化程度，在引力方程中加入反映省际行政边界的虚拟变量 $Border_{ij}$，得到边界效应模型。其中，当 $i = j$ 时，方程（3-1）表示省内贸易，边界虚拟变量 $Border_{ij} = 0$；当 $i \neq j$ 时，方程（3-1）表示省际贸易，边界虚拟变量 $Border_{ij} = 1$。$Border_{ij}$系数反映了在控制了两个地区的经济规模和空间距离后，省内贸易比省际贸易规模的偏好程度，反映了贸易壁垒导致的市场分割程度。如果边界效应下降，说明中国国内市场一体化程度有所提升，反之则反。另外，许多实证研究表明，在边界效应模型的基础上引入"相邻"变量是非常重要的，相邻变量一般对地区间贸易具有显著的正效应，称为"邻近效应"（Adjacent Effect）。当地区 i 和地区 j 在地理上相邻时，$Adjacent_{ij} = 1$，反之 $Adjacent_{ij} = 0$。另外，为了更为客观地反映地区间贸易需要克服空间距离的成本，本章基于交通可达性角度，用 i 地区省会城市与 j 地区省会城市之间最短旅行时间作为代理变量进行度量，具体地，主要以公路建设和铁路建设为例进行研究，因此采用省会城市（首府或直辖市）之间公路、铁路的行车最短时间来衡量。基于公路的最短旅行时间用 $Road_{ij}$ 表示，基于铁路的最短旅行时间用 $Rail_{ij}$ 表示。

为了检验交通发展对省际贸易壁垒的影响，本章采取两步法：首先，利用式（3-1）回归得到各省区的边界效应估计值；其次，对各省区的交通发展水平与边界效应值进行回归分析，模型设定如式（3-2）所示：

$$\ln BE_i = \alpha + \beta_1 \ln T_i + \beta_2 \ln PGDP_i + \beta_3 \ln Open_i + \beta_4 \ln Rev_i + \beta_5 \ln State_i + \lambda Region + \varepsilon_{i,t} \tag{3-2}$$

其中，BE_i 表示 i 省份的边界效应估计值。T_i 是 i 地区省会城市到全国其他省会城市的最短旅行时间的平均值，用来反映 i 地区交通发展水平，公路最短旅行时间平均值用 $Road_i$ 表示，铁路最短旅行时间平均值用 $Rail_i$ 表示；$PGDP_i$ 是 i 省份的人均 GDP，反映了经济发展水平对贸易壁垒的影响；$Open_i$ 是 i 省份进出口总额占 GDP 比重[①]，用来控制对外贸易水平对国内贸易壁垒的影响；Rev_i 是 i 省份地方财政一般预算收入占 GDP 的比重，$State_i$ 是 i 省份国有工业增加值占总工业增加值的比重，用来控制政府行为对贸易壁垒的影响。此外，引入虚拟变量 $Region$，若 i 省份为东部地区，则设定 $Region=1$；若为中部地区，则设定 $Region=2$；若为西部地区，则设定 $Region=3$。边界效应数据采用模型（3-1）计算所得估计值。

（四）数据来源与说明

本章选择的研究时段是 1997~2012 年，主要原因如下：一是该时期是我国交通可达性提升速度最快的时期，从我国交通基础设施发展历史阶段的分析来看，目前我国已实施的六次主要的全国范围内铁路大提速均是在 1997 年之后。公路网络建设也在该时期取得了较大成就。二是该段时期中国从加入世界贸易组织到成为世界上经济规模最大的国家之一，国内市场也出现了繁荣的景象，国内贸易和国际贸易的同时增长，既体现了中国国家实力的上升，也体现了中国制造业参与国际产业链的同时国内市场也出现了显著的扩展（李善同，2016）。三是对省际贸易的研究数据来自国务院发展研究中心发展战略和区域经济研究部编制的中国区域间投入产出表，目前只有 1997 年、2002 年、2007 年与 2012 年的数据表编制完成。

GDP、财政收入、工业增加值等数据均来自相关年份的《中国统计年鉴》与相应省区的统计年鉴。

二、交通基础设施建设对市场一体化的影响

（一）交通基础设施建设对省际贸易规模的影响

在引力模型的基础上，通过引入地区边界变量将引力模型发展为边界效应模

---

① 各地区进出口总额数据为《中国统计年鉴》中"按经营单位所在地分货物进出口总额"，原始数据单位为千美元，通过查询《中国统计年鉴》中"金融业""人民币汇率（年平均价）"将其换算为人民币亿元。

型，并对1997年、2002年、2007年、2012年的边界效应变化情况进行估计，一方面是评估该模型对于中国国内地区间贸易关联的适用性，另一方面也是在总体上评估中国国内市场一体化的变化趋势。边界效应模型实证结果如表3-8所示，总体上，所有的回归结果均能在1%的显著性水平上通过显著性检验，双边经济规模（lnGDP）对省际贸易规模有显著的正效应。反映地区间空间距离的交通可达性对省际贸易规模有显著的负效应，具体来看，反映公路和铁路基础设施建设水平的交通可达性变量（lnRoad 和 lnRail）——"最短旅行时间距离"对省际贸易规模有显著负面影响，即两地间最短旅行时间越短，则省际贸易规模越大，说明交通基础设施建设水平提升带来的交通可达性提高，有利于省际贸易量的增加。由此表明，基于标准引力模型的边界效应模型能够很好地解释中国省际贸易，同时进一步说明，基于该模型对于中国国内市场一体化的评估是较为可靠的。

重点从反映市场一体化的边界效应（Border）来看，基于公路交通可达性的结果显示（表3-8第1~4列），边界效应变量的估计系数显著为负；基于铁路交通可达性的结果显示（表3-8第5~8列），边界效应变量的估计系数也显著为负，由此表明我国省际贸易存在明显的本地偏好，即我国国内地区间存在市场分割。具体从市场一体化的变化来看，基于公路交通可达性的结果表明，我国国内市场分割在1997~2002年经历了较小程度的下降，但是到2007年又表现出一定程度的上升，之后到2012年，市场分割有了较大幅度的下降，由此反映出我国市场一体化程度在1997~2012年经历了下降—上升—下降的动态变化过程。虽然中间有所波动，总体上，我国市场一体化程度表现出持续提高的态势，而且从变化程度来看，近期的市场一体化程度提升较为明显。基于铁路交通可达性的估计结果也反映出我国市场一体化类似的动态过程。

表3-8　中国国内市场一体化实证结果

	1	2	3	4	5	6	7	8
	1997 年	2002 年	2007 年	2012 年	1997 年	2002 年	2007 年	2012 年
$lnGDP_i$	0.6684 *** (0.0169)	0.5842 *** (0.0256)	0.6921 *** (0.0314)	0.591 *** (0.0397)	0.6576 *** (0.0171)	0.5574 *** (0.0255)	0.6683 *** (0.0313)	0.548 *** (0.0392)
$lnGDP_j$	0.8498 *** (0.0169)	0.7983 *** (0.0256)	0.9191 *** (0.0314)	0.819 *** (0.0397)	0.8389 *** (0.0171)	0.7716 *** (0.0255)	0.8953 *** (0.0313)	0.775 *** (0.0392)
$lnRoad_{ij}$	-0.2867 *** (0.0292)	-0.3560 *** (0.0434)	-0.2224 *** (0.0522)	-0.431 *** (0.0640)				

续表

	1	2	3	4	5	6	7	8
	1997 年	2002 年	2007 年	2012 年	1997 年	2002 年	2007 年	2012 年
$\ln Rail_{ij}$					-0.2788 *** (0.0285)	-0.4354 *** (0.0432)	-0.3131 *** (0.0478)	-0.546 *** (0.0563)
$Border_{ij}$	-3.4808 *** (0.1599)	-3.4566 *** (0.2306)	-3.9205 *** (0.2705)	-2.674 *** (0.366)	-3.7158 *** (0.1401)	-3.3755 *** (0.2050)	-3.7081 *** (0.2298)	-2.029 *** (0.335)
$Adjacent$	0.0213 (0.0511)	0.0411 (0.0755)	0.2572 *** (0.0915)	0.144 (0.108)	0.0595 (0.0489)	0.0048 (0.0716)	0.1849 ** (0.0856)	0.0614 (0.0992)
$Constant$	-3.8203 *** (0.1987)	-3.0297 *** (0.3087)	-5.2435 *** (0.4125)	-4.330 *** (0.558)	-3.3869 *** (0.1980)	-2.3278 *** (0.3107)	-4.6797 *** (0.4175)	-3.752 *** (0.545)
Observations	841	841	841	841	841	841	841	841
R - squared	0.9066	0.8136	0.7645	0.667	0.9065	0.8204	0.7711	0.684

注：括号中的数值为标准差；***、**、*分别表示在1%、5%、10%水平上显著。

（二）各省份边界效应估计及对比分析

前文的研究结果表明，我国省际贸易存在明显的本地偏好。为比较各省份贸易壁垒的大小，本章得出了各省边界效应系数 ϕ 的估计值，大部分回归结果均能在1%的显著性水平上通过显著性检验（见表3-9）。由于模型中 $Border_{ij}$ 系数 ϕ 的反对数值 $e^{|\phi_i|}$ 就是边界效应，ϕ 的绝对值越大，则说明贸易壁垒（或行政边界）导致的市场分割程度越严重。从全国整体来看，2007 年各省份的边界效应值普遍比 1997 年、2002 年的高，说明与 1997 年、2002 年相比，2007 年省际贸易壁垒有所增加，国内市场一体化程度有所降低；2012 年各省份的边界效应相比于 2007 年有所降低，但仍然高于 1997 年和 2002 年，由此说明我国市场一体化程度有所提升，但区际贸易壁垒仍然较为严重。

表3-9 各省份边界效应系数 ϕ 的估计值

省份	1997 年	2002 年	2007 年	2012 年	省份	1997 年	2002 年	2007 年	2012 年
北京	-4.1108 *** (-0.4429)	-3.9685 *** (-0.9898)	-4.6251 *** (-1.1584)	-4.0820 *** (-1.0204)	河南	-4.0363 *** (-0.8516)	-3.7401 *** (-1.0420)	-3.4669 ** (-1.6620)	-3.4233 *** (-1.2844)
天津	-3.2047 *** (-0.6092)	-3.7518 *** (-1.0223)	-3.5888 *** (-1.0789)	-3.4868 *** (-0.9981)	湖北	-4.9902 *** (-0.8702)	-6.4004 *** (-0.8584)	-6.5967 *** (-0.9010)	-6.1736 *** (-0.8357)
河北	-3.1280 *** (-0.7585)	-3.7501 *** (-0.9438)	-3.0445 ** (-1.4219)	-3.2274 *** (-1.1237)	湖南	-5.1499 *** (-0.8691)	-5.1238 *** (-0.8707)	-4.2062 ** (-1.7479)	-4.4318 *** (-1.2438)

续表

省份	1997 年	2002 年	2007 年	2012 年	省份	1997 年	2002 年	2007 年	2012 年
山西	-3.2635 *** (-0.7462)	-3.5046 *** (-0.7975)	-3.7345 *** (-0.8142)	-3.4386 *** (-0.7656)	广东	-1.9883 *** (-1.5296)	-1.0172 (-2.1037)	-3.4549 (-2.5736)	-2.1242 (-2.2217)
内蒙古	-2.8584 *** (-0.6100)	-4.2840 *** (-1.2819)	-5.7060 *** (-1.7459)	-4.7453 *** (-1.4382)	广西	-4.7521 *** (-1.0439)	-3.1769 * (-2.0264)	-4.3733 *** (-1.5560)	-3.5863 (-1.7016)
辽宁	-4.2745 *** (-1.1557)	-3.2792 *** (-1.1704)	-1.9175 (-1.4231)	-2.4684 * (-1.2319)	重庆	-3.7217 *** (-0.6891)	-2.6974 * (-1.3296)	-3.4355 ** (-1.3689)	-2.9131 ** (-1.2818)
吉林	-1.7032 *** (-0.9119)	-2.4550 * (-1.2713)	-2.6940 * (-1.4652)	-2.4458 * (-1.2998)	四川	-3.9468 *** (-1.3103)	-3.4634 ** (-1.6766)	-5.9420 *** (-1.3393)	-4.4676 *** (-1.4326)
黑龙江	-5.5945 *** (-1.7522)	-3.0752 * (-1.6192)	-1.7763 (-1.4374)	-2.3045 * (-1.4519)	贵州	-2.7830 *** (-1.0761)	-2.0830 (-2.1941)	-4.9371 ** (-1.9359)	-3.3345 * (-1.9618)
上海	-2.6809 *** (-0.8934)	-3.6838 *** (-0.8772)	-3.9430 ** (-1.5179)	-3.6227 * (-1.1377)	云南	-3.9123 *** (-0.9549)	-2.1089 (-1.7208)	-3.1947 * (-1.7699)	-2.5192 * (-1.6581)
江苏	-3.3778 *** (-0.8961)	-3.5832 *** (-1.0655)	-3.4966 ** (-1.5957)	-3.3629 ** (-1.2641)	陕西	-3.6313 *** (-0.7688)	-2.4635 (-1.5976)	-2.2085 (-1.9385)	-2.2192 (-1.6796)
浙江	-2.7892 *** (-0.8518)	-3.7155 ** (-1.3375)	-3.6058 (-2.3728)	-3.4776 (-1.7624)	甘肃	-3.7069 *** (-0.6609)	-4.2980 *** (-1.1011)	-6.7164 *** (-0.9533)	-5.2318 *** (-0.9758)
安徽	-2.5300 *** (-0.7180)	-3.3898 ** (-1.3492)	-3.1642 *** (-0.8868)	-3.1132 ** (-1.0621)	青海	-2.7009 *** (-0.5575)	-3.7594 *** (-1.2108)	-5.0682 *** (-1.1494)	-4.1931 *** (-1.1211)
福建	-3.0566 *** (-0.8443)	-4.5633 ** (-1.7557)	-4.1010 ** (-1.6483)	-4.1155 ** (-1.6169)	宁夏	-4.2895 *** (-0.7079)	-2.9224 ** (-1.3295)	-5.0931 ** (-1.2477)	-3.8074 *** (-1.2242)
江西	-3.9089 *** (-0.6560)	-3.8023 *** (-1.1074)	-4.8243 *** (-1.1128)	-4.0976 *** (-1.0546)	新疆	-0.1760 *** (-2.6555)	-6.5608 (-4.6486)	-6.144 (-4.4601)	-6.0348 (-4.3266)
山东	-3.6354 *** (-0.9330)	-2.9714 ** (-1.0812)	-5.5940 *** (-1.7965)	-4.0686 *** (-1.3669)					

注：括号中的数值为标准差；***、**、* 分别表示在 1%、5%、10% 水平上显著。

（三）交通基础设施建设对边界效应影响的实证检验

为了检验交通基础设施建设对省际贸易壁垒的影响，下面将对两者进行回归分析。为了增强结果的稳健性，本章借鉴相关研究成果，在回归方程中引入经济发展水平、对外贸易水平、政府财政收入、国有企业比重等对省际贸易边界效应有影响的控制变量，回归方程如下：

$$\ln BE_i = \ln e^{|\phi_i|} = |\phi_i| = \alpha + \beta_1 \ln Transport_i + \beta_2 \ln gdp_i + \beta_3 \ln Open_i + \beta_4 \ln Rev_i +$$

$\beta_5 \ln State_i + \lambda Region + \varepsilon$　　　　　　　　　　　　　　　　　　　　　（3－3）

其中，BE_i 表示 i 省份的边界效应值，ϕ_i 是 i 省份边界效应系数 ϕ 的估计值。$Transport_i$ 是 i 地区省会城市到全国其他省会城市的最短旅行时间的平均值，用来反映 i 地区交通基础设施建设水平，公路最短旅行时间平均值用 $Road_i$ 表示，铁路最短旅行时间平均值用 $Rail_i$ 表示；gdp_i 是 i 省份的人均 GDP，反映了经济发展水平对贸易壁垒的影响；$Open_i$ 是 i 省份进出口总额占 GDP 比重①，用来控制对外贸易水平对国内贸易壁垒的影响；Rev_i 是 i 省份地方财政一般预算收入占 GDP 比重，$State_i$ 是 i 省份国有工业增加值占总工业增加值比重，用来控制政府行为对贸易壁垒的影响。此外，引入虚拟变量 $Region$，若 i 省份为东部地区，$Region =$ 1，为中部地区，$Region = 2$，为西部地区，$Region = 3$。

　　边界效应系数 ϕ 的估计值采用前文计算所得数据。变量 $Road_i$ 和 $Rail_i$ 的数据采用各省省会城市到全国其他省会城市（首府或直辖市）间列车行车最短时间的平均值；gdp_i、$Open_i$、Rev_i、$State_i$ 等变量的数据均来自相关年份的中国统计年鉴。回归结果如表 3－10 所示。其中，第 1～4 列为基于公路交通可达性的估计结果，第 5～8 列为基于铁路交通可达性的估计结果。基于不同交通方式的估计结果显示，总体来看，在控制了经济发展水平、对外贸易水平、政府财政收入、国有企业比重、区域异质性等变量后（第 4 列与第 8 列），交通可达性（ln-Road 和 lnRail）对于边界效应并不存在显著的影响，由此说明，我国的区域间交通发展并未对国内市场一体化产生明显的促进作用。从理论上讲，交通发展应该会对市场一体化产生积极的正面作用，但倘若未产生这种效应，市场一体化可能存在其他方面的羁绊。事实上，中国国内市场一体化与地方政府行为有直接联系已经成为共识。在经济发展过程中，中国形成了独特的市场化道路——分割的准市场经济（付强等，2011）。现有体制鼓励地方政府追求本地经济规模、投资和税收的最大化，经济上财政激励与政治上晋升激励是重要原因。于是，一些政治经济因素使市场分割的矫治变得困难。如实证结果显示，我国较快的交通发展并未明显促进市场一体化的提升，可能不可忽视的重要原因就在于制度因素造成的地区间分割。地方政府也是理性人，其有关市场分割的决策很多是立足于地方政府间竞争关系的基础上。外部环境变化对于市场一体化的影响不可忽视，其中，关键之一就是地区所面对的区域经济环境与格局，这是影响并塑造地方政府间竞争关系的重要基础。交通发展作为改变区域经济外部环境的重要变量，可能对于制度性分割有着不可忽视的影响。地方政府都追求行政区域边界内的利润最大

---

　　① 各地区进出口总额数据为《中国统计年鉴》中"按经营单位所在地分货物进出口总额"，原始数据单位为千美元，通过查询《中国统计年鉴》中"金融业""人民币汇率（年平均价）"将其换算为人民币亿元。

化，当本地的生产者面临外部市场竞争时，地方政府可以通过行政手段强制性地使管辖范围内的本地市场变成封闭半封闭的分割性的市场（银温泉等，2001）。当本地的生产者面临外部市场竞争与市场准入提高时，保护本地生产者能够在短期内获得更快的经济增长，这可能成为地方政府实行分割市场的激励。由此，交通的快速发展在一定时期内可能并不会真正有效地促进市场一体化的提升。

表 3-10 交通基础设施建设对边界效应的影响实证结果

	公路交通可达性				铁路交通可达性			
	1	2	3	4	5	6	7	8
ln$Road$	-1.6289* (0.8611)	-0.9410* (0.4817)	-0.3784 (0.5260)	-0.1594 (0.6180)				
ln$Rail$					-2.6144** (1.2209)	-1.3078** (0.5686)	-0.7709 (0.5853)	-0.6522 (0.6772)
ln$PGDP$			0.8066*** (0.2879)	0.9131*** (0.3431)			0.7663*** (0.2777)	0.8144** (0.3273)
ln$Open$				-0.1840 (0.3068)				-0.1060 (0.2958)
lnRev			-1.0781* (0.6175)	0.7767 (0.7510)			-1.0209* (0.6061)	-0.8066 (0.7330)
ln$State$				0.2614 (0.4097)				-0.2174 (0.3858)
$Region$		Yes	Yes	Yes		Yes	Yes	Yes
Constant	8.4499*** (2.5003)	5.8281*** (1.3821)	-0.7414 (2.5047)	0.3802 (2.6011)	12.0480*** (3.8882)	7.0874*** (1.7184)	2.1592 (2.7100)	1.9688 (2.8291)
Observations	116	116	116	116	116	116	116	116
R-squared	0.0591	0.0591	0.1200	0.2438	0.0745	0.0745	0.1248	0.1916

注：括号中的数值为标准差；***、**、*分别表示在1%、5%、10%水平上显著。

三、各行业边界效应估计及地方政府产业政策对其影响的实证检验

从理论上讲，完善交通基础设施建设可以降低要素空间转移的物质成本，即消除自然地理障碍、缩短要素流动的时空距离、提高区域间联系的通达性，从而降低区域之间的贸易成本、促进区域间贸易效率的提升。

但从上一节的实证分析结果来看，交通基础设施建设带来的可达性提升并没

有对边界效应的降低产生显著影响，还有部分回归结果表明交通基础设施建设反而强化了省际贸易壁垒。有一种可能的情况是，随着地区间交通可达性提升带来的贸易成本下降，本地生产者将面临更加激烈的外部市场竞争，从而刺激地方政府对本地产业实施地方保护以进行市场分割。为了验证这种可能性，本节将对各行业的边界效应进行估计，并利用1997年、2002年、2007年、2012年区域间投入产出表中各省之间33个部门的贸易数据，在边界效应模型中引入政策变量，来验证列入地方政府产业发展政策的行业，其边界效应是否更大。

（一）各行业边界效应估计及对比分析

由于行政边界可能会对不同类型的产品贸易产生不同影响，导致的市场分割程度也会有所差异，因此本节将估计不同行业的边界效应值并进行比较，模型如下所示：

$$\ln TradeSect_{ij}^{k} = \alpha + \beta_1 \ln GDP_i + \beta_2 \ln GDP_j + \beta_3 \ln Transport_{ij} +$$
$$\phi Border_{ij} + \lambda Adjacent + \varepsilon_{ij} \tag{3-4}$$

其中，i表示双边贸易中的输入者，j表示输出者；$TradeSect_{ij}^{k}$表示对k行业而言，第i个地区从第j个地区"进口"的贸易额，$k = 1，2，\cdots，33$；GDP_i和GDP_j分别表示i地区和j地区的国内生产总值；交通可达性变量$Transport_{ij}$用i地区到j地区最短旅行时间距离来衡量；$Border_{ij}$为反映省际行政边界的虚拟变量，当$i = j$时，设定边界虚拟变量$Border_{ij} = 0$，$i \neq j$时，$Border_{ij} = 1$；$Adjacent$为反映"邻近效应"的变量，当地区i和地区j在地理上相邻时，$Adjacent = 1$，反之，$Adjacent = 0$。

表3-11是1997年、2002年、2007年、2012年各行业边界效应系数ϕ的估计结果。首先，从模拟结果来看，除了2002年交通运输设备制造业的回归结果不显著，其他所有的回归结果均能在1%的显著性水平上通过显著性检验，说明采用边界效应模型解释省际贸易问题是较为合适的。其次，从表中数据可以看出，不同行业的边界效应系数有显著差异。从整体来看，邮政业，信息传输、计算机服务和软件业，批发和零售贸易业，住宿和餐饮业，公共管理和社会组织等服务业的边界效应值显著高于纺织业，造纸印刷及文教用品制造业，石油加工、炼焦及核燃料加工业，非金属矿物制品业，金属冶炼及压延加工业，电气机械及器材制造业，通信设备、计算机及其他电子设备制造业，仪器仪表及文化、办公用机械制造业等制造业的水平，说明服务业产品贸易具有较强的本地效应。最后，从制造业内部来看，边界效应比较高的行业分别是：食品制造及烟草加工业、服装皮革羽绒及其制品业、木材加工及家具制造业、化学工业、金属制品业等。从1997年、2002年、2007年制造业各行业边界效应的变化情况来看，服装皮革羽绒及其制品业，木材加工及家具制造业，非金属矿物制品业，金属制品业

以及通用、专用设备制造业的边界效应不断下降，说明这些行业的贸易壁垒在逐渐降低。

表3-11 各行业边界效应系数 φ 的估计值

序号	行业名称	1997 年	2002 年	2007 年	2012 年
1	农业	-5.8937 *** (-0.4384)	-6.5626 *** (-0.6126)	-6.4819 *** (-0.6512)	-6.1961 *** (-0.6003)
2	煤炭开采和洗选业	-4.4597 *** (-0.6276)	-2.5544 *** (-0.7179)	-1.5171 * (-0.8174)	-1.9340 ** (-0.7293)
3	石油和天然气开采业	-4.0192 *** (-0.7110)	-0.5523 *** (-1.0010)	-3.1466 *** (-0.7275)	-1.7570 *** (-0.8210)
4	金属矿采选业	-3.4400 *** (-0.5917)	-3.8623 *** (-0.9406)	-5.4794 *** (-0.7224)	-4.4373 *** (-0.7899)
5	非金属矿采选业	-6.4332 *** (-0.5772)	-5.3392 *** (-0.6394)	-5.8984 *** (-0.7600)	-5.3379 *** (-0.6647)
6	食品制造及烟草加工业	-4.2544 *** (-0.2675)	-4.8324 *** (-0.5250)	-4.3143 *** (-0.4987)	-4.3447 *** (-0.4863)
7	纺织业	-2.6662 *** (-0.5180)	-3.9043 *** (-0.5767)	-3.3898 *** (-0.6039)	-3.4647 *** (-0.5608)
8	服装皮革羽绒及其制品业	-5.8248 *** (-0.6641)	-4.3619 *** (-0.6893)	-2.3166 *** (-0.7501)	-3.1723 *** (-0.6837)
9	木材加工及家具制造业	-5.6922 *** (-0.6100)	-4.5456 *** (-0.7347)	-4.4057 *** (-0.6805)	-4.2519 *** (-0.6722)
10	造纸印刷及文教用品制造业	-4.6360 *** (-0.4958)	-3.2138 *** (-0.4780)	-3.5371 *** (-0.5924)	-3.2067 *** (-0.5084)
11	石油加工、炼焦及核燃料加工业	-2.8485 *** (-0.7470)	-3.7014 *** (-0.6779)	-2.9454 *** (-0.7862)	-3.1572 *** (-0.6954)
12	化学工业	-4.3242 *** (-0.4321)	-3.4671 *** (-0.7335)	-4.0967 *** (-0.4899)	-3.5928 *** (-0.5811)
13	非金属矿物制品业	-3.4833 *** (-0.4600)	-3.1876 *** (-0.6650)	-2.5008 *** (-0.5597)	-2.7020 *** (-0.5817)
14	金属冶炼及压延加工业	-3.4795 *** (-0.4179)	-3.0014 *** (-0.6915)	-4.2269 *** (-0.5715)	-3.4334 *** (-0.5999)

序号	行业名称	1997 年	2002 年	2007 年	2012 年
15	金属制品业	− 4. 8935 *** (− 0. 7179)	− 4. 8107 *** (− 0. 6641)	− 3. 1616 *** (− 0. 7429)	− 3. 7868 *** (− 0. 6683)
16	通用、专用设备制造业	− 4. 3849 *** (− 0. 3504)	− 3. 4366 *** (− 0. 7210)	− 1. 9302 *** (− 0. 7488)	− 2. 5492 *** (− 0. 6982)
17	交通运输设备制造业	− 3. 2073 *** (− 0. 4274)	− 0. 9215 (− 0. 6703)	− 2. 2848 *** (− 0. 6875)	− 1. 5230 * (− 0. 6450)
18	电气机械及器材制造业	− 3. 4893 *** (− 0. 5968)	− 3. 9385 *** (− 0. 5849)	− 3. 2838 *** (− 0. 6580)	− 3. 4306 *** (− 0. 5904)
19	通信设备、计算机及其他电子设备制造业	− 3. 6844 *** (− 0. 5794)	− 2. 5754 *** (− 0. 7211)	− 2. 8377 *** (− 0. 6740)	− 2. 5712 *** (− 0. 6627)
20	仪器仪表及文化、办公用机械制造业	− 2. 7652 *** (− 0. 8226)	− 3. 1053 *** (− 0. 7692)	− 2. 4212 *** (− 0. 6444)	− 2. 6251 *** (− 0. 6715)
21	其他制造业	− 3. 7785 *** (− 0. 4610)	− 2. 9050 *** (− 0. 6971)	− 4. 3433 *** (− 1. 0270)	− 3. 4429 *** (− 0. 8189)
22	电力、热力的生产和供应业	− 5. 7149 *** (− 0. 6920)	− 8. 0503 *** (− 0. 7960)	− 10. 6948 *** (− 1. 2208)	− 8. 9039 *** (− 0. 9580)
23	燃气生产和供应业	− 4. 4588 *** (− 0. 4750)	− 7. 5965 *** (− 0. 6190)	− 7. 3520 *** (− 0. 9889)	− 7. 1005 *** (− 0. 7638)
24	水的生产和供应业	− 4. 0198 *** (− 0. 4371)	− 6. 3010 *** (− 0. 5203)	− 6. 2265 *** (− 0. 8580)	− 5. 9506 *** (− 0. 6547)
25	建筑业	− 8. 0399 *** (− 0. 4933)	− 5. 9097 *** (− 0. 7626)	− 9. 3002 *** (− 0. 9340)	− 7. 2247 *** (− 0. 8059)
26	交通运输及仓储业	− 4. 5614 *** (− 0. 3474)	− 4. 2904 *** (− 0. 5413)	− 4. 7369 *** (− 0. 5675)	− 4. 2880 *** (− 0. 5267)
27	邮政业	− 7. 2096 *** (− 0. 5997)	− 6. 8816 *** (− 0. 5541)	− 8. 1639 *** (− 0. 8118)	− 7. 1466 *** 0. 6488)
28	信息传输、计算机服务和软件业	− 5. 1150 *** (− 0. 3502)	− 6. 3219 *** (− 0. 6842)	− 7. 2230 *** (− 0. 8307)	− 6. 4338 *** 0. 7196)
29	批发和零售贸易业	− 5. 6456 *** (− 0. 7637)	− 7. 0723 *** (− 0. 7398)	− 8. 1184 *** (− 0. 8366)	− 7. 2156 *** (− 0. 7488)

序号	行业名称	1997 年	2002 年	2007 年	2012 年
30	住宿和餐饮业	−6.5439***	−8.9970***	−7.1956***	−7.6915***
		(−0.5301)	(−0.6139)	(−0.5739)	(−0.5642)
31	商务服务及其他服务业	−4.2291***	−4.5671***	−4.6256***	−4.3665***
		(−0.5698)	(−0.7394)	(−0.6971)	(−0.6823)
32	科学、教育、文化和卫生事业	−4.7157***	−5.8599***	−4.6233***	−4.9795***
		(−0.5735)	(−0.7988)	(−0.7365)	(−0.7293)
33	公共管理和社会组织	−8.1332***	−9.2728***	−9.0933***	−8.7239***
		(−0.5910)	(−0.3814)	(−0.4268)	(−0.3839)

注：括号中的数值为标准差；***、**、*分别表示在1%、5%、10%水平上显著。

（二）地方政府产业政策对行业边界效应的影响

为了验证地方政府产业政策对行业边界效应的影响，需要在方程（3-4）的基础上引入政策变量，模型如下：

$$\ln TradeSect_{ij}^k = \alpha + \beta_1 \ln GDP_i + \beta_2 \ln GDP_j + \beta_3 \ln Transport_{ij} + \phi Border_{ij} +$$
$$\lambda Adjacent + \mu Policy_i^k + \omega(Policy_i^k \times Border_{ij}) + \varepsilon_{ij} \qquad (3-5)$$

其中，$Policy_i^k$ 为反映政策保护的虚拟变量，当 k 行业被列入 i 地区国民经济与社会发展五年规划中重点发展行业，则 $Policy_i^k = 1$，否则 $Policy_i^k = 0$。本章的研究时段是 1997 年、2002 年、2007 年，其中 1997 年的产业政策是基于各省国民经济与社会发展第九个五年计划（1996~2000 年），2002 年的产业政策基于各省份国民经济与社会发展第十个五年规划（2001~2005 年），2007 年的产业政策是基于各省份国民经济与社会发展第十一个五年规划（2006~2010 年）。

$Policy \times Border$ 为政策变量与边界效应变量的乘积项，目的是定量评价政策因素对于边界效应的影响，即验证列入政策保护的产业，其边界效应是否更大。若乘积项回归系数显著为负，则表明与非政策性产业相比，政策性产业的边界效应更高。产业政策对边界效应影响的实证结果如表 3-12 所示。具体来看，1997 年，政策变量与边界效应变量乘积项的回归结果并不显著，但 2002 年、2007 年、2012 年的乘积项回归系数显著为负，且 2007 年与 2002 年相比显著性有所增强。2012 年相比于 2007 年，显著性有所降低，系数绝对值也较低，但是，相比 2002 年，系数绝对值要更大。这说明被列入各省国民经济与社会发展第十个五年规划、第十一个五年规划的行业，其边界效应比未列入五年规划的行业要高，而且还可能存在以下趋势，即地方政府实施地方保护或市场分割的行为，越来越倾向于通过对重点产业实施政策扶持来实现。

表3-12 产业政策对边界效应的实证结果

模型	(1)	(2)	(3)	(4)	(5)	(6)	(7)	(8)	(9)	(10)
年份	面板	面板	1997年	1997年	2002年	2002年	2007年	2007年	2012年	2012年
$lnGDP_i$	0.272***	0.322***	0.238***	0.268***	0.258***	0.333***	0.334***	0.313***	0.281***	0.307***
	(0.013)	(0.013)	(0.021)	(0.021)	(0.024)	(0.024)	(0.024)	(0.024)	(0.023)	(0.023)
$lnGDP_j$	1.099***	1.150***	1.124***	1.154***	1.020***	1.094***	1.148***	1.126***	1.030***	1.055***
	(0.013)	(0.013)	(0.021)	(0.021)	(0.024)	(0.024)	(0.023)	(0.024)	(0.023)	(0.023)
$lnRoad_{ij}$	-0.470***		-0.360***		-0.538***		-0.502***		-0.494***	
	(0.023)		(0.037)		(0.042)		(0.041)		(0.039)	
$lnRail_{ij}$		-0.153***		-0.0561***		-0.152***		-0.516***		-0.3173***
		(0.012)		(0.017)		(0.019)		(0.039)		(0.028)
Adjacent	0.0763	0.461***	0.120	0.469***	-0.0731	0.397***	0.188**	0.217***	0.0546	0.2917***
	(0.041)	(0.034)	(0.066)	(0.054)	(0.074)	(0.061)	(0.073)	(0.070)	(0.070)	(0.062)
Border	-3.628***	-4.792***	-4.195***	-5.369***	-3.497***	-4.920***	-3.231***	-3.008***	-3.1958***	-3.7658***
	(0.120)	(0.0957)	(0.197)	(0.150)	(0.212)	(0.163)	(0.212)	(0.215)	(0.201)	(0.180)
Policy	0.866***	0.849***	0.626**	0.628**	0.862***	0.848***	1.130***	1.142***	0.946***	0.945***
	(0.126)	(0.126)	(0.203)	(0.203)	(0.231)	(0.232)	(0.221)	(0.221)	(0.215)	(0.215)
Policy×Border	-0.0974	-0.0815	0.442	0.445	-0.275	-0.266	-0.504**	-0.519**	-0.370*	-0.373*
	(0.128)	(0.129)	(0.206)	(0.207)	(0.235)	(0.235)	(0.225)	(0.225)	(0.219)	(0.219)
Constant	-7.020***	-7.626***	-6.845***	-7.096***	-6.783***	-7.700***	-9.035***	-8.669***	-7.514***	-7.775***
	(0.162)	(0.162)	(0.260)	(0.266)	(0.304)	(0.306)	(0.325)	(0.330)	(0.330)	(0.302)
R-squared	0.3284	0.3242	0.3397	0.3356	0.2743	0.2687	0.3046	0.3060	0.2750	0.2730
N	40500	40500	13500	13500	13500	13500	13500	13500	13500	13500

注：括号中的数值为标准差；***、**、*分别表示在1%、5%、10%水平上显著。

第四节　交通基础设施建设与地方保护激励

交通基础设施建设有助于降低贸易成本，增加地区间贸易需求，加强区域间经济联系，促进地区间市场整合程度。但不可忽视的是，交通的发展可能会在制度建设上影响政府有关地方保护主义等地区间贸易壁垒的政策和措施的实施程度。本章将立足于市场分割，通过实证检验交通发展过程中市场分割对地区产业增长的影响，探讨交通发展对地方政府实施地方保护的潜在激励，从而揭示交通基础设施建设对国内市场一体化的影响及其内在机制。

一、交通基础设施建设与市场分割的理论分析

市场分割和地方保护主义是一种"逆市场力量"，是影响中国地区间经济发展格局的一股不可忽视的力量，同时也越来越被近年来的研究所重视（陆铭和陈钊，2006）。我国地方政府通过实施贸易壁垒及其他逆市场化的保护政策，严重影响了国内市场一体化的形成。交通基础设施建设有助于降低贸易成本，增加地区间贸易需求，加强区域间经济联系，促进地区间市场整合程度，是促进市场一体化的重要措施。但不可忽视的是，其可能会在制度建设上影响政府有关地方保护主义等地区间贸易壁垒的政策和措施的实施程度。

（一）地方政府的角色与市场分割激励

1. 地方政府角色

区域经济的同构、分割以及地方保护主义本质上是地区之间不进行分工的现象（陆铭等，2004），总体上都是市场分割的表现，其中深层次原因在于改革以来财政的分权和地方政府追求经济增长的发展战略导向。关于中国的市场一体化，很多文献都指出，中国的市场一体化进程与地方政府的行为有着直接的联系，特别是在财政分权的体制下，地方政府获得了通过市场分割来保护本地利益的激励。在我国现行体制下，地方政府具有极为特殊的地位，兼具"政府"和"投资人"两种身份，地方政府在我国社会经济发展中具有执行中央政府宏观经济调控指令和监督、管理、调控地方经济运行的经济职能；另外，作为地方国有资产的代言人，地方政府还是国有地方经济的投资者，具有促进国有地方经济发展和资本增值的经济职能，在地方政府所辖的具有相对独立的"领地"内，地方政府可以干预国有地方企业的经济活动以及塑造地方市场环境，对地方经济发展起着不可估量的作用（涂人猛，2004）。

正是这种身份的双重性，使地方政府在我国经济发展中扮演着极其重要的角色。地方政府是一类比较特殊的市场行为主体，具有相对独立的经济利益，而地方政府对政绩追求的内在冲动和外在刺激，使地方政府长期参与到地方经济发展中的投资、资金筹措、技术与人员的配备等方面，实现着地方资源的配置与重组（涂人猛，2004）。在同时具备影响地区经济发展能力和激励的情况下，地方政府的行为模式往往体现为：分割市场有利于本地产业的成长，可以通过保护当地的企业和封闭当地的市场来增加当地居民就业和保证政府税收，还可以加快地方弱势产业的成长。从全国整体来看，这种市场分割的发展模式往往并不是有效遵循经济规律，而且，采取的是地方保护主义方式追求地方经济利益，容易引起区域竞争，形成地区间相互分割的发展格局。

　　2. 交通发展与"以邻为壑"区域竞争模式

　　交通发展在本质上缩短了地区间的交流成本，潜在地改变地区间的相对发展优势，因而，在我国现有的分权与晋升激励体制下，地方政府具有动机来实施不同程度的地方保护以控制地区间交通改善对本地经济发展的影响。由此，交通基础设施改善对于市场一体化的潜在影响在于影响地方政府行为，可能激励地方政府加剧地方保护以实现本地区经济发展的最大化。

　　虽然，交通基础设施建设有助于提高各个地区的市场准入，但是地区发展水平差异、本地市场规模等多方面因素都可能导致不同地区面临着交通发展的差异化影响（甚至可能是正面效应与负面效应的对立影响）。首先，交通发展会改变地区经济集聚力和离散力的相对平衡，并非总是有利于所有地区发展，这是地区政府推行地方保护、实行市场分割的重要原因，尤其对于相对落后的地区而言。随着运输成本的降低，生产要素可能会向优势区域集聚，导致产业在核心地区的空间集聚程度加深，加剧地区发展的失衡。在交通基础设施建设对于地方保护具有潜在激励的情况下，非常容易造成"以邻为壑"的区域竞争模式。交通发展通过提高地区间可达性，实际上提高了每个省区所面临的国内市场潜力，当然对于对方省区而言，也使本地市场准入更为便利，因此，在这种情况下，分割本地市场在自我利益最大化的前提下是理性选择。在这种情况下，任何地区地方政府都不具有单方面弱化市场分割的能力，从而进入一种"囚徒困境"。基于以上原因，交通发展反而有可能会激励地方政府加剧地方保护，从而强化市场分割。

　　（二）市场分割形式的变化

　　地方政府的行为也在不断变化，由此，市场分割的具体形式也在随之改变。在市场分割或地方保护的形式上，余东华（2010）的研究指出，进入20世纪90年代以后，地方政府保护本地市场的地区行政垄断措施已经由一些"硬性"的分割形式（如全面禁止产品进入），发展到"以软为主""软硬兼施"的地步。

这里的所谓"软"指的是隐蔽的行政和技术壁垒，包括党政部门的采购政策、发牌程序甚至是环保措施等无形保护。从另一种意义上对地方保护主义也可以进行两种方式的划分：一是"防御性"的保护主义行为；二是新结构主义（林毅夫，2004）强调的"有为政府"以及发展中国家政府引领产业结构升级的可能性，中国的地方政府惯用工业发展规划等手段主动干预产业发展及其地理分布。事实上，中国地方政府对本地工业发展的影响远不止"消极防御性"的保护行为，地方官员的政治晋升锦标赛治理模式促使地方政府通过产业政策积极干预工业发展和经济增长（周黎安，2004，2007）。

目前，通过制定产业政策来发展当地的战略性产业成为新一轮区域经济的分割和地方保护主义政策的模式。事实上，根据吴意云和朱希伟（2015）的研究，中国工业地理演化显著受到新经济地理因素之外的非市场力量的"干扰"。地方政府通过"五年规划"产业政策直接干预地方产业发展的针对性和有效性很强，已经深刻地改变了各省的产业结构和地区间分工，尽管随着国内地区间交通成本的不断降低，工业的地理集中水平经历由上升转为下降的过程，但是地区间专业化在2005年之后却呈现出明显的恶化态势，地区间产业同构呈上升之势。

陆铭和陈钊（2006）提出的地方政府跨期分工决策理论认为，因为市场化改革改变了地区间分配分工收益的方式，使落后地区在分工收益中的所得份额相对缩小，于是就使落后地区的地方政府有激励独立自主地发展一些在短期内并无比较优势的高技术产业，以期提高自身在未来分享分工收益的谈判中的地位，而这种地方政府的理性行为所导致的结果恰恰是各地都在发展一些所谓的高新技术产业，导致了一轮又一轮的重复建设。在改革过程中，地区间对于分工收益的分配由计划经济体制下的平均分配转为市场体制下的谈判机制，由于较发达地区在高技术产业上拥有比较优势，且通常具有较快的技术进步速度，所以往往在贸易收益分配的谈判中占据了更高的谈判地位，从而在分工收益中占据了较大的份额。落后地区如果选择暂时不加入分工体系，虽然它将失去当期分工的收益，却将提高自己在未来分配分工收益的谈判中的地位，甚至可能实现对发达地区的赶超。分析结果显示，发达地区初始技术水平越高，其技术进步速度越快，谈判地位越高，于是落后地区就更加有激励通过发展一些战略性的产业来提高自己未来的谈判地位。落后地区的战略性行为虽然在一定条件下对其自身是有利的，但却造成了社会总产出减少和资源配置效率的损失。但是，正是因为暂时的不分工可能在一定条件下有利于落后地区的长期利益，因此，地方政府就完全可能实施独立自主的发展战略。

（三）交通发展与地方政府分割市场的博弈分析

交通基础设施建设对于地方保护具有潜在激励，造成"以邻为壑"的区域竞争模式。交通发展使本地的生产者将面临更具竞争性的外部市场竞争，同时也提高了本地的市场准入，也潜在地提高了每个地区所面对的国内市场潜力。在这种情境下，通过分割市场来保护本地生产者至少可以在短期内获得更快的经济增长，这成为地方政府分割市场的潜在激励。因此，中国存在的地区间市场分割，更像是一种"囚徒困境"的局面，当其他地方政府采取分割市场的政策时，本地如果要得到更高的经济增长，就必须也采取"以邻为壑"的政策。我们可以利用更为简明的博弈矩阵对交通发展情况下地方政府分割市场的"囚徒困境"及"市场分割"政策博弈过程和结果进行分析。结果表明，利用一个最简单的政策博弈模型，分析出对于任何一个省份而言，短期内单方面不实行市场分割或实行较弱的市场分割均非理性行为，即不可行。

1. 交通发展与市场分割激励的简单博弈

假设国内只有两个地区——A 省和 B 省。在交通发展的情况下，每个省所面对的市场潜力都增加了，即从需求侧改善了每个省份潜在的经济增长空间。为了获取更大的利益，双方都有两种方案可以选择：一种是继续实施现行的地区间贸易政策，设定为轻度的贸易自由化政策，即市场分割较弱；另一种是实施严格的贸易保护政策，即加强市场分割。同时还假定两省的决策者不存在信息约束，对任何政策的满意程度可以用准的数值进行衡量，假设双方面对的市场潜力（隐含的经济增长幅度）变化如下：

如表 3 - 13 所示，如果 A、B 两省都选择轻度市场分割，由于双方面对的市场潜力都所有增加，有利于各自优势部门及其他有关产业的增长，设定都能获得 25 个单位的市场潜力增长。如果两省均选择重度市场分割，则可能导致双方有利的经贸往来成本增加，弱化经济联系，反而使双方的整体效用降低，设定为双方都导致了 10 个单位的市场潜力减少。如果 A 省对 B 省实行轻度市场分割，B 省却对 A 省实行重度市场分割，则 B 省能够获得相对更多的市场潜力的增加，设定能获得 40 个单位的市场潜力增长，而 A 省由于单方面对了更加激烈的市场竞争，反而整体效用有了很大的下降，设定为损失 20 个单位的市场潜力。反之亦然。显然，这样的政策决策过程与"囚徒困境"的结果完全一致。虽然，表 3 - 15 左上方的数值（25，25）要比（-10，-10）的结果好得多，但从一个两省份同时决策的博弈来看，各省份为了使自己的决策最优，最终都会选择实行更严重的市场分割政策，在短期内，每个省份都没有单方面实行较弱市场分割的动机，反而，实行更为严重的市场分割是最理性的，因而，交通发展可能促进了地方政府的地方保护激励，加剧了市场分割。

表3－13　区域发展均衡情况下两省基于交通发展的市场分割决策

		B 省	
		轻度市场分割	重度市场分割
A 省	轻度市场分割	25，25	－20，40
	重度市场分割	40，－20	－10，－10

2. 交通发展下产业政策选择与市场分割

目前，在市场分割或地方保护的形式上，地方政府保护本地市场的地区行政垄断措施逐步由"防御性"的保护主义行为向新结构主义强调的"有为政府"利用产业发展规划等手段主动干预产业发展转变，下面简单分析一下地方政府产业政策的导向性，以及利用扶持性产业政策推行市场分割对于地区利益的影响，从而分析交通发展是否也会加剧以扶持性产业政策为特征的市场分割。

仍旧假设有 A 与 B 两个省份，其中 B 为发达地区，A 为落后地区。按照一般有关发展与分工的理论，落后地区当前的比较优势是生产技术水平较低的产品，而相对发达地区，当前的比较优势是生产技术水平较高的产品（陆铭和陈钊，2006）。若无特殊的扶持性产业政策，高科技产业在落后省份 A 不具有自生能力。一个合理的假定是，生产技术水平较低的产品收益较低。在交通发展的情况下，两省的产业都获得了市场潜力的增长，但是，对于不同的产业而言，产业发展环境却发生了不同的变化。因为高科技产业是发达地区 B 省的优势产业，两地间交通可达性的提高，实际上有助于先进地区具有竞争力的公司更轻松地实现规模生产，以低于落后地区当地生产者的成本进入当地市场。发达地区由于长期积累的优势，包括集聚经济、产业前后向联系、知识外溢等更利于产业发展的向心力，空间接近降低要素空间流动成本，增强中心地区对外围地区的虹吸效应。因此，对于高科技产业而言，交通发展实际上使落后省份 A 面临了更为激烈的市场竞争，恶化了发展环境。当然，反过来，交通改善也为落后地区提供市场准入，使 A 的优势产业——低技术水平产业面临更为有利的发展环境。因此，交通的发展实际上使发展水平不同的两个省份不同产业面对的潜在收益增加是不同的，假定该种情况为零和博弈，市场潜力增加的收益全部归优势产业所在地所有。在假定生产技术水平较低的产品收益较低的情况下，交通发展对于两省的综合收益的影响存在差异，发达省份收益相对更多；不过，如果落后地区 A 省通过导向性政策扶持高科技产业，一方面能够提高该产业的自生能力，另一方面也可以弱化甚至避免来自外界的竞争。

因此，具体的博弈结果设定如下：假定，发达地区 B 省因为具有高科技产业的发展优势，因此无须扶持政策也能维持产业自生能力；落后地区 A 省在产业扶持政策下，可以维持一定的高科技产业份额，假定为本省市场份额的一半，但仍不具备进入发达省份市场的能力。最终，假定交通发展情况下，扶持与不扶持高科技产业的收益变化情况如表 3-14 与表 3-15 所示。结果显示，落后省份 A 实行针对高科技产业的扶持性政策的收益比不实行此类政策要高，而且随着产业结构的演进（表现为高技术产业占比增加），实行扶持政策的潜在收益或避免损失要更大。

表 3-14　产业结构水平较低时两省在交通发展情况下扶持与不扶持高科技产业的收益变化

是否实施产业导向政策	地区	地区生产总值	交通发展前地区市场潜力	交通发展后			
				地区市场潜力	高科技产业市场潜力	低技术水平产业市场潜力	市场潜力净变化
A 省扶持产业	A 省	100	250	300	50	250	50
	B 省	200	425	450	450	0	25
A 省不扶持产业	A 省	100	250	300	0	250	0
	B 省	200	425	450	500	0	50

注：①市场潜力的计算基于 Harris（1954）的经典定义，表示为本地区及其他地区的经济规模的一个空间距离（对应于本章，即为两地间的可达性）加权值，交通发展前，A 省与 B 省之间的通行时间为 4 小时，本地内部通行时间为 0.5 小时，交通发展后，A 省与 B 省之间的通行时间为 2 小时，本地内部通行时间为 0.5 小时。②产业结构水平较低时指低技术水平产业比重较大，假定各省份居民的消费偏好具有一致性，对于高科技产品的需求占 2/3，对于低技术产品的需求占 1/3。

表 3-15　产业结构水平较高时两省在交通发展情况下扶持与不扶持高科技产业的收益变化

是否实施产业导向政策	地区	地区生产总值	交通发展前地区市场潜力	交通发展后			
				地区市场潜力	高科技产业市场潜力	低技术水平产业市场潜力	市场潜力净变化
A 省扶持产业	A 省	100	250	300	120	150	20
	B 省	200	425	450	480	0	30
A 省扶持产业	A 省	100	250	300	0	150	-100
	B 省	200	425	450	600	0	150

注：①市场潜力的计算基于 Harris（1954）的经典定义，表示为本地区及其他地区的经济规模的一个空间距离（对应于本章，即为两地间的可达性）加权值，交通发展前，A 省与 B 省之间的通行时间为 4 小时，本地内部通行时间为 0.5 小时，交通发展后，A 省与 B 省之间的通行时间为 2 小时，本地内部通行时间为 0.5 小时。②产业结构水平较高时指低技术水平产业比重较小，假定各省份居民的消费偏好具有一致性，对于高科技产品的需求占 4/5，对于低技术产品的需求占 1/5。

以上博弈分析表明，落后地区具有实行违背本地比较优势扶持相关高技术产业的激励。违背比较优势来发展当地的"战略性产业"往往导致资源的误配置和经济的低效率，也可能形成一些不具有"自生能力"的企业，为了维持甚至推动这种政策性产业发展，就有必要给予不具"自生能力"的企业以一定的扶持和保护，尽可能弱化竞争环境，而这又为新一轮区域经济的分割和地方保护主义政策埋下了隐患。从产业结构调整中的地方政府行为来看，实质上是地方政府为追求地区利益的博弈行为。虽然这种博弈行为在不同体制下其具体内容和形式有所差异，但都是基于地区利益的动机发生的，对产业结构调整的结果产生重要的影响。各个地方政府都明白自己在产业结构调整中的行为必然导致的后果是地区产业结构的趋同和不合理，但谁都不愿意放弃自己的地区利益去维护整体利益，如果谁先放弃，谁就会丧失地区经济发展的机会。

随着市场分割的形式体现出浓厚的扶持性政策导向特征，市场分割也将逐渐导致省区间产业结构的趋同。区域经济的分割和同构违反了不同地区间按比较优势进行分工的原则。但是，在现行制度下，经过逻辑推导与博弈分析，这种现象反而是地方政府的理性行为。恰恰是因为市场化改革改变了地区间分配分工收益的方式，使落后地区在分工收益中的所得份额相对缩小，于是就使落后地区的地方政府有激励独立自主地发展一些在短期内并无比较优势的高技术产业，而这种地方政府的理性行为所导致的结果恰恰是各地都在发展一些所谓的高新技术产业，导致了一轮又一轮的重复建设（陆铭和陈钊，2006）。其中，深刻地隐含着地方政府主动实施的市场分割行为。

二、我国地方政府产业政策导向及区域产业结构变化

（一）"中央舞剑、地方跟风"的地方政府产业政策导向

众所周知，国民经济和社会发展五年规划（以下统称"五年规划"）是各地政府参与资源配置的重要手段。地方政府热衷五年规划的原因之一是官员可以借此各显其能，利用"有形之手"干预地方产业发展，完成任期内经济业绩积累；更重要的诱因在于以中央政府的五年规划和工业专项规划为"蓝本"制定本地规划有利于各地政府争取中央的产业政策支持（如高新技术产业政策、战略性新兴产业促进政策等），这是各地获取额外发展资源的"利器"，也在一定程度上造成各地的产业政策具有某种"一致性"或"相似性"。本章通过整理发现，被列入中央政府"十一五"规划政策的导向行业，大多也会被省级政府列为地方政策导向行业；而未被列入中央政府"十一五"规划政策导向的行业，也常常被各省级地方政府所忽视。

为了对我国重点产业政策①的全貌有基本了解，我们分别统计了30个二位数产业在不同规划期被选定为重点产业的次数，统计结果见表3-16。具体来看，"九五"期间，排名前五位的产业依次为：有色金属冶炼及压延加工业，食品制造业，通信设备、计算机及其他电子设备制造业，黑色金属冶炼及压延加工业和纺织业。"十五"期间，排名前五位的产业依次为：医药制造业，通信设备，计算机及其他电子设备制造业，电气机械及器材制造业，非金属矿物制品业和食品制造业。"十一五"期间，排名前五位的产业依次为：医药制造业、通信设备、计算机及其他电子设备制造业，专用设备制造业，有色金属冶炼及压延加工业和化学原料及化学制品制造业。表3-16的统计数据表明，同一规划期内，各省份的重点产业主要集中在若干产业，也就是说同一阶段各省份倾向于选择相同的产业作为重点产业。

表3-16　各二位数产业被选为重点产业的次数

产业代码	产业名称	"九五"	"十五"	"十一五"
13	农副食品加工业	2	4	10
14	食品制造业	27	23	19
15	饮料制造业	7	6	3
16	烟草制品业	2	1	3
17	纺织业	26	21	14
18	纺织服装、鞋、帽制造业	5	6	7
19	皮革、毛皮、羽毛（绒）及其制品业	11	0	3
20	木材加工及木、竹、藤、棕、草制品业	6	1	1
21	家具制造业	1	1	0
22	造纸及纸制品业	17	5	13
23	印刷业和记录媒介的复制	3	0	1
24	文教体育用品制造业	1	0	0
25	石油加工、炼焦及核燃料加工业	10	14	13
26	化学原料及化学制品制造业	24	14	20
27	医药制造业	24	28	26
28	化学纤维制造业	2	4	2
29	橡胶制品业	1	1	1
30	塑料制品业	9	0	2

① 重点产业政策的选择方法见附录1。

续表

产业代码	产业名称	"九五"	"十五"	"十一五"
31	非金属矿物制品业	25	24	16
32	黑色金属冶炼及压延加工业	26	19	16
33	有色金属冶炼及压延加工业	27	19	20
34	金属制品业	2	3	4
35	通用设备制造业	0	13	11
36	专用设备制造业	2	15	20
37	交通运输设备制造业	15	12	17
39	电气机械及器材制造业	24	24	15
40	通信设备、计算机及其他电子设备制造业	26	25	23
41	仪器仪表及文化、办公用机械制造业	2	0	1
42	工艺品及其他制造业	0	1	3
43	废弃资源和废旧材料回收加工业	0	2	0

为了对重点产业在时间维度上的变化有基本认识，本研究统计了各省份"九五"计划、"十五"计划及"十一五"规划中，重点产业不相同的个数，结果见表3-17。统计结果表明，同一省份不同规划期重点产业有显著变化。进一步分析表明，由于国家不同五年规划中确定的重点产业发展方向均有显著变化，各省份制定地方产业发展方向时根据国家规划确定的方向相应调整，因此各省份不同规划期重点产业均有显著变化。

表3-17 不同规划期重点产业的演变趋势

省份	"九五"计划与"十五"计划重点产业不同的个数	"十一五"规划与"十五"计划重点产业不同的个数	"九五"计划是重点产业"十五"计划不是的个数	"十五"计划是重点产业"九五"计划不是的个数	"十五"计划是重点产业"十一五"规划不是的个数	"十一五"规划是重点产业"十五"计划不是的个数
北京	14	11	7	7	8	3
天津	12	9	6	6	4	5
河北	5	8	2	3	5	3
山西	9	8	7	2	5	3
内蒙古	4	6	3		3	3
辽宁	7	6	3	4	4	2

续表

省份	"九五"计划与"十五"计划重点产业不同的个数	"十一五"规划与"十五"计划重点产业不同的个数	"九五"计划是重点产业"十五"计划不是的个数	"十五"计划是重点产业"九五"计划不是的个数	"十五"计划是重点产业"十一五"规划不是的个数	"十一五"规划是重点产业"十五"计划不是的个数
吉林	9	4	6	3	3	1
黑龙江	7	5	3	4	3	2
上海	9	4	7	2	4	0
江苏	7	8	4	3	5	3
浙江	10	12	6	4	6	6
安徽	11	8	5	6	4	4
福建	4	5	4	0	3	2
江西	5	3	3	2	2	1
山东	4	9	1	3	6	3
河南	5	6	3	2	3	3
湖北	8	6	6	2	1	5
湖南	4	8	3	1	3	5
广东	11	9	7	4	4	5
广西	7	6	4	3	0	6
海南	6	8	4	2	2	6
重庆	6	4	1	5	2	2
四川	4	8	2	2	3	5
贵州	6	7	4	2	7	0
云南	8	8	3	5	2	6
陕西	12	6	8	4	3	3
甘肃	5	8	5	0	5	3
青海	8	7	8	0	0	7
宁夏	4	9	3	1	6	3
新疆	6	6	1	5	1	5

　　通过重点比较中央产业政策与地方产业政策的相似程度，可以发现我国产业政策导向上存在明显的"中央舞剑、地方跟风"模式。首先，统计分析了各省份选择的重点产业与国家选择的重点产业的相同情况，结果显示（见表3-18），各个规划期各省份重点产业与国家五年规划重叠的比例较高，绝大部分在50%

或以上。各个规划期对比，平均而言，"十五"计划期间各省份重点产业与国家五年计划相同的比例最高，相同比例达到79%，另外两个规划期的平均相同比例均为55%。这意味着，各省份一般倾向于按国家五年规划的产业规划方向选择自己的重点产业，但是不同省份选择重点支柱产业时，会综合考虑本地区产业发展的现状和优势，也具有高度的自主性与能动性。其次，统计分析中央产业政策结构与地方产业政策结构的相似性。由于本章的产业政策变量为二元虚拟变量，同时各省选择的政策导向行业个数也不尽相同，为此，本章采用衡量二元变量相似度的 Jaccard 相似系数计算中央政府和省级政府产业政策的相似度。结果显示（见表 3 - 19），多数省份与中央的产业政策相似性很高，而且总体上从"九五"时期到"十一五"时期呈现出上升趋势。不过，其中也存在一定的区域差异，大致而言，东部地区如北京、上海、浙江等省份与中央产业政策相似度较小，而且呈现出一定的异化趋势；而中西部地区与中央产业政策相似度较高，而且呈现出较为明显的"靠拢"趋势。总体而言，中央政府产业政策明显地成为各省制定产业政策争相参照和效仿的对象，加剧了各省份五年规划（计划）产业政策的"相似性"程度，相对而言，东部省份产业政策的"相对独立性"较高，更能"因地制宜"。

表 3 - 18　各省份五年规划（计划）与国家五年规划（计划）重点产业相同情况

省份	"九五"			"十五"			"十一五"		
	本省个数	相同个数	相同比例	本省个数	相同个数	相同比例	本省个数	相同个数	相同比例
北京	9	6	67%	10	5	50%	4	3	75%
天津	11	5	45%	10	8	80%	12	7	58%
河北	9	6	67%	10	8	80%	8	4	50%
山西	12	6	50%	7	6	86%	5	2	40%
内蒙古	11	6	55%	9	8	89%	9	6	67%
辽宁	15	7	47%	16	11	69%	13	6	46%
吉林	13	7	54%	11	9	82%	8	4	50%
黑龙江	6	2	33%	7	4	57%	5	3	60%
上海	13	7	54%	8	6	75%	4	3	75%
江苏	13	7	54%	11	9	82%	10	7	70%
浙江	13	6	46%	10	8	80%	11	5	45%
安徽	10	5	50%	12	8	67%	12	7	58%
福建	13	8	62%	8	7	88%	8	3	38%
江西	12	7	58%	12	10	83%	11	7	64%

续表

省份	"九五"			"十五"			"十一五"		
	本省个数	相同个数	相同比例	本省个数	相同个数	相同比例	本省个数	相同个数	相同比例
山东	11	8	73%	13	11	85%	10	4	40%
河南	10	7	70%	9	6	67%	9	5	56%
湖北	14	7	50%	10	9	90%	14	7	50%
湖南	11	6	55%	8	7	88%	11	6	55%
广东	13	7	54%	10	7	70%	11	7	64%
广西	10	5	50%	9	9	100%	14	8	57%
海南	5	3	60%	2	2	100%	5	3	60%
重庆	6	4	67%	10	9	90%	10	7	70%
四川	12	6	50%	12	9	75%	14	7	50%
贵州	12	6	50%	10	8	80%	2	1	50%
云南	3	2	67%	5	3	60%	8	6	75%
陕西	13	6	46%	9	7	78%	9	5	56%
甘肃	12	6	50%	7	6	86%	6	2	33%
青海	6	4	67%	0	0	/	4	3	75%
宁夏	6	3	50%	5	3	60%	5		20%
新疆	4	2	50%	6	5	83%	8	4	50%

表 3-19　各地五年规划（计划）与中央五年规划（计划）
政策导向行业的 Jaccard 相似系数

省份	"九五"	"十五"	"十一五"	趋势	省份	"九五"	"十五"	"十一五"	趋势
北京	0.500	0.375	0.235	↓	河南	0.333	0.400	0.769	↑
天津	0.308	0.200	0.462	↑	湖北	0.429	0.403	0.625	↑
河北	0.429	0.294	0.400	↑	湖南	0.214	0.563	0.571	↑
山西	0.429	0.286	0.385	↑	广东	0.462	0.375	0.714	↑
内蒙古	0.118	0.467	0.538	↑	广西	0.364	0.500	0.533	↑
辽宁	0.333	0.412	0.438	↑	海南	0.231	0.429	0.429	→
吉林	0.375	0.267	0.308	↑	重庆	0.267	0.357	0.511	↑
黑龙江	0.294	0.375	0.333	↓	四川	0.250	0.467	0.500	↑
上海	0.364	0.533	0.462	↓	贵州	0.357	0.286	0.455	↑
江苏	0.400	0.538	0.538	→	云南	0.313	0.313	0.429	↑
浙江	0.385	0.357	0.353	↓	陕西	0.353	0.375	0.538	↑

续表

省份	"九五"	"十五"	"十一五"	趋势	省份	"九五"	"十五"	"十一五"	趋势
安徽	0.583	0.313	0.602	↑	甘肃	0.286	0.333	0.357	↑
福建	0.333	0.286	0.250	↓	青海	0.250	0.429	0.505	↑
江西	0.200	0.333	0.507	↑	宁夏	0.294	0.438	0.510	↑
山东	0.501	0.250	0.505	↑	新疆	0.400	0.429	0.501	↑

注:"↓"表示相似度下降,"↑"表示相似度上升,"→"表示相似度基本不变;为了简化分析,相似的变化趋势是根据"十一五"相对"十五"的变化而定。

表3-20 分区域内部产业政策相似性

区域	"十五"	"十一五"	变化趋势
北部沿海	0.234	0.287	↑
东部沿海	0.533	0.681	↑
南部沿海	0.309	0.411	↑
黄河中游	0.343	0.444	↑
长江中游	0.301	0.471	↑
东北	0.412	0.455	↑
大西南	0.420	0.445	↑
大西北	0.435	0.459	↑

注:表中区域内部或区域间的 Jaccard 相似系数为相应区域省际 Jaccard 相似系数的简单平均。区域划分依照国务院发展研究中心发布的《地区协调发展的战略和政策(2005)》报告中提出的"四块八分法":①东北综合经济区包括辽宁、吉林、黑龙江 3 个省。②北部沿海综合经济区包括北京、天津、河北、山东 4 个省(市)。③南部沿海综合经济区包括福建、广东、海南 3 个省。④东部沿海综合经济区包括上海、江苏、浙江 3 个省(市)。⑤黄河中游综合经济区包括陕西、山西、河南、内蒙古 4 个省(区)。⑥长江中游综合经济区包括湖北、湖南、江西、安徽 4 个省。⑦大西南综合经济区包括云南、贵州、四川、重庆、广西 5 个省(市、区)。⑧大西北综合经济区包括甘肃、青海、宁夏、西藏、新疆 5 个省(区)。

表3-21 按相邻关系分的各省与其他地区产业政策相似度

省份	非相邻		相邻	
	"十五"	"十一五"	"十五"	"十一五"
北京	0.257	0.241	0.237	0.225
天津	0.222	0.290	0.167	0.200
河北	0.375	0.425	0.167	0.200
山西	0.233	0.388	0.200	0.334
内蒙古	0.402	0.411	0.357	0.385

续表

省份	非相邻		相邻	
	"十五"	"十一五"	"十五"	"十一五"
辽宁	0.369	0.456	0.341	0.471
吉林	0.314	0.283	0.370	0.199
黑龙江	0.426	0.414	0.455	0.298
上海	0.300	0.365	0.259	0.328
江苏	0.347	0.373	0.282	0.406
浙江	0.261	0.347	0.236	0.503
安徽	0.320	0.400	0.209	0.469
福建	0.286	0.317	0.351	0.263
江西	0.361	0.315	0.417	0.334
山东	0.300	0.440	0.267	0.412
河南	0.333	0.442	0.196	0.448
湖北	0.271	0.523	0.250	0.458
湖南	0.432	0.448	0.354	0.384
广东	0.374	0.524	0.393	0.572
广西	0.391	0.489	0.282	0.411
海南	0.325	0.414	0.267	0.385
重庆	0.260	0.416	0.188	0.336
四川	0.401	0.413	0.387	0.462
贵州	0.306	0.323	0.262	0.216
云南	0.346	0.417	0.300	0.245
陕西	0.344	0.466	0.329	0.333
甘肃	0.342	0.421	0.328	0.390
青海	0.380	0.431	0.273	0.286
宁夏	0.379	0.325	0.369	0.184
新疆	0.286	0.364	0.216	0.279

（二）区域产业结构与专业化变化

以经济绩效为主要标准的地方官员晋升选拔机制，直接影响各个互为竞争地区的地方官员的产业投资策略选择，进而非常可能导致区域产业结构趋同。在我国现行政治体制下，地方官员（晋升）选拔机制的改革是最根本也是最关键的措施。产业结构趋同是地方官员产业投资策略选择的结果（某种程度上也是必然结果），而这种选择符合我国现行的以经济绩效为主要晋升标准的地方官员选拔机制。因此，接下来本章对近年来我国省份间产业结构与专业化程度进行分析，在一定程度上反映现行体制对于地区产业结构的影响。

从产业结构趋同方面来看（见表3－22），总体上，多数省份与全国整体上的产业结构相似度在升高。其中，大致而言，东部地区与全国整体的产业结构相似度最高，如上海、江苏、天津、辽宁等省份与全国整体的产业结构相似度高达0.8左右，相对而言，西部地区省份与全国产业结构相似度较低。当然这一点比较正常，因为东部地区一方面经济比重大，另一方面也是发展较为领先，处于奠定全国产业结构并引领产业结构演进的地位，其与全国产业结构相似度高是正常特征与趋势。不过，除了东部省份以外，其他中西部省份中的多数，"十一五"期间与"十五"期间相比，全国整体的产业结构相似度有了较大的提高，这从侧面表明，我国省区间产业结构相似度总体上具有提高的趋势。

表3－22 各省份与全国整体的产业结构相似度

年份 省份	2001	2002	2003	2004	2005	2006	2007	2008	2009	2010
北京	0.573	0.639	0.781	0.778	0.712	0.650	0.582	0.607	0.647	0.601
天津	0.658	0.641	0.715	0.672	0.698	0.726	0.792	0.844	0.788	0.803
河北	0.618	0.580	0.543	0.560	0.567	0.558	0.580	0.676	0.641	0.635
山西	0.212	0.162	0.210	0.304	0.322	0.334	0.394	0.378	0.364	0.480
内蒙古	0.296	0.292	0.310	0.449	0.451	0.396	0.392	0.479	0.412	0.452
辽宁	0.665	0.628	0.594	0.697	0.703	0.700	0.722	0.748	0.713	0.761
吉林	0.494	0.553	0.560	0.480	0.449	0.474	0.490	0.492	0.561	0.495
黑龙江	0.463	0.403	0.343	0.372	0.328	0.391	0.352	0.352	0.356	0.381
上海	0.867	0.890	0.889	0.838	0.864	0.822	0.783	0.784	0.779	0.779
江苏	0.787	0.788	0.803	0.833	0.831	0.816	0.819	0.825	0.792	0.822
浙江	0.674	0.661	0.553	0.588	0.589	0.623	0.639	0.677	0.672	0.588
安徽	0.715	0.739	0.672	0.733	0.737	0.721	0.750	0.787	0.794	0.740
福建	0.611	0.639	0.695	0.667	0.646	0.613	0.597	0.586	0.566	0.561
江西	0.565	0.540	0.695	0.696	0.658	0.618	0.605	0.646	0.612	0.616
山东	0.672	0.710	0.611	0.699	0.694	0.700	0.713	0.728	0.715	0.716
河南	0.568	0.545	0.401	0.499	0.479	0.486	0.507	0.594	0.535	0.442
湖北	0.757	0.740	0.737	0.590	0.629	0.662	0.666	0.598	0.655	0.649
湖南	0.587	0.610	0.596	0.586	0.608	0.570	0.573	0.616	0.542	0.536

年份\省份	2001	2002	2003	2004	2005	2006	2007	2008	2009	2010
广东	0.674	0.645	0.640	0.651	0.638	0.654	0.652	0.610	0.617	0.598
广西	0.418	0.409	0.494	0.521	0.521	0.540	0.582	0.605	0.649	0.586
海南	0.484	0.555	0.525	0.420	0.387	0.498	0.424	0.356	0.338	0.431
重庆	0.507	0.575	0.498	0.445	0.418	0.431	0.470	0.458	0.562	0.455
四川	0.433	0.424	0.453	0.556	0.516	0.510	0.570	0.558	0.629	0.570
贵州	0.179	0.192	0.182	0.121	0.229	0.139	0.255	0.270	0.204	0.226
云南	0.106	0.107	0.133	0.169	0.188	0.200	0.226	0.241	0.232	0.184
陕西	0.518	0.517	0.534	0.502	0.492	0.539	0.561	0.603	0.647	0.545
甘肃	0.436	0.367	0.359	0.271	0.472	0.343	0.317	0.473	0.434	0.379
青海	0.077	0.070	0.138	0.211	0.213	0.271	0.310	0.090	0.222	0.278
宁夏	0.278	0.199	0.130	0.161	0.209	0.242	0.229	0.209	0.188	0.181
新疆	0.473	0.414	0.401	0.440	0.443	0.434	0.421	0.427	0.351	0.445

注：根据二位数工业行业计算。

从地区间分工变动的角度看，中国省际专业化分工总体呈下降趋势。通过描述地区间分工程度的指标 Krugman 指数[1]来看，按四大区域划分的省际 Krugman 指数均值及其变动情况表明（见表 3 - 23），全国整体上省际专业化分工水平大幅下降，地区间产业同构现象明显；从绝对水平上看，东部省份之间和中部省份之间的产业同构现象较西部省份之间和东北省份之间严重；从相对水平来看，东部省份之间和中部省份之间的产业同构现象逐渐缓解，但西部省份之间和东北省份之间的产业同构现象不断恶化，致使全国省际专业化分工总体水平下降（吴意云和朱希伟，2015）。

---

① Krugman 指数：衡量两地产业结构差异的指数，计算公式为 $K_{ij} = \sum_c |x_{ci}/x_i - x_{cj}/x_j|$，其取值范围为 $[0, 2]$。x_{ci} 为地区 i 产业 c 的产值，x_i 为地区 i 的工业总产值；x_{cj} 为地区 j 产业 c 的产值，x_j 为地区 j 的工业总产值。若地区 i 和地区 j 各行业的产出比例越不相似，那么值 K_{ij} 越趋近于 2；若地区 i 各行业的产出比例和地区 j 完全相同，则 $K_{ij} = 0$。

表 3 – 23　1999 ~ 2010 年地区间 Krugman 指数均值及其变动情况

年份	东—东	东—中	东—西	东—东北	中—中	中—西	中—东北	西—西	西—东北	东北—东北	全国
1999	0.626	0.747	0.958	0.928	0.587	0.783	0.842	0.919	0.91	0.941	0.898
2010	0.64	0.728	0.906	0.808	0.603	0.684	0.723	0.787	0.785	0.855	0.852

资料来源：吴意云和朱希伟（2015）。

第五节　本章小结

一、主要结论

本章在对我国交通基础设施建设发展阶段、成就，以及省际贸易演变趋势、特征进行分析的基础上，利用 1997 年、2002 年、2007 年中国区域间投入产出表，并以铁路及公路建设为例，重点从省际贸易规模、贸易结构、贸易壁垒（市场分割）等方面，探讨交通基础设施建设对于国内市场一体化的影响机理。

交通基础设施建设水平提升带来的交通可达性提升，一方面有利于省际贸易量的增加，另一方面由于贸易成本的下降从而刺激地方政府利用扶持性产业政策推行市场分割、保护本地产业，以求在短期内获得较快增长。分割市场对于当地的经济增长具有倒 U 形的影响，在市场分割程度不高时，提高市场分割有利于当地的产业增长；当市场分割程度超过一个临界值之后，其对产业增长将不再起促进作用，且有很大可能带来负面影响。

二、政策建议

（一）加快全国统一市场建设，促进区域协调发展

首先，要完善促进要素有序自由流动的体制，加快全国统一市场的建设。充分发挥市场在资源配置中的决定性作用作为深化改革的重要导向，消除一切妨碍要素自由流动的体制和政策障碍。加快铲除影响要素跨区域跨行业流动、影响市场作用发挥的行政壁垒、利益集团等方面的负面作用，加快形成统一开放、竞争有序的市场体系。

其次，区域政策的制定实施需要从过去注重发挥地方各自的积极性，向更加注重区域协同发展转变。区域政策要更加注重区域间的联动发展和区域一体化的

发展，强化区域合作的利益导向和动力机制。

最后，加强社会监督和执法监督，建立从严从紧的政府规制监管体系，及时纠正滥用行政权力阻碍公平竞争的政府行为，为消除省际贸易壁垒、促进省际贸易发展、保障商品和要素跨区域自由流动创造良好的制度环境。

（二）切实转变政府职能，促进经济增长型政府向公共服务型政府转型

转变政府职能是消除省际贸易壁垒的重要途径。在过去相当长的时期内，中国经济治理模式的主要特征是通过地方分权竞争形式推动经济的快速增长，其优点是可以集中动员各种资源，实现快速规模扩张式增长，这与当时所处的发展阶段总体上是相适应的（李善同等，2015）。随着我国经济社会发展阶段及面临的国内外环境的变化，国家经济治理模式也需要加以调整。

首先，处理好政府和市场的关系，改善宏观调控方式与手段，提高政府效率和效能，加快政府职能的转变。政府不是发展的主体，而应该是促进发展的主体，未来需要进一步强化政府在市场经济条件下进行社会管理、市场监督、规划制定等提供公共服务的基本职能，创造良好的制度环境、宏观环境来引导市场，切实推动从经济增长型政府向公共服务型政府的转型。

其次，树立科学的政绩观，改革以 GDP 增长为核心的考核指标体系。唯GDP 的政绩观是造成地方政府之间恶性竞争、偏爱短期内促进经济发展产业，进而造成区域之间产业同构严重、地方保护盛行、市场分割严重的重要因素。地方政府绩效考核指标的设立需要体现科学发展观和执政为民的理念，加强对政府公共服务能力和涉及公众利益领域的考核，如制度环境优化、资源节约利用、环境保护、社会福利提升等方面的内容。

（三）推动地方政府产业政策转型，确立竞争政策和横向化、中性化产业政策的基础性地位

中国建立统一市场最实际的障碍之一，就是那种具有超经济强制特性、可以实施一系列扭曲市场机制的地方政府实施的产业政策（刘志彪，2015）。"中央舞剑、地方跟风"式的地方政府产业政策，造成区域产业同构、区际贸易壁垒深化、地方保护主义盛行。基于建设统一市场、消除平等竞争障碍的要求，必须确立竞争政策和横向的产业政策的基础性地位。

首先，确立竞争政策的基础性地位。2016 年 6 月，国务院发布了《关于在市场体系建设中建立公平竞争审查制度的意见》，明确提出"公平竞争是市场经济的基本原则，是市场机制高效运行的重要基础"。只有把公平竞争作为经济发展方式和经济体制的内在要素，才能调动各类经济主体参与市场交易和竞争的积极性，实现市场对资源的有效配置和经济领域的互联互通。从政府方面来说，则是要通过大力实施竞争政策，保障各类市场主体之间的公平竞争，使缺乏竞争力

的企业退出市场，让优质企业在市场竞争中因获取更多的资源而发展壮大，从而恢复产业乃至整个经济的活力。[①]

其次，实施中性化、横向化的产业政策。以往我国各级政府的产业政策具有较强的指向性和偏好性，侧重扶持某一类产业或个别企业，而不是让市场竞争去决定优胜劣汰。这类产业政策的实施，一方面造成了企业间的不公平竞争，另一方面各级政府就某一热点产业集中实施所谓的"加速推进规划和支持政策"，其结果是大力提倡和鼓励包括光伏产业等新能源产业在内的一系列过剩性新兴产业，以及造船、钢铁等严重过剩的传统产业[②]，造成了资源浪费、产能过剩和市场扭曲。实施中性化、横向化的产业政策，就是要有效约束政府行为，明确政府权力边界，防止和制止滥用行政权力的行为，改变现有产业政策制定实施过程中的歧视现象。各级政府应维护各类市场主体公平参与市场竞争的权利，充分发挥市场竞争奖优罚劣和优胜劣汰的作用，调动各类市场主体的积极性和创造性，培育和催生经济发展新动能。[③]

（四）打破区域行政壁垒，推进区域交通一体化建设

交通基础设施是区域间联系的重要载体，加快交通一体化是实现区域经济一体化的前提和基础，"整合资源、优化结构、强化功能、提高效率"和"合理布局、联合开发"是建设交通运输一体化的原则（聂玉仁，2011）。未来我国交通基础设施建设，需要打破区域行政壁垒，完善区域合作机制，加强标准化、信息化建设，强化运输便利化措施，推进服务一体化。

首先，要根据区域发展和活动的特征，打破地区界线来思考和协调交通组织，协调区域综合交通系统中不同交通方式、不同管理主体和不同利益集团，取消区域间阻碍客货运市场公平竞争的先关政策。在客运方面，推广区域间出行便利化措施，在大都市圈、城镇群地区推进异地联网售票、区域公交"一卡通"等。在货运方面，推进各种运输方式的信息共享和对接。例如，2014年中央就推进京津冀协同发展提出"将交通一体化作为先行领域"，三地达成了"规划同图、建设同步、运输一体、管理协同"的一致意见，2017年三地重点城市将实现"交通一卡通"，加快建设快速、便捷、高效、安全、大容量、低成本的综合

① 资料来源：吴敬琏. 确立竞争政策基础性地位的关键一步［EB/OL］. http：//finance. china. com. cn/roll/20160622/3777420. shtml，2016－6－22.

② 资料来源：刘志彪. 建设统一市场呼唤产业政策率先转型［EB/OL］. http：//theory. people. com. cn/n/2014/0315/c40531－24642882. html，2014－3－15.

③ 资料来源：国务院. 关于在市场体系建设中建立公平竞争审查制度的意见［EB/OL］. http：// news. xinhuanet. com/politics/2016－06/14/c_129061382. htm，2016－6－1.

交通网络①，为促进区域协调发展、推动市场一体化进程提供硬件支撑。

其次，强化城镇密集地区的交通基础设施建设，增强城市间物理连接性和经济关系性，以提高城镇体系承载人口和经济活动的整体能力，促进区域一体化协同发展。城市承载着50%以上的人口和80%以上的经济活动，城市在促进区域协调发展和生产力优化布局中有着十分重要的作用。为实现区域一体化协同发展，未来需要进一步完善城镇密集地区交通基础设施和相关公共服务设施，加强大都市区与各地区性中心城市之间的交通联系，构筑城市间现代化的交通网络，有序推进城际交通公交化，重点建设城际联络线以及影响路网整体效益的省际"断头路"，为城乡之间、城城之间、城市群内部构建良好分工与联系，为实现空间运行效率和经济效益的最大化提供硬件支撑，促进城市之间基础设施互联互通、公共服务共建共享、产业发展共生共赢。

（五）科学理性规划交通基础设施建设，避免投资过度和浪费

目前我国交通基础设施建设已进入超前发展阶段，这就要求科学理性地进行交通基础设施规划，在满足国民经济社会发展需求的同时，应注意避免投资过度和浪费。

一方面，交通基础设施建设要与区域发展规划相结合，在规划体系、规划内容、规划方案设计上合理处理交通与资源环境、产业布局、土地利用、区域开发模式和转化等问题。尤其是"城市病"严重的大城市、特大城市地区，应在科学预测未来人口增长和区域职能空间拓展方向的基础上，前瞻性地规划交通基础设施，构建便捷的轨道交通网络和公路交通网络，增加公共服务供给。

另一方面，我国交通基础设施资源空间分布不均衡，不同地区的交通基础设施建设的侧重点要因需而异，避免投资过度和浪费。目前，我国交通资源空间分布整体上呈现出"东密西疏"的格局，东部地区交通基础设施存量大，交通网络基本成型，未来的建设过程中应以加强衔接、提升层次、技术创新为主，打造高品质、智能化、立体化的交通网络，同时加快建设国际物流大通道，促进沿海地区城市的对外开放。西部地区交通基础设施存量少、密度低、连通性差，未来的发展重点是通过对现有公路、铁路、民航、管道等交通基础设施的扩建与新建，推进干线运输网络及交通枢纽建设的实质性进展。加快城际交通基础设施互联互通、城乡物流基础设施网络建设，重点消除制约农村地区、偏远落后地区发展的交通瓶颈。在建设过程中要考虑地区发展需求、城市等级、产业布局、人口分布、环境保护等因素，避免过度建设、不合理建设带来的资源使用的低效益和浪费。

---

① 资料来源：新华网．习近平：京津冀要抱团发展把交通一体化作为先行领域［EB/OL］．http：//news. xinhuanet. com/fortune/2014－02/28/c_126202333. htm，2014－2－28.

本章参考文献

［1］ Behrens K. International Integration and Regional Inequalities：How Important is National Infrastructure？［Z］. CORE Discussion Paper，2004.

［2］ Dumais G，G Ellison，E L Glaeser. Geographic Concentration as a Dynamic Process［J］. Review of Economics & Statistics，2002，84（2）：193 – 204.

［3］ Fleisher B，Li H Z，Zhao，M. Q. Human Capital，Economic Growth，and Regional Inequality in China［J］. Journal of Development Economics，2010（92）：215 – 231.

［4］ Glaeser E L，Kallal H D，Scheinkman J A，Shleifer A. Growth in cities ［J］. J Pol Econ，1992（10）：1126 – 1152.

［5］ Poncet S. Measuring Chinese Domestic and International Integration［J］. China Economic Review，2003，14（1）：1 – 22.

［6］ Poyhonen P. A Tentative Model for the Volume of Trade between Countries. Weltwirtschaftliches Archive，1963，93 – 100.

［7］ Tinbergen J. Shaping the World Economy：Suggestions for an International Economic Policy［M］. New York：The Twentieth Century Fund，1962.

［8］ 白雪洁，王燕. 中国交通运输产业的改革与发展［M］. 北京：经济管理出版社，2009.

［9］ 国家发展改革委交通运输部. 城镇化地区综合交通网规划［EB/OL］. http：//www. sdpc. gov. cn/gzdt/201512/t20151209_761952. html，2015 – 11 – 24.

［10］ 韩增林，杨萌凯，张文尝等. 交通经济带的基础理论及其生命周期模式研究［J］. 地理科学，2000，20（4）：295 – 300.

［11］ 行伟波，李善同. 引力模型、边界效应与中国区域间贸易：基于投入产出数据的实证分析［J］. 国际贸易问题，2010（10）：32 – 41.

［12］ 黄森. 空间视角下交通基础设施对区域经济的影响研究［D］. 重庆大学博士学位论文，2014.

［13］ 金凤君. 基础设施与社会经济空间组织［M］. 北京：科学出版社，2012.

［14］ 李善同. 2007 年中国地区扩展投入产出表：编制与应用［M］. 北京：经济科学出版社，2016.

［15］林毅夫，刘培林．地方保护和市场分割：从发展战略的角度考察［Z］．北京大学中国经济研究中心工作论文 NO. C2004015，2004.

［16］刘生龙，胡鞍钢．交通基础设施与中国区域经济一体化［J］．经济研究，2011（3）：72－82.

［17］刘易昂，赖德胜．基于引力模型的我国产品市场分割因素研究——来自省际铁路货运贸易的面板数据［J］．经济经纬，2016，33（4）：132－137.

［18］柳思维，徐志耀，唐红涛．公路基础设施对中部地区城镇化贡献的空间计量分析［J］．经济地理，2011，31（2）：237－241.

［19］陆铭，陈钊．分割市场的经济增长——为什么经济开放可能加剧地方保护？［J］．经济研究，2009（3）：42－52.

［20］陆铭，陈钊．中国区域发展中的市场整合与工业集聚［M］．上海：上海人民出版社，2006.

［21］罗仁坚，宿凤鸣．"十三五"和"十四五"交通建设发展与投资需求［M］．北京：人民交通出版社，2013.

［22］孟德友，陆玉麒．高速铁路对河南沿线城市可达性及经济联系的影响［J］．地理科学，2011，31（5）：537－543.

［23］涂人猛．区域竞争中的地方政府行为及其规范［J］．当代经济研究，2004（7）：32－36.

［24］王菲，李善同．中国区域差距演变趋势及影响因素［J］．现代经济探讨，2016，（12）：81－86.

［25］王姣娥，丁金学．高速铁路对中国城市空间结构的影响研究［J］．国际城市规划，2011，26（6）：49－54.

［26］吴意云，朱希伟．中国为何过早进入再分散：产业政策与经济地理［J］．世界经济，2015（2）：142－168.

［27］余东华，李真．地方保护论——测度、辨识及对资源配置效率的影响研究［M］．北京：中国社会科学出版社，2010.

［28］张少军．贸易的本地偏好之谜：中国悖论与实证分析［J］．管理世界，2013（11）：39－49.

［29］张文尝，金凤君．交通经济带［M］．北京：经济科学出版社，2009.

［30］张文尝，王姣娥，金凤君，王成金．新中国交通运输60年发展与巨变［J］．经济地理，2009，29（11）：1770－1776.

［31］赵永亮，才国伟．市场潜力的边界效应与内外部市场一体化［J］．经济研究，2009（1）：119－130.

［32］周黎安．晋升博弈中政府官员的激励与合作——兼论我国地方保护主

义和重复建设问题长期存在的原因［J］. 经济研究，2004（6）：33 - 40.

　　［33］周黎安. 中国地方官员的晋升博弈锦标赛模式研究［J］. 经济研究，2007（7）：36 - 50.

第四章　交通基础设施建设、市场分割与地区产业增长

本章通过研究交通发展对市场一体化的影响及其内在机制，构建了一个产业增长框架，利用省级面板数据，分析市场分割对产业增长的影响以及不同的交通可达性水平下市场分割对于产业增长的影响差异。研究结果表明，市场分割对于地区产业增长具有倒 U 形的非线性影响，市场分割水平不高于某个门槛值时，提高市场分割水平有利于当地的产业增长，市场分割程度超过某个门槛值之后，其对产业增长将不再起促进作用，甚至可能带来负面影响。交通发展提高地区可达性，一定程度上能够增强市场分割对于产业增长的促进效应，即交通发展可能会影响地方政府行为模式，激励地方政府加剧地方保护以实现市场分割的产业增长效应。基于此，中国交通发展只是促进市场一体化的必要物质条件，并非充分条件。

第一节　引言

市场一体化对于一个国家的经济发展至关重要。虽然基于不同的方法和数据对于中国市场一体化程度的评价存在差异，但相较于大多数经济体，中国存在着较为严重的市场分割却被基本认可。究其原因，与现行体制下的地方政府行为息息相关，地方政府地方保护行为造成的贸易壁垒及其他逆市场化的政策是引致国内市场分割的重要因素。改革开放以后，中国地方政府由于分权体制得到了发展地方经济的激励，同时也产生了分割市场的动机，成为影响中国地区间经济发展格局的一股不可忽视的力量，越来越受近年来的研究所重视（陆铭和陈钊，2006）。作为大国，中国通过市场整合本应可以享受巨大市场规模带来的规模经济红利。地方政府之间的相互博弈与市场分割，将会降低资源空间配置效率，抑

制中国的大国规模经济效应的发挥。因此，反思政府干预对于国内市场一体化的负面作用具有重要意义。

那么，如何才能更好地推进市场一体化呢？就理论而言，交通基础设施建设与改进能够降低地区间的贸易成本，进而有效加强区际贸易、扩大市场规模、促进区域专业化。因此，交通发展被视为促进市场一体化的重要措施，中国目前也正在推进大规模交通基础设施建设以推进全国一体化。因此，探索交通对于市场一体化的影响机制对完善现实政策框架具有重要意义。交通发展主要通过降低自然壁垒和改变人为设置的分割措施对市场一体化产生影响，具体表现在两个方面：一方面，交通发展有助于降低贸易成本，增加地区间贸易需求，加强区域间经济联系，促进市场整合程度；另一方面，地区间贸易成本降低也会影响地方政府行为，从而影响市场一体化。因此，深入探索交通发展对于中国国内市场一体化进程的影响具有重要意义。

中国国内市场一体化或市场分割是受广泛关注的问题。多数研究认为目前中国国内存在较为严重的市场分割，主要表现为以下几个方面：地区间存在较大的贸易壁垒、各省区产品价格水平在长期并没有收敛的趋势、省区间产业结构趋同、财政分权制度导致了严重的地方保护主义等问题（行伟波和李善同，2009）。代表性的研究中，Young（2000）研究显示，改革开放以来中国各省区间的产出结构逐渐趋同，各省区价格差别也没有明显的缩小趋势。Poncet（2003）研究表明，中国各省份之间的贸易强度在逐渐减弱，20世纪90年代中期中国的省际市场分割程度仍然相当于欧洲国家之间的市场分割。就变化趋势而言，很多研究认为中国国内市场总体上趋于整合。大约在2001年之前，市场整合是逐步加强的（桂琦寒等，2006）。地理距离对于省际贸易的负面影响在逐渐减弱，导致市场分割的因素可能在弱化（陈永伟，2016）。但是，近年来中国市场分割却有增强趋势。Li和Sun（2017）研究显示，大约在2006年之后，中国地区之间的物价水平差异有明显扩大倾向，市场一体化有恶化的迹象。吴意云和朱希伟（2015）研究发现，中国工业的地理集中和专业化程度在2005年左右均由上升转为下降，省际产业同构现象加剧。在中国，地方政府进行分割市场的行为模式是加剧地区产业同构的重要原因（刘再起和徐艳飞，2014）。由此值得引发思考的是，制度性因素特别是地方政府行为对于中国市场一体化或市场分割影响是怎样的呢？

交通发展被视为促进市场一体化的重要措施，包括中国在内的很多国家都正在推进大规模交通基础设施建设，以促进市场或区域一体化。作为贸易成本的一部分，运输成本会随着距离的增加而增加（Anderson & Wincoop，2004；Hummels，2007），一定程度上会减少区际联系。交通发展对于市场一体化最直接的影响在于：有利于跨越地区之间的自然地理障碍，缩短地区间时空距离，提高区域通达能力，降低要素运输成本，提高受惠地区的市场准入，促进地区间空间作用强度，降低自然性的市场分割。大量实证研究也表明，交通基础设施建设与交通条件的改善能有效降低贸易成本，并促进区域间贸易增长（Limão & Venables，2001；Shepherd & Wilson，2007）。刘生龙和胡鞍钢（2011）研究表明，交通基础设施的改善对中国区域贸易产生了显著的正向影响，交通基础设施越发达，则边界效应越低，说明交通基础设施改善有效促进了中国区域贸易量的发展，并对区域经济一体化具有促进作用。

然而现有交通发展对市场一体化影响的研究现状是：现有文献主要是定量测度交通基础设施对于区际贸易量或边界效应的影响，而缺乏对其内在影响机制的深入分析与规律总结。这些研究仅能反映出交通发展对于以贸易规模度量的市场一体化的总效应，而难以反映出促进一体化的内在机制，特别是难以区别市场一体化提高的原因是运输成本下降导致的自然壁垒降低还是基于人为构造的市场分割的弱化。特别重要的是，中国市场分割并未随着交通发展而表现出持续的下降趋势，甚至还有上升现象，这种市场一体化的变化趋势耐人寻味。现实中，地理、文化、制度等距离和分割因素都是影响市场一体化不可忽视的重要方面。但是，近年来中国总体上交通发展较快，基于地理距离的贸易成本是逐步下降的。交通基础设施的改善显著降低了空间距离所带来的地理阻隔（刘建等，2013）。因而，交通发展缩短了地理距离，促进了市场一体化程度提高。另外，以方言等为代表的文化因素也是导致市场分割存在的重要原因。中国地区之间的方言差异会成为影响市场整合的一个负面因素（刘毓芸等，2017）。但是，考虑到中国有着较长时间统一的历史，有理由相信基于文化因素的分割也是下降的。因此，制度因素成为思考中国市场分割问题的重要切入点，探索地方保护主义等政府行政力量作用对市场分割的作用，进而导致市场整合恶化就非常必要。

事实上，中国国内市场一体化与地方政府行为存在直接联系，这已经成为学术界的共识。在经济发展过程中，中国形成了独特的市场化道路——分割的准市场经济（付强和乔岳，2011）。现有体制鼓励地方政府追求本地经济规模和投资、税收的最大化，经济上财政激励与政治上晋升激励是重要原因。于是，一些政治经济因素使市场分割的矫治变得困难。从地方政府角度来看，分割市场有利于本地产业成长，通过保护当地企业和封闭当地市场可以增加当地就业和保证税收收入，还可以加快地方弱势产业的成长（陆铭和陈钊，2006）。周黎安（2004）认为，地方官员通过最大化本地经济增长而获得晋升，使同时处于政治和经济双重竞争的地方官员之间的合作空间非常狭小，这清楚地解释了中国长期存在的地方保护主义、地区间的产业"大战"等现象。在现有考核体系下，地方官员都有动力做大本地经济总量。经验证据表明，获得更大激励的地方官员所在地方的经济增长表现更好。徐现祥和王贤彬（2010）、张军和高远（2007）研究发现，官员任期、地方官员轮替等与晋升激励有关的指标和经济增长之间呈现正相关。换言之，更快的经济增长会给官员带来更大的晋升可能性（Li & Zhou, 2005）。

基于现有文献对地方政府行为的剖析，现有研究可以基本形成如下方面的共识：地方政府竞争是导致中国经济快速增长和各种问题并存的关键。地方政府也是理性人，其对市场分割的决策很多是立足于地方政府间竞争关系的基础上。外部环境变化对于市场一体化的影响不可忽视，这其中的关键就是地区所面对的区域经济环境与格局，这是影响并塑造地方政府间竞争关系的重要基础。正如有些研究已经注意到，对外开放对于国内地区市场分割有着潜在影响。经济全球化背景下，地方政府设置地区间贸易壁垒的程度（地方政府行为）会受全球化程度的影响（皮建才和殷军，2012）。对外开放可能会加剧地方保护与市场分割，进一步的深入开放则能够促进市场一体化（陆铭和陈钊，2009）。对外开放程度是地区经济所处外部环境的重要方面。与此相对应的是，国内地区之间的开放程度或准入程度也是题中之义，而交通发展正是重塑区域外部经济环境的重要力量。不对区域经济环境的影响进行界定与分析，则难以有效认识市场分割的形成机制，也难以解释中国市场一体化的变化趋势。

在此基础上，再次思考中国较快的交通发展与并未对应出现的市场分割下降是否会因制度因素而不可忽视？交通发展作为改变区域经济外部环境的重要变量，是否对于制度与分割有着不可忽视的影响？地方政府都追求行政区域边界内的利润最大化，当本地的生产者面临外部市场竞争时，地方政府可以通过行政手段强制性地使管辖范围内的本地市场变成封闭半封闭的分割性的市场（银温泉和才婉茹，2001）。当本地的生产者面临外部市场竞争与市场准入门槛提高时，保护本地生产者能够在短期内获得更快的经济增长，这可能成为地方政府实行分割市场的动力。基于此，交通发展除了能够通过硬件条件改善促进市场一体化以外，还会在制度上影响有关地方保护主义等地区间分割政策和措施的实施程度。因此，交通发展对于市场一体化的影响是一种复合机制，是交通发展、地方保护、市场一体化三者相互作用的机制。在交通发展的情况下，基于地方保护主义的市场分割是影响中国市场一体化的关键因素之一。

目前，对于交通发展如何影响地方政府市场分割激励的研究较少。已有的研究一般着眼于交通对于市场一体化或地方保护以影响市场一体化，欠缺对三者的综合研究。目前的文献并不能直接解释为什么地方政府有激励在交通日益发展、地区间联系成本下降的情况下采取市场分割的政策。鉴于此，本章致力于解答以下问题：随着交通的发展，地方政府的市场分割行为会如何影响本地的产业发展；借此说明交通发展影响市场一体化的内在机制；探索交通发展对于国家内部市场一体化的影响，分析其影响程度及内在机制；立足于市场分割，实证检验在交通逐步改善过程中市场分割的变化与地方激励，从而揭示交通发展对国内市场一体化的影响及其内在机制。

第二节　交通发展与市场分割激励的理论分析

中国市场一体化与地方政府行为存在不可忽视的关联性，尤其是在现行体制下，地方政府往往通过市场分割来保护本地利益，提升本地利益的激励程度。因此，从理论上考察交通发展对于市场分割的影响及其内在机制，需要剖析地方政府基于外部环境变化的行为模式及其内在激励机制。

一、交通发展与市场分割激励

交通发展在本质上缩短了地区间的距离，降低了交易成本，但与此同时也潜在地改变地区间的相对发展优势。因而，在中国现有的分权与晋升激励体制下，地方政府具有动机来实施不同程度的地方保护，以控制地区间交通发展对本地经济发展的影响。由此，交通发展对于市场一体化的深层次影响在于改变地方政府行为模式，这可能激励地方政府加剧地方保护，以实现本地区经济发展的最大化。

首先，交通发展会改变地区经济集聚力和离散力的相对平衡，并非总是有利于地区发展，这是地方政府推行地方保护、实行市场分割的基础原因。基于新经济地理学关于交通对企业选址、产业区位及其变化的理论，交通发展会降低地区间贸易成本，从而改变产业布局离心力和向心力之间的平衡，可能会对不同区域发展产生相反的影响（Fujita et al.，1999）。当企业能够自由进退区域市场时，交通基础设施改善的总收益在外围区和中心区之间的分配并不明确（Puga，1999）。交通发展使外围地区以更低成本向中心地区供给产品。良好的交通连接能使本来经济低密度地区更加具有吸引力，促使已有或潜在企业获得与中心区域交往联系的更多机会（刘钜强和赵永亮，2010）。不过，交通发展不仅可以为落后地区提供市场准入，而且有助于先进地区具有竞争力的公司更易实现规模生产，以低于落后地区当地生产者的成本进入当地市场（World Bank，2009）。交通发展促使生产要素可能会向优势区域集聚，加剧地区发展失衡，提高市场准入可能挫伤落后地区的经济发展。

其次，交通发展对于地方政府实施或加剧地方保护具有潜在激励，造成"以邻为壑"的增长模式。交通发展有助于通过降低贸易成本来促进地区间经贸联系。不过，与此同时，本地的生产者也将面临更具竞争性的外部市场竞争。那么，通过分割市场来保护本地生产者可以在短期内获得更好的经济效益，这成为地方政府实施或加剧地方保护的潜在激励。交通发展提高了地区间可达性，实际上增强了每个地区的国内市场潜力。对于本地而言，交通发展提高了市场准入，反过来，也使对方地区进入本地市场更为便利。基于此，分割本地市场便成为基于自我利益最大化前提下的理性选择。目前中国的地方间市场分割，犹如"囚徒困境"局面，当其他地方政府采取分割市场的政策时，本地如果要得到更高的经济增长，就必须也采取"以邻为壑"的政策，这有可能引导地方政府展开分割市场的竞赛，把对手拉下马，来提高本地经济的相对表现（陆铭和陈钊，2006）。从这个意义上说，交通发展有可能会加剧地方保护。

不过，也必须关注的是，交通发展对于市场分割也表现出阶段性和非线性影响。在一定时期内，交通发展有可能刺激地方保护主义以进行市场分割，以此强化"以邻为壑"的发展策略；不过随着交通的进一步发展，在一定程度上可以减少地方政府利用行政力量限制要素流动的市场分割行为（刘玉海，2013）。随着全国交通可达性日益提高，地区间贸易成本逐步下降，地方政府面临竞争性越来越强的市场环境，在国内采取分割市场和地方保护主义政策的成本也越来越高昂，最终促使地方政府逐渐减少分割市场的行为（Li et al.，2003）。交通发展不仅能够改变地方政府决策，还能通过改变包括企业、居民等主体的观念与行为促进市场一体化。当地区间可达性提高，市场准入成本降低，企业形式变得多样化，大量非国有企业在市场活动中的作用日益重要，能够削弱政府非市场行为的有效性。同时，区外资本的进入也形成了大量跨区域的合资经济，促使地方政府之间加强地区间经济合作。此外，相互联系的便利化还可能促使人们的观念发生不可逆转的变化，公众对于政府的角色有可能形成新的认识，如此也可能驱使政府加快职能转变，从而促进市场一体化。

二、交通发展与地方政府分割市场的博弈分析

基于以上分析，交通发展对于地方政府实行市场分割具有潜在激励，造成"以邻为壑"的增长模式。据此，我们可以利用简明的博弈矩阵，对交通发展情况下地方政府分割市场的"囚徒困境"及"市场分割"策略的博弈过程和结果进行分析。结果表明，对于任何一个地区而言，短期内单边减弱市场分割是不可行的。虽然市场分割严重阻碍一体化进程，损害资源配置效率，但却是地方政府基于自身利益的理性行为。下面建立一个简单的博弈模型，分析地方政府在交通发展下的分割市场行为与收益。设定两个省的地方政府 A 和 B，双方博弈空间为

维持市场保护现状和提高市场保护程度。为反映经济发展程度的影响，将政府间竞争分为两种类型：一是两地经济发展水平相同；二是两地经济发展水平不同。

（一）经济发展水平相同的地方政府间的博弈

由于省份 A 与 B 经济实力相当，因此，有理由认定两地的市场保护成本[①]和利益相同。设定 C 为市场保护成本，$C_A = C_B = C$；设定 R 为双方因为交通发展导致市场潜力提高的收益，$R_A = R_B = R$，设定市场潜力的计算方式为经典的 Harris（1954）[②] 形式，则 $R = \Delta dM$。同时，市场准入提高也会在一定程度上加剧本地企业所面临的竞争，本地不具竞争优势的企业将因为外来企业进入成本的降低而受到挫伤。因此，交通发展也将带来一定的负面影响，设定为 L。当双方都采取提高市场保护的策略时，双方都未能充分受益于交通发展带来的市场准入改善，设定一个市场转移参数 θ（θ 取值为 0 ~ 1，市场保护程度提高越多，θ 越倾向等于 0），如此，市场准入改善程度等于 $\theta \Delta dM$。因此，在提高市场保护的策略下，双方的整体获利为 $\theta \Delta dM - C$；当只有一方采取提高市场保护的策略时，该策略方可以更多地获得增长的市场潜力，即达到 ΔdM，而未采取提高市场保护策略的地方政府，不仅没能获得由交通发展带来的全部市场潜力增长 ΔdM，而且由于交通发展使对方省份企业可以更加便利地进入本地市场，反而市场潜力有所下降，设定为 $-\Delta dM$，此时双方的整体收益分别为 $\Delta dM - C$ 和 $-\Delta dM$；当双方都采取维持市场保护现状的策略时，收益都为 $\Delta dM - L$。双方的收益如表 4 - 1 所示。

表 4 - 1　经济发展水平相同的地方政府间的博弈

		B 省	
		提高保护程度	维持保护程度
A 省	提高保护程度	$\theta \Delta dM - C$, $\theta \Delta dM - C$	$\Delta dM - C$, $-\Delta dM$
	维持保护程度	$-\Delta dM$, $\Delta dM - C$	$\Delta dM - L$, $\Delta dM - L$

由表 4 - 1 可知，只要提高市场保护的成本 C 不是足够高，提高市场保护导致的市场转移份额 θ 维持在适度水平，可达性提高导致的市场竞争负面影响 L 大于市场保护的成本 C，即可实现 $(\theta \Delta dM - C) > -\Delta dM$，$\Delta dM - C > \Delta dM - L$。在此情况下，采取提高市场保护的策略是地方政府 A 和 B 的占优策略，（提高保护程度，提高保护程度）是占优策略均衡。因此，在市场竞争博弈中，当两个地区

---

① 市场保护成本包括实施保护的人力、资金，可能遭受的风险，违反中央政策可能承担的责任等，以及因为实行市场分割，同时也影响到有益的经济联系损失，如提高了很多部门获得要素、产品等的价格。

② 按照 Harris（1954）的定义，市场潜力表示为本地区及其他地区经济规模的一个空间距离加权值。

经济发展水平相当时，只要以较低成本就能提高市场保护，双方都会采取提高保护本地市场的策略，弱化或维持现状市场分割的帕累托效率无法实现，市场分割会更严重，即交通发展可能加剧地方保护。

（二）经济发展水平不同的地方政府间的博弈

假定 A 省的经济实力较强，B 省的经济实力较弱，双方 GDP 总量分别为 M_A 与 M_B，因为经济发展水平有差异，两地的市场保护成本也不同，分别设定为 C_A 和 C_B。在交通发展的情况下，双方市场潜力潜在增加程度分别为 ΔdM_B 与 ΔdM_A（$\Delta dM_A > \Delta dM_B$），交通发展带来的负面影响分别设定为 L_A 和 L_B，其余设定如上文。当双方都采取提高市场保护的策略时，双方都未能充分受益于交通发展带来的市场准入改善，假定 A 省市场准入改善程度为 $\theta\Delta dM_B$，B 省等于 $\theta\Delta dM_A$，双方的整体获利分为 $\theta\Delta dM_B - C_A$ 与 $\theta\Delta dM_A - C_B$；当只有 A 省采取提高保护的策略时，A 省可以获得增长的市场潜力，即 ΔdM_B，总体收益为 $\Delta dM_B - C_A$，而未采取提高保护策略的 B 省，不仅没能获得由交通发展带来的市场潜力增长 ΔdM_A，而且由于对方省份可以更加便利地进入本地市场，反而市场潜力有所下降，设定为 $-\Delta dM_B$；相对地，当只有 B 省采取提高保护的策略时，B 省可以获得增长的市场潜力，即 ΔdM_A，而未采取提高保护策略的 A 省，市场潜力下降了 $-\Delta dM_A$；当双方都采取维持现状策略时，收益分别为 $\Delta dM_B - L_A$ 与 $\Delta dM_A - L_B$。

由表 4-2 可知，只要提高市场保护的成本 C 不足够高，市场转移份额 θ 维持在适度水平，就可能实现 $\theta\Delta dM_B - C_A > -\Delta dM_A$，$\theta\Delta dM_B - C_A > \Delta dM_B - L_A$，$\Delta dM_A - C_B > -\Delta dM_B$，$\Delta dM_A - C_B > \Delta dM_A - L_B$。在这种情况下，提高市场保护的策略都是地方政府 A 和 B 的占优策略，（提高保护程度，提高保护程度）是占优策略均衡。因此，在市场竞争博弈中，当两个地区经济发展水平不同时，只要以较低成本就能提高市场保护，双方都会采取提高保护本地市场的策略，弱化或维持现状市场分割的帕累托效率无法实现，市场分割会更严重，即交通发展可能加剧地方保护。

表 4-2　经济发展水平不同的地方政府间的博弈

		B 省	
		提高保护程度	维持保护程度
A 省	提高保护程度	$\theta\Delta dM_B - C_A$，$\theta\Delta dM_A - C_B$	$\Delta dM_B - C_A$，$-\Delta dM_B$
	维持保护程度	$-\Delta dM_A$，$\Delta dM_A - C_B$	$\Delta dM_B - L_A$，$\Delta dM_A - L_B$

基于以上博弈分析可知，基于市场保护程度的市场潜力转移份额和所需保护成本 C 的大小决定了交通发展下的地方政府市场分割行为。在适度的市场转移份

额和较小的保护成本的情况下，发展水平相同地区的地方政府从自身利益函数出发，采取保护策略是最优的，因而市场分割趋于提高；发展水平不同的地区间，发展水平低的一方与发展水平高的一方也都有加剧市场分割的激励。因此，只要保护成本不高，交通发展很有可能加剧地方保护，提高市场分割是地方政府间竞争的理性结果。不过，以上分析也表明，随着交通可达性的进一步提高，会导致市场环境的竞争性越来越强，实行市场分割的成本也越来越高，从而促使地方政府减少分割行为，即随着交通持续发展，市场一体化最终会趋于深入。

第三节　研究方法与数据说明

一、市场分割的测度

使用"价格法"度量市场分割程度是由 Parsley 和 Wei（1996）发展而来的，目前也成为研究中国市场分割的主要方法之一。"价格法"基于经济学"冰川成本"模型，通过对"一价原理"修正而来。因为地区间贸易存在交易成本，贸易过程中商品价值类似冰川一样会部分消融，因而即使存在完全套利，同一商品在两地间的价格不会完全一致，相对价格存在一定的波动区间。假设某一商品在 i 与 j 两地的价格分别为 P_i 与 P_j，地区间交易成本可被表示为价格的比例 c（$0 < c < 1$）。当条件 $P_i(1-c) > P_j$，或者 $P_j(1-c) > P_i$ 满足时，套利行为可行。当上述条件不成立时，商品的相对价格 P_i/P_j 将在无套利区间 $[1-c, 1/(1-c)]$ 内波动。交易成本下降会导致相对价格波动的范围变小，也意味着市场分割的弱化。采用"价格法"，需要三维（$t \times m \times k$）的面板数据，即时间（t）、地区（m）和商品（k），以构造两地间的相对价格方差 $Var(P_{ti}/P_{tj})$。其优点在于可以综合利用多种类商品的价格信息，在总体上评价商品市场整合程度。其具体计算过程如下：

$$\Delta Q_{ijt}^k = \ln(P_{it}^k/P_{jt}^k) - \ln(P_{it-1}^k/P_{jt-1}^k) \qquad (4-1)$$

$$\Delta Q_{ijt}^k = \ln(P_{it}^k/P_{jt}^k) - \ln(P_{it-1}^k/P_{jt-1}^k) = \ln(P_{it-1}^k/P_{it-1}^k) - \ln(P_{jt}^k/P_{jt-1}^k) \qquad (4-2)$$

ΔQ_{ijt}^k 为两地间商品 k 的相对价格比的年际变化，因为在中国可获得的价格数据是商品零售价格的环比指数（如 P_{it}^k/P_{it-1}^k 与 P_{jt}^k/P_{jt-1}^k）（而非绝对价格指数），因此，为了利用环比价格指数构造市场分割指标，通过直接转换，将 ΔQ_{ijt}^k 的计算由式（4-1）转化为式（4-2）。若两地间相对价格 Q_{ijt}^k 发生收敛，ΔQ_{ijt}^k 也会表现为收敛，两者表现为一致的数值变化特征。通常会对 ΔQ_{ijt}^k 取绝对值（$|\Delta DQ_{ijt}^k|$），

原因在于取对数形式后两地价格的分子分母位置变换会引起 ΔQ_{ijt}^{k} 数值符号的反向变化，$\mathrm{Var}(\Delta Q_{ijt})$ 的大小会因放置位置而受影响，而取绝对值的方式即可避免该问题。无套利区间 $[1-c, 1/(1-c)]$ 的对数形式 $[\ln(1-c), -\ln(1-c)]$ 是对称的，这就意味着绝对值相等、方向相反的，表现为同等的价格波动程度，只是套利方向相反而已。

另外，对于市场分割程度的准确度量还需要消除 $|\Delta Q_{ijt}^{k}|$ 中由于非同质商品的不可加问题。通常某时期两地商品的价格变化可能来自两个方面：一方面，变化仅与商品本身的某些特性有关；另一方面，价格变化与商品特性无关，与两地的市场环境或其他随机因素有关。不消除第一类原因的影响就去求得多类商品相对价格加总的方差，可能会高估基于地区间贸易壁垒的实际方差值。通过去均值可以消除商品自身特性导致的系统偏误。具体而言，设定 $|\Delta Q_{ijt}^{k}|$ 由 a^{k} 与 ε_{ijt}^{k} 两项组成，a^{k} 仅与特定商品 k 相关，ε_{ijt}^{k} 仅与 i、j 两地的市场环境相关。通过对所有考察地区商品 k 的 ΔQ_{t}^{k} 求平均值（即 $\overline{\Delta Q_{t}^{k}}$），再对任意两组地区间的 $|\Delta Q_{ijt}^{k}|$ 减去该均值，即 $|\Delta Q_{ijt}^{k}| - \overline{\Delta Q_{t}^{k}} = (a^{k} - \overline{a^{k}}) + (\varepsilon_{ijt}^{k} - \overline{\varepsilon_{ijt}^{k}})$，设 $q_{ijt}^{k} = \varepsilon_{ijt}^{k} - \overline{\varepsilon_{ijt}^{k}} = |\Delta Q_{ijt}^{k}| - \overline{|\Delta Q_{t}^{k}|}$，则达到消去 a^{k} 项的目的。最终对 q_{ijt}^{k} 计算方差（即 $var(q_{ijt}^{k})$），q_{ijt}^{k} 仅与市场分割和其他随机因素有关。$var(q_{ijt}^{k})$ 的含义在于，度量市场分割程度是测度经济学意义上的套利区间，实际上度量由地区间交易成本导致的价格变动范围。利用多种商品的价格指数，即可获得某个时点上的价格波动范围。而且，经过对商品 k 本身的特殊信息的去除，q_{ijt}^{k} 的方差很好地反映了市场分割因素导致的套利区间大小。

二、交通发展的测度

改革开放后，中国的交通基础设施建设成就巨大，交通快速发展，实施了大规模高速公路建设、铁路网优化与提速等措施。1988 年首条高速公路建成以来，中国高速公路建设迅速，目前，国家高速公路网接近完善，除了西藏以及为数不多的部分西部地区之外，高速公路已经覆盖到了全国绝大多数地级及以上地区了。在铁路方面，中国在 1997～2007 年逐步实施了六次全国范围内的铁路大提速，列车平均旅行速度从 1993 年的 48.1 公里/小时上升到 2007 年的 70.18 公里/小时（周浩和余金利，2013）。中国铁路主要干线客车运行速度从 80～100 公里/小时提高到时速 200～250 公里，客货运输能力得到增强（金凤君和武文杰，2007）。

本章基于交通可达性来测度交通发展情况。可达性（Accessibility）反映使用特定的交通系统从某一区位到达目的地的便利程度，其中最短旅行时间距离为常用指标。最短旅行时间距离是指在某种交通方式下从某个节点到达其他节点所需的最短时间。因为航空在运输中的占比较小，因此，本章仅针对公路与铁路进行交通可达性的分析。为计算公路可达性，本章基于全国交通地图册构建了交通基础设施数据库，包含了 2001~2010 年中国大陆地区高速公路、国道、省道的矢量地图。通过利用地理信息系统软件 ArcGIS 网络分析功能获取各地级城市间的最短旅行时间距离。依据《中华人民共和国公路工程技术标准》（JTGB01—2003），设定等级公路的时速：高速公路为 100 公里/小时，国家级道路为 80 公里/小时，省级道路为 70 公里/小时。对于铁路可达性，本章采用中国铁路总公司运输局编制的历年《全国铁路旅客列车时刻表》，选取两地间行驶列车的最短历时作为最短旅行时间距离。

三、计量模型设定

基于前文理论分析，在实证中需要探讨两个问题：首先，持续存在的国内市场分割对于产业增长产生了什么样的影响？其次，地方政府为何有激励实行市场分割？实际上，这是类似硬币两面的相关问题。若市场分割对于经济或产业增长毫无裨益，就很难解释地方政府分割市场的激励。没有产业增长，也就无从实现保护就业和增加财政收入等众多研究所言的地方政府分割市场的目的。因此，探索市场分割与地方产业增长之间的关联是理解市场分割存在机制的有力途径。倘若的确如此，随之而来的问题便是，为什么在交通日益发展、地区间可达性日益提高、地区间贸易成本逐步下降的背景下，地方政府有可能更有激励实行市场分割，即为什么交通发展有可能加剧地方保护？为了解开这个疑问，下面将基于一个产业增长的框架来分析市场分割对产业增长的影响，并进一步重点考察不同的交通可达性水平之下，市场分割对产业增长的影响差异。

（一）实证模型构建

基于 Glaeser 等（1992）的产业增长实证模型，在此基础上增加市场分割变量作为核心解释变量，用以分析分割市场对于当地即期和未来产业增长的影响，即是否分割市场更有利于本地产业增长。模型的基本形式如下：

$$\Delta ind_{ik}^{t} = \alpha_1 segm_k^{t-1} + \alpha_2 \left(segm_k^{t-1} \right)^2 + \beta_1 X_{ik}^{t-1} + \mu + \varepsilon \qquad (4-3)$$

其中，Δind_{ik}^{t} 表示 k 省 i 产业在 t 年的总产值增长率，方程的右边是一系列解释变量，为了缓解联立性内生问题，所有的解释变量都滞后了一期。市场分割指数（$segm$）及其平方项（$segm^2$）是本章关注的核心解释变量。X 为其他解释变量，用以控制其他因素对产业增长的影响，主要包括以下方面：外部性、产业基础、宏观环境、交通因素、其他地区特征等。在外部性方面，主要通过集聚经济来反映，集聚经济是经济集聚引起的影响产业增长的空间外部性，本章引入了 k

省同一行业的企业数量 firm 及其平方项，两者分别是集聚经济和竞争效应的常用代理变量。由新经济地理学理论可知，集聚经济（firm）的参数估计值为正，而竞争效应（$firm^2$）的参数估计值为负。

本地产业基础是影响产业增长的重要因素，其中的关键之一是投入产出关联。为此，本章根据 Dumais 等（2002）的研究，设定投入共享变量（input）和产出共享变量（output），计算方法如式（4-4）所示。其中，I_{ij} 表示产业 i 单位总投入中来自产业 j 的比重；O_{ij} 为产业 i 单位总产出中用于产业 j 消费的比重；E_{jst} 为 t 年 k 省 j 产业的总产值。因此，即可以说明 t 年 k 省产业 i 增长所具有的本地投入支持的基础，与此同时，则表示 t 年 s 地区产业 i 增长所面临的本地产出需求基础。

$$input_{ik}^t = \sum_j I_{ij}E_{jk}^t, output_{ik}^t = \sum_j O_{ij}E_{jk}^t \qquad (4-4)$$

在宏观环境方面，主要引入了国家整体产业增长变量（nation），用以反映某产业表现出的整体增长趋势。有理由相信，国家整体上某产业增长较快，说明该产业目前处于较好的增长趋势中。另外，作为一个强调政府宏观调控与市场力量并重的国家，不能忽视政策对于产业增长的影响。因此，在模型中引入了产业政策（policy），属于各省份"十五"计划、"十一五"规划中的导向产业，则 Policy = 1，否则，Policy = 0。另外，为了控制固定效应，在模型中加入了两个虚拟变量：province 为省区虚拟变量，控制地区差异；year 为年份虚拟变量，控制时间差异。

交通是影响产业增长的重要因素，为此本章用两种变量予以表示：一是铁路可达性（railacc），用某省份省会到达其他省份省会的列车最短旅行时间的简单平均值表示；二是公路可达性（roadacc），用某省份省会到达其他省份省会的最短旅行时间距离的简单平均值表示。为了控制不同交通可达性情况下不同省区市场规模差异，在市场规模方面，主要引入了市场潜力变量，反映了地区可能获得的整体市场规模或需求因素对地区经济的影响。市场潜力的计算基于 Harris（1954）的经典定义，表示为本地区及其他地区的经济规模的一个空间加权值，计算公式如式（4-5）所示。其中，GDP_s 为 s 省的国内生产总值，D_{ks} 为 k、s 两省间的公路与铁路旅行时间距离的平均值，D_k 表示 k 省内部距离，N 为省区数量，δ 为距离衰减参数，综合多数研究，设定为 1.5。

$$MP_k = \frac{1}{N}\left[\frac{\sum_s GDP_s}{D_{ks}^\delta} + \frac{GDP_k}{D_k}\right], k \neq s \qquad (4-5)$$

在验证了市场分割对经济增长的影响后，要进一步分析交通发展（可达性变化）如何影响市场分割对产业增长的作用，即是否随着交通发展（变量上体现为地区间可达性提高），市场分割对于产业增长的影响具有变化。为此，在模型

（4－3）的基础上引入了市场分割指数或其平方项与交通可达性的交互项，具体设定如式（4－6）所示。

$$\Delta ind_{ik}^t = \alpha_1 acc_i^{t-1} \times segm_i^{t-1} + \alpha_2 segm_i^{t-1} + \alpha_3 (segm_i^{t-1})^2 + \alpha_4 acc_i^{t-1} + \beta_2 X_{ik}^{t-1} + \mu + \varepsilon \quad (4-6)$$

其中，其他变量的意义与模型（4－1）都一致，有所不同的是，acc 代表交通可达性，用铁路可达性与公路可达性分别表示；$acc \times segm$ 为交通可达性与市场分割的交互变量，用以测度交通可达性的差异如何影响市场分割对产业增长的作用，因为可达性用最短旅行时间距离表示，其值越小，则可达性越高，所以，若 $acc \times segm$ 的估计系数显著为正，则表示交通可达性越高，市场分割对于产业增长表现出越强的负面作用；而 $acc \times segm$ 的估计系数显著为负，则表示交通可达性越高，市场分割对于产业增长表现出越强的正面作用。

（二）稳健性策略

地区间可达性受到不同地区间市场规模的差异影响，简单地以地区间旅行时间距离来表示可能有所欠缺。因此，为了检验结论稳健性，构建了融入产业市场规模的需求可达性指标。构造方法参考韩峰和柯善咨（2012），其中，对产业需求规模进行改进，用中间需求和最终需求之和表示，中间需求使用上文产业产出共享变量，最终需求根据式（4－7）计算所得，其中 f_{si} 表示 s 省 i 产业最终需求占全省 GDP 的比重。最终，需求可达性指标计算如式（4－8）表示，其中 $roadmp_{ik}^t$ 表示用公路交通旅行时间代表距离的需求可达性，$railmp_{ik}^t$ 表示用铁路交通旅行时间代表距离的需求可达性。最终，用于稳健性检验的实证模型如式（4－9）所示。

$$final_{is}^t = f_{si} \times GDP_s^t \quad (4-7)$$

$$roadmp_{ik}^t = \sum_s \frac{output_{is}^t}{road_{ks}^\delta} + \sum_s \frac{final_{is}^t}{road_{ks}^\delta}, \quad railmp_{ik}^t = \sum_s \frac{output_{is}^t}{rail_{ks}^\delta} + \sum_s \frac{final_{is}^t}{rail_{ks}^\delta} \quad (4-8)$$

$$\Delta ind_{ik}^t = \alpha_1 DMP_i^{t-1} \times segm_i^{t-1} + \alpha_2 segm_i^{t-1} + \alpha_3 (segm_i^{t-1})^2 + \alpha_4 DMP_i^{t-1} + \beta_2 X_{ik}^{t-1} + \mu + \varepsilon \quad (4-9)$$

其中，其他变量的意义与模型（4－3）都一致，有所不同的是，DEM 代表产业需求可达性，分别用 $roadmp_{ik}^t$ 和 $railmp_{ik}^t$ 表示；$DMP \times segm$ 为需求可达性与市场分割的交互变量，若 $DEP \times segm$ 的估计系数显著为正，则表示需求可达性越高，市场分割对于产业增长表现出越强的正面作用；反之则反。

四、数据来源与说明

本章研究时段设定为 2001～2010 年，主要是为了契合完整的两个五年规划

（"十五"计划和"十一"规划），可以完整地考虑政府行为对于地区产业增长的影响。时段选择还基于两点考虑：一是中国交通的显著发展在 1998 年后，高速公路在 1998 年之前总里程不多，之后建设较多；20 世纪 90 年代以来的铁路第一次提速是在 1997 年，此后五次大提速中的四次在 2000 年以后。二是由于中国工业数据统计口径在 1998 年和 2011 年发生重大改变，这使 1998 年前后和 2011 年前后数据对比变得不尽合理。最终，本章构建了 2001～2010 年 30 个省级行政区（除西藏）除废弃资源和废旧材料回收加工业以及其他采矿业这两个大类行业之外所有其他 37 个二位数工业行业分地区统计数据库。数据来源于《中国工业经济统计年鉴》和各省区统计年鉴。本章选择工业总产值计算产业增长情况。为使数据年际可比，借鉴吴意云等（2015）的方法，用《中国城市（镇）生活与价格年鉴》分行业工业品出厂价格指数，将现价工业总产值折算为 2003 年可比价数值。另外，投入产出关联数据根据《2007 年中国地区投入产出表》计算所得。用于测度市场分割程度的数据为 2001～2010 年《中国统计年鉴》中的分地区商品零售价格指数。2002 年起，纳入价格指数统计范围的商品种类发生变化，因而只选取了 16 类从 2001 年起连续统计的商品。本章相关变量的统计描述如表 4-3 所示。

表 4-3　变量统计描述

变量	单位	样本	平均值	标准差	最小值	最大值
产业增长率（Δind）	‰	9324	344.1	255.92	-3327.1	13825.6
市场分割度（$segm$）		9324	1.438	0.848	0.3	5.9
企业数量（$firm$）	家	9324	138.1879	44.391	0	4787
投入共享（$inlink$）	亿元	9324	656.0871	265.418	41.42	8686
产出共享（$outlink$）	亿元	9324	609.3283	258.934	27.87	4250
公路可达性（$roadacc$）	小时	9324	20.133	6.482	13.279	49.366
铁路可达性（$railacc$）	小时	9324	22.289	6.273	12.441	45.781
产业政策（$policy$）		9324	0.2465	0.231	0	1
国家产业增长率（$nation$）	%	9324	12.873	2.255	5.4	23.8
市场潜力（mp）	亿元	9324	22551.17	11559.4	6252.2	46809.8
公路需求可达性（$roadmp$）	亿元	9324	1341.90	881.74	167.05	2931.11
铁路需求可达性（$railmp$）	亿元	9324	1302.71	878.4	155.74	2873.72

第四节　实证分析

一、市场分割对于产业增长的影响

表4-4显示了市场分割对地区产业增长影响的估计结果。鉴于市场分割的影响可能并不限于短期，因而，将市场分割指数分别滞后一至多期进行估计。因为滞后三期及更多期的结果显示，市场分割对于产业增长的影响不显著，因此未在表中予以展现。其中，滞后一期与滞后两期市场分割指数的估计结果分别在表4-4中1~3列与4~6列予以显示。结果均显示，市场分割指数（segm）系数显著为正；滞后一期市场分割指数平方项的系数为正，但不显著，滞后两期的平方项系数则显著为负。针对两种市场分割指数的情况，均放入不同可达性变量（roadacc 和 railacc）予以估计，结果显示市场分割指数的估计系数值各自都基本一致。最终结果表明，在一定程度内，提高市场分割有利于当地产业增长，但当市场分割程度超过某个临界值后，其对产业增长将不再起促进作用，甚至还有很大可能带来负面影响。换言之，市场分割对于当地产业增长的影响表现为倒"U"形的非线性特性，在市场分割程度并不很高并在某个门槛值以下的时候，市场分割程度的提高有利于本地产业增长，但如果市场分割程度继续提高并超过门槛值，产业增长就会受到负面影响。由此也意味着，在短期内，市场分割有利于本地产业增长，这会导致地方政府具有激励实行市场分割。

表4-4　市场分割对产业增长的影响

| | (1) | (2) | (3) | (4) | (5) | (6) |
	分割滞后一期	分割滞后一期	分割滞后一期	分割滞后两期	分割滞后两期	分割滞后两期
segm	24.82 **	25.04 **	23.46 **	44.58 ***	45.02 ***	39.79 ***
	(10.25)	(10.19)	(10.23)	(12.59)	(12.60)	(12.61)
$Segm^2$	0.103	0.157	0.192	− 0.833 ***	− 0.811 ***	− 0.795 ***
	(0.190)	(0.189)	(0.190)	(0.224)	(0.223)	(0.224)
firm	0.340 *	0.304 *	0.304 *	0.384 *	0.359 *	0.361 *
	(0.182)	(0.182)	(0.182)	(0.206)	(0.206)	(0.206)
$firm^2$	− 0.00012 **	− 0.00011 *	− 0.00011 *	− 0.00013 **	− 0.00012 *	− 0.00012 *
	(0.000057)	(0.000057)	(0.000057)	(0.000063)	(0.000063)	(0.000063)

续表

	（1）	（2）	（3）	（4）	（5）	（6）
	分割滞后一期	分割滞后一期	分割滞后一期	分割滞后两期	分割滞后两期	分割滞后两期
input	0.101 ***	0.102 ***	0.102 ***	0.0996 ***	0.0997 ***	0.0998 ***
	（0.0130）	（0.0130）	（0.0130）	（0.0143）	（0.0143）	（0.0143）
output	0.431 ***	0.428 ***	0.429 ***	0.422 ***	0.421 ***	0.421 ***
	（0.0196）	（0.0196）	（0.0196）	（0.0217）	（0.0216）	（0.0217）
mp	0.114 ***	0.111 ***	0.108 ***	0.093 ***	0.089 ***	0.088 ***
	（0.038）	（0.038）	（0.038）	（0.037）	（0.037）	（0.037）
nation	0.168 ***	0.167 ***	0.167 ***	0.198 ***	0.197 ***	0.197 ***
	（0.0177）	（0.0177）	（0.0177）	（0.0207）	（0.0207）	（0.0207）
policy	110.5 ***	109.4 ***	108.1 ***	130.1 ***	128.5 ***	127.1 ***
	（49.93）	（49.81）	（49.81）	（58.52）	（58.43）	（58.46）
roadacc	−51.08 *		−93.18 *	−56.47 *		−50.34 *
	（19.61）		（22.24）	（11.69）		（14.60）
railacc		−51.02 ***	−54.65 ***		−43.72 ***	−45.66 ***
		（16.09）	（16.34）		（17.91）	（18.29）
year	Yes	Yes	Yes	Yes	Yes	Yes
province	Yes	Yes	Yes	Yes	Yes	Yes
_cons	−1806.2 ***	−6348.3 ***	−5338.6 ***	26885.4 ***	18960.4 ***	19423.0 ***
	（797.0）	（1519.8）	（1621.7）	（4342.3）	（4505.1）	（4544.1）
R − square	0.1678	0.1717	0.1719	0.1683	0.1702	0.1703
N	9324	9324	9324	8288	8288	8288

注：括号中的值是标准差，*** 、** 、* 分别表示1%、5%、10%的显著水平。

其他控制变量的估计结果基本符合预期。结果表明，当一地同行业企业数（firm）增加时，集聚经济可以促进该行业的发展；由于该地区同行业企业之间的竞争也随之加剧（竞争效应），反过来又会对该行业在当地的相对发展规模产生抑制作用，firm 的二次项的估计系数符号为负，与理论预期完全一致。用以表示本地产业基础的 input 与 output 变量的估计系数显著为正，这也与理论预期完全一致，表明本地投入产出关联是影响产业增长的重要因素。市场潜力（mp）对产业增长有显著正的影响，结果符合预期，表明市场规模与准入是影响产业增长的重要方面。另外，本章分别用铁路最短旅行时间（railacc）与公路最短旅行时间（roadacc）来衡量交通可达性，用以表示本地与其他地区的贸易成本，结果显示,该两个参数估计值均显著为负,说明可达性的提升有助于促进产业增长。政策变量的估计系数显著为正,而且所有估计结果中的系数值基本相等,这表明政策导向对产业发展具有不可忽视的影响,也意味着在中国,政府这只"看得见的手"在一定程度上影响了地区产业增长。

二、交通发展与市场分割激励

在验证了市场分割对地区产业增长具有倒U形影响后,我们关心的是,在交通发展的情况下或是交通可达性不同的地方,这种影响会发生什么样的变化? 为此,在模型中引入了市场分割与交通可达性的交互项。结果见表4-5,当市场分割取一期滞后变量时,市场分割与两种形式交通可达性的交互项的系数均显著为负。具体而言,铁路可达性与市场分割交互项($railacc \times segm$)的估计系数为 -1.106 ,公路可达性与市场分割交互项($roadacc \times segm$)的估计系数为 -2.804 ,两者均非常显著。当市场分割取两期滞后变量时,铁路可达性与市场分割交互项的估计系数为 -0.887 ,公路可达性与市场分割交互项的估计系数为 -2.590 ,两者也均显著。因为本章以旅行时间表示可达性,数值越大代表可达性越差,所以,市场分割与可达性交互项估计系数为负意味着,交通可达性越高或可达性提高时,分割市场对于产业增长的促进作用越强。由此也说明,当市场分割不高于一定程度时,其对经济增长具有促进作用,且交通可达性的提升能够增强这一正效应。

表4-5 交通发展和市场分割交互对产业增长的影响

	(1)	(2)	(3)	(4)
	分割滞后一期	分割滞后一期	分割滞后两期	分割滞后两期
$segm$	47.23***	78.24***	63.10***	90.74***
	(14.96)	(17.04)	(18.88)	(20.45)
$segm^2$	0.203	0.102	-0.794***	-0.844***
	(0.190)	(0.190)	(0.223)	(0.224)
$railacc \times segm$	-1.106**		-0.887*	
	(0.546)		(0.690)	
$railacc$	-49.40***		-40.65***	
	(16.02)		(18.23)	
$roadacc \times segm$		-2.804***		-2.590***
		(0.715)		(0.819)

续表

	（1）	（2）	（3）	（4）
	分割滞后一期	分割滞后一期	分割滞后两期	分割滞后两期
roadacc		−15.47		−80.35
		(50.41)		(62.13)
firm	0.303*	0.333*	0.361*	0.379*
	(0.182)	(0.182)	(0.206)	(0.206)
$firm^2$	−0.00011*	−0.00012**	−0.00012*	−0.00013**
	(0.000057)	(0.000057)	(0.000063)	(0.000063)
input	0.101***	0.101***	0.0996***	0.0996***
	(0.0130)	(0.0130)	(0.0143)	(0.0143)
output	0.428***	0.430***	0.421***	0.422***
	(0.0196)	(0.0196)	(0.0216)	(0.0217)
mp	0.109***	0.097**	0.088***	0.087***
	(0.038)	(0.038)	(0.037)	(0.038)
nation	0.168***	0.169***	0.197***	0.198***
	(0.018)	(0.018)	(0.021)	(0.021)
policy	110.5**	112.5**	128.6**	130.2**
	(49.81)	(49.91)	(58.43)	(58.50)
year	Yes	Yes	Yes	Yes
province	Yes	Yes	Yes	Yes
_cons	−6163.1***	1979.0***	19063.4***	24553.9***
	(1522.4)	(1397.0)	(4505.7)	(4402.9)
R − square	0.1719	0.1686	0.1703	0.1690
N	9324	9324	8288	8288

注：括号中的值是标准差；***、**、*分别表示1%、5%、10%的显著水平。

以上的分析表明，目前中国地方政府在短期内通过分割市场反而可以更好地促进当地的产业增长，而且在交通发展提高可达性的情况下，分割市场能够增强对于产业增长的正面效应。由此也就意味着，交通发展有可能激励地方政府加剧地方保护以实现市场分割的产业增长效应。所以说，在总体上交通快速发展、地区贸易成本有了较大程度降低的时候，地方政府仍然具有激励实施地方保护主义等分割市场的政策。因为基于地方政府视角，一定程度的分割市场有利于本地产业增长。这也意味着分割本地市场成为地方政府适应交通发展的理性选择和占优策略。对于本地经济而言，交通可达性的提高将使其同时面临外部市场竞争的激化与市场准入提高。分割市场可以使本地免于市场竞争激化的同时，能够在更大程度上获得其他地区的市场准入。通过分割市场来保护本地市场可以在短期内获得更快的产业增长，这可能成为地方政府分割市场的激励。最终，地方政府的理性决策反而使区域经济陷入一种类似"囚徒困境"的局面，其他地方政府面对可达性的提高，如果要实现本地更高的经济增长（至少不受损害），也必须采取"以邻为壑"的政策。当然必须清醒地意识到，即使各地实施一定程度的市场分割有利于本地经济增长，也不能得出在所有地区加总（即全国）的意义上市场分割有利于总体经济增长的结论。

三、稳健性检验

为了检验模型实证结果的稳健性，本章将关注的核心解释变量（可达性）用产业的需求可达性的空间加权值，因为该变量融入了不同地区市场规模差异，是对地区可达性的另一种表现方式。表4-6中1~3列与4~6列分别显示了滞后一期与两期的市场分割指数的估计结果，结果表明，其系数均为正，而且高度显著；市场分割指数平方项滞后一期的系数不具有显著性，但滞后两期的系数显著为负。该稳健性检验结果再次表明，在市场分割程度不高于某个临界值时，提高市场分割有利于当地的产业增长，这意味着地方政府具有激励实行市场分割，因为短期内将有利于本地产业增长。同样地，本章继续对可达性是否影响市场分割的产业增长效应进行了稳健性检验，结果如表4-7所示，其中1~2列与3~4列分别显示了滞后一期与两期市场分割指数的估计结果。两种估计结果都显示，市场分割与两种形式可达性的交互项的系数均显著为正。该结果再一次表明，可达性越高，分割市场对于产业增长的促进作用越强，即交通可达性的提升能够增强市场分割的产业增长效应，这意味着随着交通可达性提高，地方政府可能更有激励实行市场分割。

表4-6　市场分割对产业增长的影响（基于需求可达性的估计）

	(1)	(2)	(3)	(4)	(5)	(6)
	分割滞后一期	分割滞后一期	分割滞后一期	分割滞后两期	分割滞后两期	分割滞后两期
$segm$	22.83*	26.16*	30.80**	40.80**	54.44***	55.40***
	(11.38)	(11.30)	(11.25)	(14.13)	(13.92)	(14.02)
$Segm^2$	0.2441	0.1985	0.1198	-0.8196***	-0.9757***	-0.1052***
	(0.2076)	(0.2068)	(0.2059)	(0.2426)	(0.2411)	(0.2409)

续表

	(1)	(2)	(3)	(4)	(5)	(6)
	分割滞后一期	分割滞后一期	分割滞后一期	分割滞后两期	分割滞后两期	分割滞后两期
firm	0.553***	0.563***	0.562***	0.533**	0.568***	0.552***
	(0.170)	(0.170)	(0.170)	(0.196)	(0.196)	(0.196)
$firm^2$	−0.00020***	−0.00021***	−0.00021***	−0.00021***	−0.00021***	−0.00021***
	(0.00005)	(0.00005)	(0.00005)	(0.00006)	(0.00006)	(0.00006)
input	0.0816***	0.0814***	0.0819***	0.0861***	0.0856***	0.0868***
	(0.0125)	(0.0125)	(0.0125)	(0.0161)	(0.0162)	(0.0162)
output	0.432***	0.430***	0.432***	0.594***	0.589***	0.595***
	(0.0189)	(0.0189)	(0.0189)	(0.0248)	(0.248)	(0.0249)
nation	0.145***	0.147***	0.147***	0.176***	0.176***	0.176***
	(0.0152)	(0.0152)	(0.0152)	(0.0195)	(0.0195)	(0.0195)
policy	175.1***	176.1***	173.2***	197**	196**	189**
	(51.32)	(51.32)	(51.10)	(61.13)	(61.21)	(61.30)
railmp	0.443*		0.309***	0.124**		0.261**
	(0.0819)		(0.0645)	(0.0231)		(0.0963)
roadmp	0.176***	0.378***		0.157***	0.497***	
	(0.0373)	(0.0621)		(0.0320)	(0.0915)	
year	Yes	Yes	Yes	Yes	Yes	Yes
province	Yes	Yes	Yes	Yes	Yes	Yes
_cons	−0.156***	−0.165***	−0.141***	−0.176***	−0.164***	−0.154***
	(0.0273)	(0.0271)	(0.0271)	(0.0214)	(0.0230)	(0.0270)
R − square	0.1597	0.1523	0.1530	0.1601	0.1575	0.1587
N	9324	9324	9324	8288	8288	8288

注：括号中的值是标准差，***、**、*分别表示1%、5%、10%的显著水平。

表4−7 交通发展和市场分割交互对产业增长的影响（基于需求可达性的估计）

	(1)	(2)	(3)	(4)
	分割滞后一期	分割滞后一期	分割滞后两期	分割滞后两期
Segm	42.01***	42.06***	38.25***	38.29**
	(14.25)	(14.53)	(17.63)	(17.99)
$Segm^2$	0.7460	0.5763	−0.3217	−0.5904*
	(0.2131.0)	(0.2101)	(0.2482)	(0.2443)

续表

	（1）	（2）	（3）	（4）
	分割滞后一期	分割滞后一期	分割滞后两期	分割滞后两期
$railmp \times segm$	0.190***		0.302***	
	（0.0188）		（0.0292）	
$Railmp$	0.0129		0.00973	
	（0.00796）		（0.0108）	
$roadmp \times segm$		0.189***		0.289***
		（0.0188）		（0.0289）
$Roadmp$		0.0247**		0.0340**
		（0.00849）		（0.0113）
$Firm$	0.508***	0.507***	0.576***	0.549***
	（0.169）	（0.169）	（0.195）	（0.196）
$Firm^2$	−0.0002133***	−0.0002123***	−0.0002021**	−0.0001967**
	（0.0000547）	（0.0000547）	（0.0000615）	（0.0000616）
$input$	0.0804***	0.0809***	0.0848***	0.0862***
	（0.0125）	（0.0125）	（0.0161）	（0.0161）
$output$	0.423***	0.426***	0.584***	0.591***
	（0.0188）	（0.0189）	（0.00000247）	（0.00000248）
$Nation$	0.146***	0.146***	0.151***	0.151***
	（0.0171）	（0.0171）	（0.0210）	（0.0210）
$Policy$	160.5**	162.5**	168.6**	160.2**
	（69.11）	（69.74）	（68.93）	（68.37）
Year	Yes	Yes	Yes	Yes
Province	Yes	Yes	Yes	Yes
_cons	0.0379	0.0835*	0.0679*	0.1035*
	（0.0336）	（0.0351）	（0.0239）	（0.0411）
$R-square$	0.1651	0.1642	0.1667	0.1658
N	9324	9324	8288	8288

注：括号中的值是标准差，＊＊＊、＊＊、＊分别表示1%、5%、10%的显著水平。

第五节 本章小结

本章立足市场分割与产业增长，实证检验与探索交通发展对于市场一体化的影响及其内在机制。为此，本章构建了一个产业增长框架，重点分析了不同的交通可达性水平之下，市场分割对于产业增长的影响差异。研究发现，当本地的生产者面临外部市场竞争与市场准入提高时，通过分割市场来保护本地生产者可以在短期内获得更快的产业增长，这可能成为地方政府分割市场的激励。具体而言，市场分割对于产业增长具有倒 U 形的非线性影响，在市场分割程度不高于某个临界值时，提高市场分割有利于本地产业增长，但市场分割程度持续提高并超过临界值之后，其对产业增长将不再起促进作用，甚至有很大可能带来负面影响。进一步分析表明，交通发展能够增强市场分割对于产业增长的促进效应，由此表明交通发展有可能激励地方政府加剧地方保护以实现市场分割的产业增长效应。在这个意义上，交通发展会影响地方政府的行为模式，因为基于地方政府视角，一定程度的分割市场有利于当地的产业增长。

虽然市场分割有利于本地增长，但并非最优。由于面板数据的分析所展现的基本上都是当期的解释变量对于短期的被解释变量的影响，因此，即使市场分割有助于提高短期的经济增长，也并不意味着当前的经济增长处在长期经济增长的最优路径上。短期增长和长期增长是两个问题，实行市场分割短期内可能使地区经济处于相对有利的位置，但是很有可能扭曲经济活动的空间组织关系、损害资源空间配置，使经济增长偏离最优路径，在长期反而不利于经济增长。另外，需要特别指出的是，本章有关交通发展可能加剧市场分割的结论，并不说明交通发展会使国内市场一体化在总体上恶化，只是表明交通会影响地方政府行为模式，可能会加剧地方保护主义等制度壁垒意义上的市场分割。实际中，交通发展会弱化自然壁垒，缩短地区间时空距离，在物质基础上有助于促进市场一体化。因此，在总体上，交通发展也可能会在很大程度上促进国内市场一体化。

本章部分说明了市场分割的成因及其可能的矫治途径。在现行体制下，地方政府是地区利益的代言人，也是实现地区利益的主体之一，其行为是基于所在地区利益的理性体现，维护或增进地区利益成为地方政府行为的主要动机。由此导致了目前中国市场分割的一种"囚徒困境"局面，分割市场成为地方政府的占优策略。因此，矫治中国的市场分割，从制度层面改变地方政府的激励机制进而重塑其行为模式是关键之一。本章结论也表明，为推进市场一体化，改善交通基础设施并不是充分条件，而只是必要的物质条件之一。要想切实促进并实现全国市场一体化，除了加强交通基础设施建设以降低国内贸易成本之外，还需要通过制度建设，消除地方保护主义等分割市场行为。另外，还需改进对地方政府的评估，引入多元化的效用评估体制，尽可能避免以邻为壑的"囚徒困境"博弈对整体效率的损害。

本章参考文献

［1］Anderson J E, Wincoop E V. Trade costs ［J］. Journal of Economic Literature, 2004, 42（3）: 691 – 751.

［2］Dumais G, Ellison G, GLAESER E. Geographic concentration as a dynamic process ［J］. Review of Economics & Statistics, 2002, 84（2）: 193 – 204.

［3］Fujita M, Krugman P, Venables A J. The spatial economy: Cities, regions and international trade ［M］. Cambridge: MIT Press, 1999.

［4］Glaeser E L, Kallal H D, Scheinkman J A, et al. Growth in cities ［J］. Journal of Political Economy, 1992, 100（6）: 1126 – 1152.

［5］Harris C D. The market as a factor in the location of industry in the U. S. ［J］. Annals of the Association of American Geographers, 1954, 44（4）: 315 – 348.

［6］Hummels D. Transportation costs and international trade in the second era of globalization ［J］. The Journal of Economic Perspectives, 2007, 21（4）: 237 – 238.

［7］Li H, Zhou L A. Political turnover and economic performance: The incentive role of personnel control in China ［J］. Journal of Public Economics, 2005, 89（9 – 10）: 1743 – 1762.

［8］Li J, Qiu L D, Sun Q Y. Interregional protection: Implications of fiscal decentralization and trade liberalization ［J］. China Economics Review, 2003, 14（3）: 227 – 245.

［9］Li J, Sun P. The law of one price: New evidence from China（1997 – 2012）［Z］. Working Paper, 2017.

［10］Limão N, Venables A J. Infrastructure, geographical disadvantage, transport costs and trade ［J］. World Bank Economic Review, 2001, 15（3）: 451 – 479.

［11］Parsley D C, Wei S J. Convergence to the law of one price without trade barriers or currency fluctuations [J]. Quarterly Journal of Economics, 1996, 111 (4): 1211 – 1236.

[12] Poncet S. Measuring Chinese domestic and international integration [J]. China Economic Review, 2003, 14 (1): 1 – 21.

[13] Puga D. The rise and fall of regional inequalities [J]. European Economic Review, 1999, 43 (2): 303 – 334.

[14] Shepherd B, Wilson J S. Trade, infrastructure, and roadways in Europe and Central Asia: New empirical evidence [J]. Journal of Economic Integration, 2007, 22 (4): 723 – 747.

[15] World Bank. Reshaping economic geography [R]. World Bank Development Report, 2009.

[16] Young A. The razor's edge: Distortions and increment al reform in the People's Republic of China [J]. Quarterly Journal of Economics, 2000, 115 (4): 1091 – 1135.

[17] 陈永伟. 文化差异对省际贸易的影响及其作用机制研究: 基于姓氏距离的考察 [J]. 经济学报, 2016 (3): 1 – 25.

[18] 付强, 乔岳. 政府竞争如何促进了中国经济快速增长: 市场分割与经济增长关系再探讨 [J]. 世界经济, 2011 (7): 43 – 63.

[19] 桂琦寒, 陈敏, 陆铭等. 中国国内商品市场趋于分割还是整合: 基于相对价格法的分析 [J]. 世界经济, 2006 (2): 20 – 30.

[20] 韩峰, 柯善咨. 追踪我国制造业集聚的空间来源: 基于马歇尔外部性与新经济地理的综合视角 [J]. 管理世界, 2012 (10): 55 – 70.

[21] 金凤君, 武文杰. 铁路客运系统提速的空间经济影响 [J]. 经济地理, 2007 (6): 888 – 891.

[22] 刘建, 许统生, 涂远芬. 交通基础设施、地方保护与中国国内贸易成本 [J]. 当代财经, 2013 (9): 87 – 99.

[23] 刘钜强, 赵永亮. 交通基础设施、市场获得与制造业区位: 来自中国的经验数据 [J]. 南开经济研究, 2010 (4): 123 – 138.

[24] 刘生龙, 胡鞍钢. 交通基础设施与中国区域经济一体化 [J]. 经济研究, 2011 (3): 72 – 82.

[25] 刘玉海. 交通基础设施的空间溢出效应及其影响机理研究 [M]. 北京: 经济科学出版社, 2013.

[26] 刘毓芸, 戴天仕, 徐现祥. 汉语方言、市场分割与资源错配 [J]. 经济学 (季刊), 2017 (4): 1583 – 1600.

［27］刘再起，徐艳飞．市场化进程中地方政府经济行为模式与产业结构演进［J］．经济管理，2014（9）：12－23.

［28］陆铭，陈钊．分割市场的经济增长：为什么经济开放可能加剧地方保护？［J］．经济研究，2009（3）：42－52.

［29］陆铭，陈钊．中国区域经济发展中的市场整合与工业集聚［M］．上海：上海人民出版社，2006.

［30］皮建才，殷军．经济全球化背景下的地方政府行为与国内市场分割［J］．经济管理，2012（10）：1－9.

［31］吴意云，朱希伟．中国为何过早进入再分散：产业政策与经济地理［J］．世界经济，2015（2）：140－166.

［32］行伟波，李善同．本地偏好、边界效应与市场一体化：基于中国地区间增值税流动数据的实证研究［J］．经济学（季刊），2009（4）：1455－1474.

［33］徐现祥，王贤彬．晋升激励与经济增长：来自中国省级官员的证据［J］．世界经济，2010（2）：15－36.

［34］银温泉，才婉茹．我国地方市场分割的成因和治理［J］．经济研究，2001（6）：3－12.

［35］张军，高远．官员任期、异地交流与经济增长：来自省级经验的证据［J］．经济研究，2007（11）：91－103.

［36］周浩，余金利．铁路提速、可达性与城市经济增长［J］．经济评论，2013（1）：52－59.

［37］周黎安．晋升博弈中政府官员的激励与合作：兼论我国地方保护主义和重复建设问题长期存在的原因［J］．经济研究，2004（6）：33－40.

第五章　空间接近与空间均衡

交通是影响经济空间组织的关键因素，通过改善交通提高空间接近、促进经济空间均衡被视为重要措施，不过目前对于空间接近能否促进空间均衡及其非线性过程的实证研究还有不足。本章根据新经济地理学理论，基于公路交通网络发展对于地区制造业增长的非线性影响视角，构建了产业增长门限模型，通过到中心地区可达性与地区制造业增长来衡量空间接近与空间均衡，并利用1999～2010年的中国地级地区面板数据检验了空间接近对空间均衡的非线性影响。研究表明：空间接近并不一定能促进空间均衡，中心地区对于外围地区的溢出效应随着可达性的变化存在倒U形变化规律。在可达性未提高到一定程度之前，到中心地区距离的缩短会抑制本地产业增长，但随着可达性的进一步提高，可以显著促进地区产业增长。另外，空间接近对于空间均衡的影响具有产业差异，改善中心—外围地区间的可达性，可能会率先促使外围地区某些劳动密集度高、中间投入比重低、最终需求比重较低的产业活动繁荣。

本章在一定程度上印证了新经济地理学理论关于贸易成本下降促进经济集聚呈现倒U形的发展趋势，引导我们辩证地认识交通基础设施建设与区域均衡的关系以及理性地思考通过交通基础设施促成经济空间均衡的规划。

第一节　引言

距离是塑造经济空间的重要机制之一，指的是商品、服务、劳务、资本、信息等穿越空间的难易程度，实质上表现为要素和产品具有不完全流动性或空间流动成本。作为产品、生产要素等流通与联系的纽带，交通是影响经济活动空间组织的关键因素（Redding & Turner, 2015）。交通发展不断改变人类的时空尺度，促进了空间接近，表现为空间实体间的距离越来越短，时空不断收缩，本质上是要素与产品在地区间流动或经济主体间空间作用困难程度的缓解。空间均衡是经济空间组织的表现形式，体现为经济活动空间分布的均匀程度。人类经济发展过程中一个重要的方面就是克服"距离专制"的历史（艾萨德，2011）。经济活动最突出的空间特征是集中。现实经济地图表现出显著的空间不均衡，经济集聚是特征事实，经济空间呈现"中心—外围"格局，少数"中心"地区集中了大部分的经济活动。

交通发展促进空间接近，降低了要素与产品的流动成本，有利于要素的空间流动，改变产业的空间分布形式与联系方式，进而显著影响经济空间格局与均衡态势。因此，探索空间接近对于空间均衡的影响成为理解经济空间格局形成与演化机制的重要方面。其中的核心是理解空间接近如何影响经济活动的空间集聚与扩散。因为交通发展是促进空间接近的主要方式，因而实际上也是分析交通基础设施建设将会促进区域收敛还是发散，以及交通发展会如何塑造经济空间图景的问题。探索空间接近对于空间均衡的影响，本质上也是研究要素与产品不完全流动性的缓解与流动成本的降低如何影响经济活动的区位选择，即经济主体对广义上的贸易成本降低的空间决策反应，从而深入理解经济空间格局塑造的内在机制。

目前，空间不均衡仍然持续稳定地存在，是政策制定者以及社会关注的重点之一。得益于交通基础设施的极大改善，地区间的空间接近程度不断提高，运输成本持续而且大幅度下降，在一定程度上提高了经济活动空间布局的自由度。很多人预测"距离的消失"将会出现，"平坦的世界"成为可能，逐底竞争导致要素成本较低的地区成为胜者，区域间均衡发展将是趋势所在（藤田昌久和蒂斯，2016）。然而，现实世界的经验证据引发关于空间接近对于空间均衡影响的冷静思考。很多时候，人们确信空间接近将促成经济空间分布的均衡。大规模交通基础设施建设曾是诱导企业向落后地区搬迁的核心政策工具，但结果经常适得其反。曾致力于通过改善落后地区交通基础设施的发展政策并未有效缩小欧洲的区域差距（Vickerman，1991）。意大利 Mezzogiorno 措施的失败也是典型印证，20世纪 50 年代意大利南北方之间日益下降的运输成本加速了原本较为落后的南方去工业化进程（Faini，1983）。1978 ~ 1993 年，法国国内的运输成本下降了38%，而就业的空间集中程度呈现明显上升（Combes & Lafourcade，2001）。俄罗斯国内交通改善更多地促进了中心地区的发展（Finders & Tatum，2008）。印度高速公路计划 Golden Quadrilateral Highway Project 的实行，给沿线经济密度比较高的地区带来了更多的企业增长（Ghani et al.，2013）。

众多经验证据表明，目前我们并未全面理解空间接近对于空间均衡的影响，而且诸如中国等很多国家将交通基础设施建设作为促进区域均衡发展的重要手段，大规模交通基础设施建设将会促进区域收敛还是发散亟待深入探讨。因而，探索空间接近对于空间均衡的影响及其错综复杂的内在机制具有重要的理论与实践意义，有助于理解人类主动手段作用于内生过程的重要方式，同时也利于为政策制定提供分析视角与依据。现有研究中，对于交通发展促进空间接近的不同阶段展现出的负面效应与正面效应的动态非线性过程的认识还有不足，而且，缺乏对于空间接近是促进区域收敛还是发散的关注；另外，多数研究基于交通基础设施存量与水平度量交通发展，并不能很好地研究空间接近程度。因此，本章将以中国为案例，从公路交通发展影响地区制造业增长的非线性过程的角度，探索空间接近对于空间均衡的影响。一方面，通过构建1996～2010年中国公路网络矢量数据库，以到中心地区可达性来度量空间接近，以此体现中心—外围地区间的空间作用；另一方面，在实证分析中建立产业增长门限模型，选取地级面板数据分析交通发展对制造业增长的非线性影响及其行业特征，探索空间接近对于区域收敛还是发散的影响与机制。

本研究的主要贡献在于：一是为新经济地理学的"中心—外围"理论提供经验检验证据，以更全面地认识空间尺度的变化对于经济格局的影响。二是改进了相关实证研究方法，通过交通网络分析计算更精细的地区间可达性，改善了多数研究度量交通发展促进空间接近的不足；基于中心—外围地区间空间溢出效应的角度，以更好地反映交通发展影响区域收敛或发散的空间均衡实质内涵。三是通过分析交通发展导致产业空间分布变化的行业特征，进一步挖掘空间接近对于空间均衡的内在影响机制。

第二节　研究方法与数据说明

中国地域面积广阔，产业门类齐全且异质性强，选择较小的空间尺度和产业尺度能够更好地分析产业空间格局变化特征，为此本项研究选择中国地级行政区与三位数制造业进行分析。研究范围仅限于中国内地（大陆），不包括中国香港、中国澳门和中国台湾，因为西藏社会经济较为特殊，也未纳入分析。在描述性分析中，考察时段为1996～2010年，包括330个地级单元[①]。在实证分析时，

---

① 2004年从吴忠市与固原地区划分出部分县成立中卫市，为使前后数据一致，将中卫、固原与吴忠合并，因为涉及地域范围较小，不会影响分析结果。北京、天津、上海三个直辖市地域范围较小，视作地级地区；重庆市因为面积较大，将其划分为市辖区与郊县区两个地区；石河子市是新疆维吾尔自治区直辖县级市，但因其经济发展水平相对较高，将其视作地级地区。

考虑数据的可得性，仅考虑了《中国城市统计年鉴》中所统计的 284 个地级及以上地区，研究时段缩短为 1999～2010 年[①]。

一、地区产业经济数据与分析方法

对《中国工业企业数据库》（1996～2010 年）按照三位数行业类别、地级行政区进行分类，并将其地理信息化，使之可以进行空间分析。根据 1996～2010年的行业分类变化进行对应的调整合并，最终总计包括 103 个三位数制造业。考虑到《中国工业企业数据库》中指标的连续性，本章基于从业人数的角度来分析产业规模，实际上，产值数据因为价格因素导致可比性较差，使用从业人数的优势就是便于进行多个时期的比较。另外，从《中国城市统计年鉴》（2000～2011 年）收集与整理服务业数据以及各地区历年人口、面积等数据。另外，收集和整理区域发展规划、地区五年规划等，用以反映政策因素对于产业增长的影响。

（1）产业集聚度——区位基尼系数（Locational Gini Index）。基尼系数经过发展被应用于对产业空间分布问题的研究，用于刻画产业空间集聚程度，计算方法如下式所示：

$$G_i = \frac{1}{2n^2 s_i} \sum_{k=1}^{n} \sum_{j=1}^{n} |s_{ij} - s_{ik}|$$

其中，s_{ij}、s_{ik} 是地区 j 和 k 在产业 i 中所占的份额，n 是考察地区的个数，s_i是各地区在产业 i 中所占份额的均值。区位基尼系数取值为 [0, 1]，其值越大，表明产业空间分布越不均匀，空间集聚程度越高。当某个产业所有地区均衡分布时，该基尼系数就为 0。如果一个产业几乎完全集中在一个地区，该基尼系数就接近 1。

（2）产业特征。参考以往研究对于产业的分类，本章选择中间投入比重、最终需求比重、规模经济程度、劳动力密集度四个特征来考察产业差异性，具体产业特征指标及其计算方法与数据来源如表 5－1 所示。

---

① 本章用于描述性分析与实证分析的时段选取基于以下原因：改革开放初期（20 世纪 80 年代至 90年代中后期），产业空间格局的变化主要基于体制调整，体现为老工业中心衰落和新工业中心崛起并行；而到了 90 年代中后期，沿海地区的继续发展使区域不均衡程度越来越严重；到 21 世纪初期，工业发展向中西部扩散的趋势日渐明显，大多数产业集聚程度在 2004 年左右进入拐点。本章实质上是关注国内交通发展对于东西部区域均衡发展的影响，选择 1999 年以来从向沿海集聚到向中西部扩散的时段进行分析符合研究需求。另外，因为《中国工业企业数据库》不同年份统计范围有所不同，2010 年（含）之前统计的范围为年主营业务收入在 500 万元及以上的工业企业。2011 年开始统计口径发生了很大变化，仅统计年主营业务收入在 2000 万元及以上工业企业。为了较为一致地分析地区产业分布变化，最终本章将分析时期定在 2010 年之前。

表5-1 产业特征指标及其计算方法与数据来源

产业特征	计算方法	数据来源
中间投入比重	制造业中间投入占总产值的比重	根据2007年全国投入产出表数据计算
最终需求比重	国内最终需求除以产业总销售①	根据2007年全国投入产出表数据计算
规模经济程度	某产业总就业人数与企业数量的比值	根据2007年全国投入产出表数据计算
劳动力密集度	某产业单位总产值中劳动力报酬比重	根据2007年全国投入产出表数据计算

二、交通发展与空间接近测度

本章基于交通可达性来测度地区间的空间接近程度。可达性（Accessibility）反映使用特定的交通系统从某一区位到达目的地的便利程度。最短旅行时间距离是测度可达性的常用方法。最短旅行时间距离是指在某种交通方式下某一节点到达其他节点的最短时间。本章针对公路网络进行交通可达性的分析。一方面，公路是我国的主要运输手段，国内货运的70%依靠公路运输，17%通过铁路运输完成（李涵和黎志刚，2009）；另一方面，铁路网络中车站等级不同使沿线地区并不具有同等的准入地位，度量地级城市间的铁路可达性太过复杂，航空在运输中的占比相对要小很多。另外，为更好地体现本章主题，将可达性赋予市场准入含义。参考Hanson（2005）用地理距离度量到主要市场便捷程度的方法，本章从两个方面来度量地区可达性：一是以到全国性中心城市的最短旅行时间距离来度量可达性，即到上海、北京、天津、广州其中一地的最短旅行时间距离。这些地区的腹地长三角、珠三角和京津冀是中国经济最发达的几大区域，具有很强的经济集聚效应，可视为中心地区；同时，这几个城市也是全国最主要港口或紧邻地区，根据Fujita和Mori（1996）的研究，港口在经济活动的空间分布中能够起到核心的作用。二是以全国性中心城市加上省会（首府）城市代表区域性中心城市，并以到这些城市的最短旅行时间距离来度量可达性，省会（首府）城市通常是我国省域范围内的经济中心，具有重要的区域性影响。

本章构建了交通基础设施数据库，基于正式出版的全国交通地图册，构建了1996~2010年中国大陆地区高速公路、国道、省道的矢量地图。通过利用地理信息系统软件ArcGIS10.2，将全国高速公路干线、国道、省道等进行数字化，建立全国交通网络地理信息数据库，将全国各地级及以上城市抽象为道路网络中的节点，利用ArcGIS网络分析功能获取各节点间的最短旅行时间距离。依据《中华人民共和国公路工程技术标准》（JTGB01—2003），设定等级公路的时速：高

---

① 产业总销售为投入产出表中居民消费、政府消费和固定资本形成三项总和。

速公路为 100 公里/小时，国家级道路为 80 公里/小时，省级道路为 70 公里/小时。

三、实证分析模型

（一）基本模型设定

我们将采用基于 Glaeser 等（1992）和 Henderson 等（1995）的产业增长实证模型，并在此基础上增加了可达性作为解释变量，模型的基本形式如下：

$$Growth_{i,t} = \alpha + \beta Access_{i,t} + \sum_j \delta_j X_{i,t,j} + \varepsilon_{i,t}$$

其中，$Growth_{i,t}$ 代表 i 地区在研究时段内制造业的增长情况，从两个方面来度量。第一，用该地区制造业就业人数占全国制造业总就业人数份额（$\Delta s_{i,t}$）的变化量来衡量，实际上，这个变量也反映了制造业的空间分布变化。计算公式为：$\Delta s_{i,t} = s_{i,t} - s_{i,t-1}$，$s_{i,t}$ 和 $s_{i,t-1}$ 分别表示 t 年和 $t-1$ 年 i 地区制造业就业人数占全国制造业总就业人数的份额。第二，制造业企业进入数量，即每年新建企业数量，因为不同类型的制造业增长带来的就业量增加是有差异的，因此，以就业规模来测度增长未能很好地衡量制造业增长的地区差异。本章对于空间均衡的思考立足于经济活动分布的"中心—外围"格局。研究空间接近对于空间均衡的影响，实质是探索交通发展是会促进"中心—外围"区域间收敛还是发散。为评估空间接近对于空间均衡的影响，需要理解地区经济主体对于可达性提高的反应，而地区制造业增长率是空间主体的反应结果。如果到中心地区可达性的提高，促进了地区制造业的增长，即反映空间趋向于均衡，"中心—外围"的空间集聚格局趋向于弱化，反之则反。

$Access$ 变量是本章研究的核心变量，代表某地区到中心地区的可达性。前文所述的可达性是基于最短旅行时间距离表示，其值越小，可达性越高，为了研究方便，将前文最短旅行时间距离转化为一个正向指标（即其值越大，可达性越高），引入可达性距离衰减函数，$Access_{i,t} = e^{-\mu T}$①。$X_{i,t,j}$ 是一组控制变量，衡量非交通因素对制造业发展的影响，主要包括以下方面：生产要素、市场规模、外部性、其他地区特征。$\varepsilon_{i,t}$ 为随机误差项。

在生产要素方面，本章控制了投资与人力资本变量。投资是影响产业布局的重要因素，本章以社会总投资、外商投资指标来表征地区投资。外商投资规模在一定程度上还能反映一个地区的经济开放度，这也是转轨时期中国地区经济活动力的重要来源。在新经济增长理论中，人力资本被视为促进经济增长的重要因素。国内学者在面临数据约束条件下，采用中等学校师生比率（许政等，2010）、

---

① 参考 Stepniak 和 Rosik（2013）的研究，$u = 0.2$。

平均受教育年限（张学良，2012）、高中或大专学历以上人口比重（刘修岩，2014）等作为人力资本代理变量，本章以高等学校专任教师数量来指代，因为我国高等教育资源集聚的地方通常也吸引并集聚了受教育水平较高的人力资本。

在市场规模方面，主要引入了市场潜力变量，反映了地区可能获得的整体市场规模或需求因素（包括市场、收入等）对地区经济产生的影响。市场潜力的计算基于 Harris（1954）的经典定义，表示为本地区及其他地区的经济规模的一个空间加权值。另外，根据潘文卿（2012）的研究，市场潜力还可视为周边地区经济发展的溢出效应，用以衡量地区经济受周边地区的影响，这也间接弥补了现行技术条件下利用门限模型进行空间计量分析的困难。

在外部性方面，主要通过集聚经济来反映，集聚经济是经济集聚引起的影响产业增长的空间外部性。第一，经济密度，主要用于捕捉一个地区经济活动的密集程度和市场规模的大小。经济密度高的地区通过企业和劳动力在空间上相互接近降低交易成本，提高市场潜能，实现了资源共享、加速知识交流和技术创新，从而促进产业增长。第二，拥挤效应，表示经济集聚引起生产要素成本提高、环境问题等影响产业发展的负外部性，可用经济密度的平方来衡量。经济密度及其平方通常也是集聚效应和拥挤效应的常用代理变量。第三，产业多样性，根据新经济地理理论，专业化经济与多样化经济都在一定程度上有助于产业增长。

另外，对于中国这样一个转轨经济体来说，政策的差异会成为决定地区差异的重要因素。正如吴意云和朱希伟（2015）研究发现，政府产业政策是形成中国工业地理独特演化轨迹的重要因素。因此，在模型中引入了产业政策与区域政策用以说明政府区域发展战略、招商引资倾向性、产业支持力度等政策因素对特定产业的影响。在以制造业总体进行计量分析时，因为不对产业进行区别，故纳入区域政策变量；为挖掘行业差异而进行分行业计量时，纳入产业政策变量。此外，由于经济发展是一个动态过程，制造业当前的集聚程度变化可能依赖过去水平，因而在模型中引入因变量滞后项，从而得到制造业增长的动态模型。具体变量说明、构造方法与数据来源参见表 5-2。

表 5-2 变量说明与数据来源

变量	指标	代号	定义	数据来源
可达性	通行便捷度	$Access$	$Access_{i,t} = e^{-\mu T}$	根据交通网络数据库计算，T 为到中心地区的交通时间
投资	社会总投资	Fix_Invest	固定资产投资总额	中国城市统计年鉴
	外商投资额	FDI	外商实际投资额	中国城市统计年鉴
人力资本	专业技术人员	$Human$	高等学校专任教师数	中国城市统计年鉴

变量	指标	代号	定义	数据来源
市场规模	市场潜力	MP	$$MP_i = \frac{1}{N}\left[\sum_j \frac{E_j}{\delta_{ij}} + \frac{E_i}{\delta_i}\right],$$ $i \neq j$	E_i 为 i 地区的国内生产总值，δ_{ij} 为 i、j 地区间的旅行时间距离，δ_i 表示 i 地区内部旅行时间距离，设定等于 0.5 小时，N 为地区数量
外部性	集聚效应	Density	每平方公里 GDP	根据中国城市统计年鉴计算
外部性	拥挤效应	Density_sq	每平方公里 GDP 的平方	根据中国城市统计年鉴计算
外部性	产业多样性	Specialization	$$SP = \sum_j (s_{ij})^2$$	根据中国工业企业数据库计算，S_{ij} 表示 j 地区中 i 产业所占的就业比重
政府变量	产业政策	Ind_Policy	属于政府规划导向产业，$Ind\_Policy = 1$，否则，$Ind\_Policy = 0$	各省"十五"规划、"十一五"规划政策
政府变量	区域发展政策	Reg_Policy	研究时段内，中央三大区域发展战略覆盖的地区，$Reg\_Policy = 1$，否则，$Reg\_Policy = 0$	西部大开发、中部崛起、东北老工业基地振兴三大区域发展战略
历史基础	因变量滞后变量	Lag_industry	前两年制造业规模（就业规模或企业数量）	中国工业企业数据库

（二）门限回归模型

我们采用由 Hansen（2000）提出的内生门限回归（Threshold Regression，TR）方法来判断随着交通通达性的改善，中心地区对于边缘地区的溢出效应是否存在机制转换。TR 方法的优势则在于通过非线性方法来内生地确定门限值，并应用 Bootstrap 方法对门限值的统计显著性进行检验。其中，作为解释变量的 x_i 是一个 m 维的列向量。q_i 被称为"门限变量"，门限变量既可以是解释变量 x_i 中的一个回归元，也可以是 x_i 之外的独立变量。根据其相应的"门限值"γ，可将样本分成不同的组（门限模型的基本形式如下式所示）[①]。

$$y_i = \theta_1 x_i + e_i, \quad q_i < \gamma$$
$$y_i = \theta_2 x_i + e_i, \quad q_i \geqslant \gamma$$

由于门限回归方法本身具有分阶段回归的特点，免去了实证研究中需要添加 x^2 才能观察 U 形或倒 U 形曲线不同阶段变化的弊端。第一，对称的曲线（U 形

---

① 关于门限回归模型的详细解释，请参见 Hansen（2000）。

或倒 U 形的上升部分和下降部分斜率相同）与现实情况往往不相符合；第二，x 和 x^2 产生多重共线性问题。采用门限回归的方法可以避免上述问题，只需要观察 x 前的系数 θ 的符号和大小就能够确定在不同阶段（由不同门限变量的门限值划分）不同变量（本章中就是交通可达性）的影响程度。

第三节 描述性分析

一、交通发展与空间接近

以交通基础设施投资为主的中国基础设施建设取得了令人瞩目的成就，以高速公路建设为例，自从 1988 年首条高速公路——沪嘉（上海至嘉定）高速公路建成以来，高速公路建设十分迅猛。1996 年，我国高速公路总里程仅为 0.34 万公里，2010 年就达到 7.41 万公里，2014 年进一步提高到 11.19 万公里，"7918"国家高速公路网接近完善。目前，除了西藏以及为数不多的部分西部地区之外，高速公路已经覆盖到了全国绝大多数地级及以上地区了。

交通基础设施的快速发展使空间可达性迅速提高，显著地促进了空间接近，图 5-1 直观地展示这个演进过程。基于 1996 年、2000 年以及 2010 年中国各地区到最近的全国性中心城市或区域性中心城市的最短旅行时间距离的概率分布都可以看出，交通时间概率分布随时间推移呈现向左上偏移的特征，而且在最短旅行时间距离较短区间内的概率分布显著增加。该变化特征充分表明，中国交通基础设施建设已经显著地缩短了地区间的交通时间，促进了时空压缩。

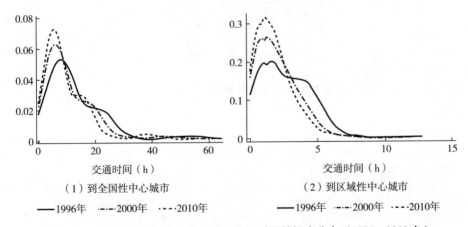

图 5-1 中国各地区到最近中心地区交通时间的概率分布（1996~2010 年）

二、空间均衡变化

(一) 产业集聚变化

本章基于地级层面计算了 1996～2010 年中国工业与制造业的空间集聚指标（见图 5-2），基于工业总产值与就业计算的区位基尼系数变化轨迹都表明，1996～2010 年中国工业或制造业的空间集聚总体呈现出先上升后下降的变化趋势[1]。两个指标所反映的由集聚强化到下降的拐点出现时间有所不同，但基本上在 2004～2006 年[2]。总体而言，从 20 世纪 90 年代末开始，中国经济活动的空间集聚总体水平不断提高，经济空间分布开始进入较长时间的持续集聚强化过程；以 2004～2006 年为转折点，中国经济活动的空间集聚总体水平开始呈现下降趋势，表明经济空间分布开始扩散过程。通过进一步统计 1996～2010 年 103 个行业的空间集聚上升与下降的数量变化情况（见图 5-3），发现空间集聚下降的行业数在 2007～2010 年超过集聚上升的行业数，有 53 个行业的空间分布趋于更分散而非集中。在这之前，更多的行业经历着集聚强化的过程，只有少数行业的集聚程度出现下降。这也从一个侧面反映出中国制造业在近年来逐步开始了较大程度的空间扩散过程。

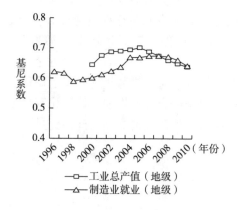

图 5-2 产业空间集聚程度变化趋势

---

① 1998 年后系数有一个较大的转变，其中原因主要是由于 1998 年前后国家统计局工业企业统计数据口径发生重大变化，导致 1998 年前后的统计数据并不完全可比。

② 本章计算所得制造业扩散的拐点与已有研究有所差异，主要原因在于计算的空间尺度不同，之前的研究立足于省级尺度，本章立足于地级尺度。另外，本章中按照工业总产值计算的空间基尼系数的拐点相对按照就业计算的拐点来得更早，主要因为相对而言，中西部地区更多发展了资源密集型产业，而这些产业相对而言劳动密集度要低，因此，以就业来衡量的空间集聚程度转折会滞后于以产值来衡量的拐点。

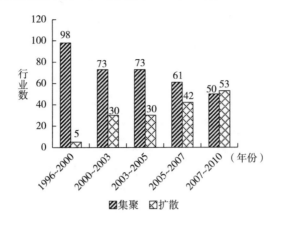

图 5-3 不同时间段内产业集聚程度变化产业数量

为了进一步分析产业集聚变化的行业差异，基于劳动密集度、规模经济、中间投入比重、最终需求比重四个行业特征，按照属性赋值由低到高将 103 个三位数制造业进行四分位分析。简单的图示说明见图 5-4，劳动密集程度较高的产业相对而言表现出更显著的由集聚向扩散的转变过程，而且转折时间点也出现得较早。中间投入比重较低的产业相对而言表现出更显著的由集聚向扩散的转变过程，而且转折时间点也出现得更早；中间投入比重最高的产业持续经历着集聚深化的过程，扩散趋势并未出现。最终需求比重较大的产业在近年来表现出了由集聚向扩散的转变，而最终需求比重较低的行业则并未表现出较为明显的集聚变化趋势。比较特殊的是从规模经济角度的分析，规模经济相对较小的产业集聚程度变化不明显，规模经济相对较高的产业则表现出集聚程度持续升高的趋势，而规模经济最高的产业则在经历了较长时间的集聚深化后，已经逐步转变为扩散过程。总体而言，劳动密集程度越高，或者中间投入比重越低，或者最终需求比重越大的产业，相对而言，越有可能率先经历产业扩散，而空间集聚的变化并未表现出与行业的规模经济属性较为紧密的异质性规律。

（二）制造业区域格局变化

结合以往研究与上文的结论，大多数产业集聚程度在 2004～2005 年前后集聚程度进入拐点，制造业空间分布发生转折性变化，故对比分析了 2000～2004 年与 2005～2010 年两个时间段的制造业增长的空间格局。在 2000～2004 年，制造业明显表现出集聚到东部沿海地区尤其是长三角、珠三角、山东半岛与海峡西岸地区的趋势；但到 2005～2010 年，制造业空间分布趋势发生明显转变，在总体上，中部地区成为制造业增长的热点区域，如安徽、江西的大部分地区以及河南、湖北与湖南的部分地区的制造业在全国的比重有了较大提升；毗邻长三角的苏北地区、广东的粤北地区、鲁西地区、辽中南地区等也是制造业增长较为快速的区域。总体而言，既制造业向沿海地区日益集聚后，毗邻长三角、珠三角等经济区的一些地区成为产业扩散的主要区域。

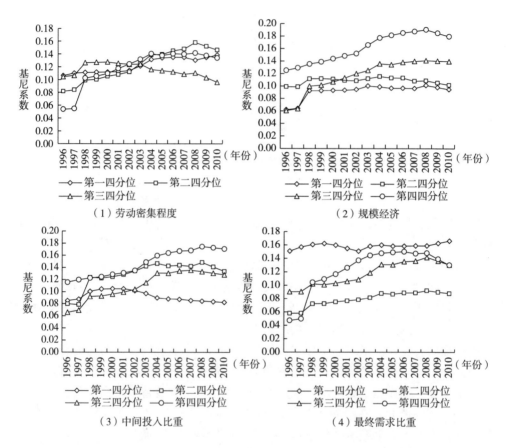

图5－4　不同类型产业集聚程度变化趋势（加权空间基尼系数）

那么究竟交通可达性的提升与地区产业增长之间的关系如何呢？根据上文的研究结果，选择了毗邻长三角、珠三角的安徽、江西全省地市以及苏北地市，描绘了1999～2004年、2005～2010年两个时段内可达性提升与地区制造业就业份额增长的散点图予以直观地展现。结果显示（见图5－5），在1999～2004年，这些地区的产业在全国比重基本表现为负增长；而2005～2010年，这些地区的产业在全国比重基本表现为正增长。总体而言，到中心地区可达性提升与产业增长之间的关系呈现出阶段性的变化，早期可达性的提升更多地引致了负面效应，而后期可达性的提升更多地引致了正面效应，但是这一结论是否可靠依然需要进行更为严谨的检验。为此，我们将在下文中利用计量经济模型进行检验。

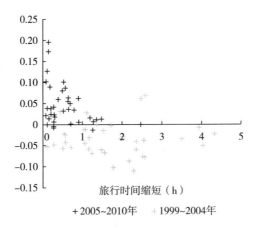

图 5 - 5　长三角、珠三角毗邻地区可达性提升与制造业份额变化

第四节　实证分析

一、空间接近影响地区产业增长的非线性关系

为了分析空间接近对于空间均衡是否存在倒 U 形的非线性关系，我们选择到中心地区旅行时间作为门限变量，并以到中心地区可达性为核心解释变量，分析地区产业增长与可达性之间的非线性关系。首先寻找门限个数以确定模型的形式，通过依次在不存在门限、一个门限和两个门限等逐步增加门限数量的设定下对模型进行估计。表 5 - 3 显示，以到全国性中心城市旅行时间作为门限变量的估计中，对于以制造业就业份额变化、新建企业数量分别为被解释变量的模型中均发现了两个门限值，对应于每个门限值 Bootstrap p 值均十分显著。以到区域性中心城市旅行时间作为门限变量的估计中，对于以制造业就业份额变化、新建企业数量分别为被解释变量的模型中均只发现了一个门限值的 Bootstrap p 值十分显著，主要原因在于，大多数地区到省会城市的距离都相对有限，以到全国性中心城市旅行时间的第二个门限值 5 小时为参考，绝大多数达不到出现第二个门限变化的距离。

表 5-3　交通发展影响地区产业增长门限模型门限值估计及其概率值

门限变量	被解释变量	门限检验	门限值	95% 置信区间	Bootstrap P 值
到全国性中心城市的可达性	制造业份额变化	单一门限检验	2.87	[2.5200, 2.9500]	0.0095
		双重门限检验	4.56	[3.6804, 7.3300]	0.0540
	新建企业数量	单一门限检验	2.75	[2.6500, 2.7762]	0.0000
		双重门限检验	5.13	[4.9976, 5.4751]	0.0371
到区域性中心城市的可达性	制造业份额变化	单一门限检验	1.96	[1.5700, 1.7400]	0.0005
		双重门限检验	4.05	—	0.2725
	新建企业数量	单一门限检验	1.87	[1.5200, 1.5500]	0.0025
		双重门限检验	3.88	—	0.6142

　　针对到全国性中心城市旅行时间为门限变量的估计结果，以制造业就业份额变化与新建企业数量分别作为被解释变量的模型的门限值非常接近，这间接地说明到中心地区可达性对于地区产业增长具有较为稳健的规律。以制造业就业份额变化作为产业增长的代理变量来看，在 T = 2.87（小时）处出现第一个机制转换，在 T = 4.56（小时）处出现第二个机制转化；以新建企业数量作为代理变量来看，在 T = 2.75（小时）处出现第一个机制转换，在 T = 5.13（小时）处出现第二个机制转换。无论基于哪个解释变量，这些门限值将样本按照到中心地区可达性影响地区产业增长差异划分为三个变化区间，三个区间的划分与许政等（2010）研究发现中国城市经济增长和到大港口（与本章所指的中心地区基本一致）的地理距离存在"⌣"形关系相互呼应。大致而言，可达性对于地区产业增长大约会在距离中心地区 3 小时和 5 小时旅行时间左右处出现影响方式的转换。而且，值得注意的是，旅行时间拐点的数值与关于经济增长溢出效应空间范围的研究结果基本类似。如 Bottazzi 和 Peri（2003）、Hanson（2005）等分别以技术溢出、市场潜能等为视角的研究发现，地区间溢出效应的衰减距离基本位于 200~300 公里范围。本章的结果表明中心地区的正向空间溢出效应在 3 小时旅行时间范围内，按照本章可达性计算所设定的路网速度参数，也大约相当于 250~300 公里，这也从侧面再一次表明了本章研究结果的稳健性。不过，针对到区域性中心城市旅行时间为门限变量的估计结果，以制造业就业份额变化作为产业增长的代理变量来看，在 T = 1.96（小时）处出现第一个机制转换，以新建企业数量作为代理变量来看，在 T = 1.87（小时）处出现第一个机制转换，大致而言，可达性对于地区产业增长大约会在距离中心地区 2 小时旅行时间左右处出现影响方式的转换，这个值要明显小于全国性中心地区的空间影响范围。

　　为了进一步分析到中心地区可达性差异对于不同空间单元的影响程度，根据门限值估计结果，针对以到全国性中心地区旅行时间作为门限变量的估计，采用双重门限模型将样本按照可达性变量差异划分成三组性质不同的子样本（近距离组、中距离组和远距离组）；针对以到区域性中心城市旅行时间作为门限变量的估计，采用单一门限模型将样本按照可达性变量差异划分成两组性质不同的子样本（近距离组和远距离组）。对这几组样本进行怀特异方差调整后的最小二乘估计，估计结果分别如表5-4与表5-5所示。

以到全国性中心地区旅行时间为门限变量的估计结果显示（见表5-4），无论基于哪个被解释变量，三组样本的组间差异均较为明显。总体来看，到全国性中心地区可达性对于地区产业增长影响存在倒U形的变化，即中心地区对于外围地区的溢出效应随着空间接近存在倒U形的非线性变化。以制造业就业份额变化作为产业增长的代理变量来看，中距离与近距离组的可达性变量系数有显著不同。对于可达性居中的一组（2.87 < T < 4.56），可达性对于地区制造业增长的贡献显著为负，这意味着对于距离中心地区旅行时间在3~5个小时的区域，中心地区的影响以极化效应为主，到中心地区可达性提升会抑制本地的产业增长。但随着可达性的进一步提升，在下一个截断面上（T < 2.87），可达性与产业增长的关系发生了转变，可达性对于地区制造业增长的贡献显著为正，这意味着对于距离中心地区旅行时间约在3小时以内的地区，中心地区更明显地表现出扩散效应，可达性的提高能够显著推动本地制造业的增长。以新建企业数量作为产业增长的代理变量来看，中距离与近距离组的可达性变量系数都不具备显著性，但是，两组系数的符号发生由负向正的转变，对于中距离组地区（2.75 < T < 5.13），可达性对于地区制造业增长的贡献为负，而对于近距离组地区（T < 2.75），可达性的贡献为正。虽然两者都不具有显著性，但仍旧可以判断，两类地区的产业增长受到中心地区可达性的影响具有明显差异性。对于中距离组地区，在到中心地区可达性未提高到一定程度之前，随着可达性的提升，更容易受到负面影响。但随着可达性的进一步提升并越过某个门限值（T < 2.75），可达性对于地区制造业增长的贡献转变为正，与中心地区的空间接近显著推动本地制造业的增长，而且从系数值来看，这个推动作用还是比较大的。

表5-4 以到全国性中心城市旅行时间为门限变量的门限回归模型估计结果

	制造业份额变化			新建企业数量		
	（1）	（2）	（3）	（4）	（5）	（6）
	T > 4.56	2.87 < T < 4.56	T < 2.87	T > 5.13	2.75 < T < 5.13	T < 2.75
Access	0.0013*	−0.0524***	0.0664**	0.8514	−0.4293	19.3276
	(0.0006)	(0.0150)	(0.0215)	(0.6716)	0.6389	(15.9514)

续表

	制造业份额变化			新建企业数量		
	（1）	（2）	（3）	（4）	（5）	（6）
	T > 4.56	2.87 < T < 4.56	T < 2.87	T > 5.13	2.75 < T < 5.13	T < 2.75
Lag_industry	19.7858 ***	17.3325 ***	10.3405 ***	10774.2 ***	10758.3 ***	6004.562 ***
	(1.0179)	(3.2841)	(2.8271)	(913.5873)	(913.058)	(1428.76)
MP	0.0006 *	0.0008 ***	0.0014 **	0.8968 ***	0.9017 ***	1.6219 ***
	(0.0003)	(0.0006)	(0.0009)	(0.0952)	(0.0949)	(0.5923)
Specialization	0.0607 **	− 0.1077	− 0.1031	− 15.8739	− 18.9194	− 262.7215
	(0.0332)	(0.1225)	(0.5308)	(26.5984)	(26.5341)	(305.0918)
Human	0.0365	0.0474	0.0388	0.0096	9.8815	0.0082
	(0.0051)	(0.0166)	(0.0366)	(0.0521)	(5.2006)	(0.1369)
Density	0.0205	0.2098 **	0.0068	40.1281	52.6412 **	78.8537 ***
	(0.0341)	(0.0873)	(0.0405)	(25.2081)	(34.9226)	(40.8929)
Density − sq	− 0.4493 ***	− 0.1411	− 0.0571 ***	− 39.1487 ***	− 24.5721	− 15.8224 ***
	(0.0659)	(0.4003)	(0.0207)	(23.9123)	(14.1012)	(10.4270)
invest	0.2226 ***	0.0052	− 0.0689	408.3734 *	362.7772 ***	38.7888
	(0.0558)	(0.1725)	(0.3289)	(56.0525)	(52.69617)	(167.7221)
FDI	15.5344 ***	139.7857 ***	45.7223 ***	7048.6523 ***	6034.2431 **	2801.2511 *
	(4.1342)	(20.1269)	(14.3584)	(4217.4991)	(3199.583)	(1155.256)
Regional Policy	0.0213 *	0.0176 *	0.0188	0.4134 *	0.3763 *	0.1883
	(0.0104)	(0.0091)	(0.0114)	(0.1103)	(0.0897)	(0.1254)
cons	0.0247 ***	0.0263 ***	0.2618 ***	20.7382 ***	29.9468 ***	27.7918 ***
	(0.0081)	(0.0743)	(0.0701)	(3.8811)	(5.9142)	(7.3428)
观察值	2206	517	658	2135	679	594
R − sq：within	0.4992	0.4260	0.4404	0.3331	0.3171	0.3325
sigma_u	0.0623	0.0492	0.0899	28.2436	25.235631	28.2683
sigma_e	0.0313	0.0291	0.1241	33.2076	32.369644	33.1928
rho	0.7980	0.7407	0.3440	0.4197	0.37802766	0.4203
Hausman 检验值	45.13	29.89	32.07	117.25	115.45	139.10
p 值	0.0000	0.0004	0.0003	0.0000	0.0000	0.0000

注：括号中的值是标准差，*** 、** 、* 分别表示在1% 、5% 、10%水平上显著。

以到区域性中心城市旅行时间为门限变量的估计结果显示（见表 5 – 5），无论基于哪个被解释变量，两组样本的组间差异均较为明显。总体来看，到区域性中心城市可达性对于地区产业增长影响也存在一定的倒"U"形的非线性变化。以制造业份额变化作为产业增长的代理变量来看，远距离组和近距离组的系数符号发生由负向正的转变，对于远距离组地区（$T > 1.96$），可达性对于地区制造业增长的贡献为负；对于近距离组地区（$T < 1.96$），可达性对于地区制造业增长的贡献为正。虽然前者不具有显著性，但仍旧可以判断，两类地区产业增长受到中心地区可达性的影响具有明显差异。在到中心地区可达性未提高到一定程度之前，随着到中心地区可达性的提高，较为可能会受到负面影响。但随着可达性的进一步提升并越过某个门限时，可达性对于地区制造业增长的贡献转而表现为正。以新建企业数量作为产业增长的代理变量来看，远距离组和近距离组的系数符号也发生由负向正的转变，对于远距离组地区（$T > 1.87$），可达性对于地区制造业增长的贡献为负；对于近距离组地区（$T < 1.87$），可达性对于地区制造业增长的贡献为正。虽然前者也不具有显著性，但仍旧可以判断，在到中心地区可达性未提高到一定程度之前，随着到中心地区可达性的提高，较为可能受到负面影响。但随着可达性的进一步提升并越过某个门限值后，可达性对于地区制造业增长的贡献将转而为正。

表5-5 以到区域性中心城市旅行时间为门限变量的门限回归模型估计结果

	制造业份额变化		新建企业数量	
	（1）	（2）	（3）	（4）
	$T > 1.96$	$T < 1.96$	$T > 1.87$	$T < 1.87$
Access	-0.0219	0.0386 ***	-0.5161	10.6701 *
	(0.1829)	(0.0112)	(2.1481)	(4.9935)
Lag_industry	15.9152 ***	13.7663 ***	7493.315 ***	3270.653 ***
	(8.7001)	(7.2464)	(1236.953)	(717.0098)
MP	0.0043	0.0008	0.4928 ***	0.3249 **
	(0.0113)	(0.0123)	(0.1368)	(0.1269)
Specialization	5.2780 *	5.1825	-47.9027	-88.1898
	(3.1013)	(12.1551)	(31.6884)	(71.8107)
Human	0.0071 ***	0.0034 ***	0.0521 ***	0.0585
	(0.0016)	(0.0009)	(0.017)	(0.0052)
Density	0.0107	0.0734	40.1134	36.7612
	(0.0125)	(0.0432)	(23.7231)	(21.1295)

续表

	制造业份额变化		新建企业数量	
	(1)	(2)	(3)	(4)
	T > 1.96	T < 1.96	T > 1.87	T < 1.87
Density - sq	-0.2313*	-0.0413***	-23.4312***	-17.3424***
	(0.0361)	(0.0105)	(13.2317)	(11.0821)
invest	0.0023	0.0019	58.3062***	30.1235***
	(0.0088)	(0.0012)	(29.3876)	(17.2132)
FDI	14.2033***	27.4921***	6227.981	7268.123*
	(1.5217)	(1.7202)	(5123.856)	(4127.541)
Regional Policy	0.0275*	0.0212	0.2971	0.3075*
	(0.0123)	(0.0021)	(0.3334)	(0.1023)
cons	0.0469***	0.02652***	12.2382***	37.6418***
	(0.0071)	(0.0112)	(1.2650)	(11.9371)
观察值	1606	1333	1469	1472
R - sq：within	0.3969	0.4188	0.5309	0.3400
sigma_u	6.6458	8.8596	25.4829	33.6249
sigma_e	4.2551	7.6298	32.5923	44.4597
rho	0.7092	0.57416	0.3793	0.3638
Hausman 检验值	38.65	29.27	36.18	38.03
p 值	0.0000	0.0000	0.0000	0.0000

注：括号中的值是标准差，***、**、*分别表示在1%、5%、10%水平上显著。

空间接近对于地区产业发展的非线性影响很大程度上是由于中心地区对其他地区正面的"溢出效应"和负面的"虹吸效应"的有效空间范围差异造成的。一方面，中心地区能够通过扩散效应等方式带动相对落后的经济发展，但这种溢出效应的空间范围较为有限。如 Hanson（2005）等研究表明地区间溢出效应的衰减距离基本在200~300公里，韩峰和柯善咨（2012）对于中国制造业集聚的研究发现，基于投入产出、劳动力可得性的空间外部性有效范围在100~300公里，技术溢出的空间外部性在100公里以内，而很多知识溢出的空间范围只会局限在本地范围（Rosenthal & Strange，2001）。与之相对应的是，空间接近会便利劳动力、资本等生产要素的跨区域流动从而增强中心地区对相对落后地区的虹吸效应，而这种虹吸效应的空间范围较大，生产要素会在广阔的空间内流动，如中国人口迁移距离表现为近邻流动、中程流动与远程流动并重，人口流动受地区经济发展程度影响（陈丙欣和叶裕民，2013）。因此，当到中心地区的可达性提高到一定程度之前，空间接近很大程度上便利了本地生产要素向中心地区流动，而受到溢出效应却比较有限，本地发展受到限制；随着可达性进一步提高，本地能够更多地分享中心地区的溢出效应，从而促进本地发展。另外，全国性中心城市相比于区域性中心城市，具有更强大的辐射能力，辐射范围更为广阔；而以省会城市为主的区域性中心城市由于经济规模相对较小，以及存在其他较多同等乃至更大经济集聚能力城市在生产要素等方面的竞争，总体上辐射影响范围要局限许多。

二、稳健性检验

为检验结论的稳健性，本章首先试图将全国分为东部、中部、西部和东北四个区域，针对每个区域，再次分别以制造业份额变化和新建企业数量为被解释变量，各自以到全国性中心城市和到区域性中心城市旅行时间为门限变量，分析地区产业增长与可达性之间的非线性关系。在不存在门限、一个门限和两个门限等逐步增加门限数量的设定下对模型进行估计。在以到全国性中心城市旅行时间为门限变量的回归结果中发现，只有东部地区表现为存在两个显著的门限值，中部地区表现为存在一个显著的门限值，其他地区并未表现出有显著的门限值。可能的原因在于除东部、中部地区以外，其他地区距离全国性中心城市距离都非常远，并未能达到本章考察的非线性关系的距离区间。其实这也从侧面表明了到中心地区的可达性是影响地区产业增长的一个重要因素。另外，本章还试图按照经济发展水平、经济密度、城市规模、产业结构等方面划分地域并进行分类回归，结果发现，基于这些方面的地区差异实际上也表现为明显的东西分异格局，分类回归结果与之前的区域分类估计类似。因此，为避免这方面的问题，本章选择按照四位数地级行政区划代码进行区域分类①，将代码尾号为基数的归为 1 组，尾号为偶数的归为 1 组。由于行政区划代码是外生的，按尾号奇偶数可以较为均匀地将地区分类，且排除内生的东西区域分异的影响。

按行政区划代码分组的检验结果发现（见表 5 - 6 与表 5 - 7），门限个数、数值以及不同区间可达性变量的系数与之前的全样本估计基本一致。其中，针对以到全国性中心城市旅行时间为门限变量的估计，两组样本分别以制造业就业份额变化、新建企业数量为被解释变量的模型中均发现了两个显著的门限值，而且

①　行政区划代码按照国家统计局 2008 年县及县以上行政区划代码确定，其他年份统一为 2008 年代码，前四位可以表示地级地区（也包括直辖市）代码，如北京市代码为 1100，河北省石家庄市为 1301 等。

相对应的门限值也非常接近。总体而言,这些门限值将样本按照到中心地区可达性影响地区产业增长差异划分为三个变化区间,各区间可达性系数估计值或显著性水平存在较大变化,特别是在可达性未提高一定程度之前,到中心地区旅行时间距离的缩短对于地区制造业增长的贡献显著为负,但可达性进一步提高对地区制造业增长的贡献显著为正。大致而言,到全国性中心城市可达性对于地区产业增长的影响方式大约会在距离中心地区 3 小时和 5 小时旅行时间左右处出现转换。针对以到区域性中心城市旅行时间距离为门限变量的估计,两组样本分别以制造业就业份额变化、新建企业数量为被解释变量的模型中均只发现了一个显著的门限值,相对应的门限值也非常接近。总体而言,到区域性中心城市可达性影响地区产业增长差异可以划分为两个变化区间,远距离与近距离组的可达性变量估计系数发生由负到正的偏转,虽然多数估计值都不显著,但是也表现出了可达性对于地区产业增长影响的非线性变化。大致而言,到区域性中心城市可达性对于地区产业增长大约会在距离中心地区 2 小时旅行时间左右处出现影响方式的转换。

表 5-6 按区域划分的地区产业增长门限模型门限值估计及其概率值

门限变量	区域	被解释变量	门限检验	门限值	Bootstrap P 值
到全国性中心城市旅行时间	地区 1 组	制造业份额变化	单一门限检验	2.88	0.0182
			双重门限检验	5.03	0.0720
		新建企业数量	单一门限检验	3.06	0.0100
			双重门限检验	4.97	0.0259
	地区 2 组	制造业份额变化	单一门限检验	2.97	0.0185
			双重门限检验	4.81	0.0512
		新建企业数量	单一门限检验	2.71	0.0077
			双重门限检验	5.07	0.0441
到区域性中心城市旅行时间	地区 1 组	制造业份额变化	单一门限检验	1.94	0.0185
	地区 2 组		单一门限检验	1.97	0.0149
	地区 1 组	新建企业数量	单一门限检验	1.82	0.0086
	地区 2 组		单一门限检验	1.90	0.0113

总结而言,通过对不同地区样本进行实证检验依然可以得到稳健的结果,表明中心地区可达性对于地区产业增长具有较为稳健的规律。无论是到全国性中心城市还是区域性中心城市的可达性对于地区产业增长影响都存在倒 U 形的变化,即中心地区对于外围地区的溢出效应随着空间接近存在倒 U 形的非线性变化。不

过，全国性中心城市与区域性中心城市对于地区产业增长的影响在空间范围上具有明显的差异性。

表5-7 按区域划分的地区产业增长内生门限回归模型的估计结果

		制造业份额变化		新建企业数量	
		地区1组	地区2组	地区1组	地区2组
到全国性中心城市的可达性为门限变量	Access_low	0.0020 **	0.0012 **	0.8511	0.6418
		(0.0008)	(0.0006)	(0.9084)	(0.8147)
	Access_middle	−0.0562 ***	−0.0457 ***	−0.5878 *	−0.4983
		(0.0134)	(0.0133)	(0.0299)	(0.5575)
	Access_high	0.0612 **	0.0702 **	12.6101	20.0005
		(0.0162)	(0.0183)	(14.856)	(18.1275)
	观察值	1462	1426	1416	1388
	R－sq：within	0.4876	0.4307	0.3421	0.3145
到区域性中心城市的可达性为门限变量	Access_low	−0.0288	−0.0229	−0.5775	−0.5018 *
		(0.0405)	(0.0381)	(0.7120)	(0.2486)
	Access_high	0.0354 ***	0.0388 **	9.9831 ***	10.7876 **
		(0.0101)	(0.0129)	(3.1607)	(4.9100)
	观察值	1462	1426	1416	1388
	R－sq：within	0.4036	0.4274	0.4791	0.3562

注：①括号中的值是标准差，***、**、* 分别表示在1%、5%、10%水平上显著；②Access_low、Access_middle 与 Access_high 分别表示旅行时间距离高、中和低区间内的可达性提升的影响；③为节省篇幅，汇报结果中将所有控制变量隐去。

三、空间接近影响产业增长的行业特征

为了分析空间接近对于产业经济的影响是否存在产业特征差异，我们进行了两轮门限回归。在第一轮中，选择中间投入比重、最终需求比重、规模经济、劳动力密集度四个产业特征变量分别作为门限变量，以到全国性中心城市可达性为核心解释变量，分析产业增长与可达性之间的关系是否与产业属性有关，然后根据门限值，将产业根据属性强弱分为若干组进行第二轮门限回归。在第二轮中，将到中心地区的旅行时间距离作为门限变量，进一步详细分析不同属性产业的增长受可达性变化的影响。这种处理方法能够对不同类别产业（由门限变量的门限值确定）的地区增长受空间接近的影响进行准确的估计。

第一轮的门限回归结果表明，产业的中间投入比重、最终需求比重、劳动力密集度三个指标都可能成为门限变量，每个不同门限变量分别发现了1~2个显著的门限值，表明产业增长与可达性之间的关系与这些产业的行业特征有关。规模经济（Scale）作为门限变量的 Bootstrap p 值都不显著，因此停止将产业按规模经济属性不同值分组分析。这也意味着，不同规模经济属性的产业，其发展受空间接近的影响并没有较为显著的一致性规律。究其原因可能在于，政府产业规划往往会导向建立大规模企业，规模经济属性较强的产业受政府主导的影响非常显著，所以，到中心地区的可达性可能不是影响不同规模经济属性产业区位选择的明显因素。第二轮门限回归结果显示，不同类型产业的增长存在可达性门限效应，除了高劳动密集度产业之外，其他每个类型的产业中，到中心地区的旅行时间作为门限变量均被发现了1个显著的门限值。如此表明，按中间投入比重、最终需求比重、劳动密集度差异进行分组的产业受到中心地区可达性变化的影响存在较为明显的转变趋势。

表5-9展示了不同特征产业的地区增长受到中心地区可达性的非线性影响。从劳动密集程度来看，对于低劳动密集型产业，到中心地区旅行时间较长的地区与到中心地区旅行时间较短的地区，可达性提高与产业增长之间都表现为正相关，但是前者不具备显著性；对于高劳动密集型产业，可达性对于产业增长并不具备"门限效应"，高可达性与低可达性地区两者可达性的提高与产业增长表现为正相关关系，但并不显著。不过，表5-8关于产业特征门限值的结果表明，高劳动密集型产业受中心地区积极影响的拐点可能出现得更早，基本可以认为，可达性与产业增长的关系与产业的劳动密集程度有关，高劳动密集型的产业与受到中心地区可达性提高的影响不显著，低劳动密集度产业的地区增长受到中心地区可达性的非线性影响，当到中心地区可达性足够高时，进一步提高可达性能够明显促进地区产业增长。总结而言，随着到中心地区可达性的提高，劳动密集度更高的产业更容易率先受到中心地区正溢出效应，乃至更早地发生空间扩散。

表5-8 交通发展影响的产业特征差异门限模型门限值估计及其概率值

类别	门限变量	门限检验	门限值	Bootstrap p 值
	第一轮门限回归			
产业特征	劳动力密集度（Labor）	单一门限检验	0.0850	0.0850
	规模经济（Scale）	单一门限检验	0.0386	0.2312
	中间投入比重（Input）	单一门限检验	0.7864	0.0040
		双重门限检验	0.8019	0.0170
	最终需求比重（Final）	单一门限检验	0.2008	0.0120

续表

类别	门限变量	门限检验	门限值	Bootstrap p 值
第二轮门限回归				
劳动力密集度低	可达性（access）	单一门限检验	2.79	0.0060
劳动力密集度高	可达性（access）	单一门限检验	5.65	0.3686
中间投入比重低	可达性（access）	单一门限检验	3.11	0.0899
中间投入比重中	可达性（access）	单一门限检验	3.09	0.0847
中间投入比重高	可达性（access）	单一门限检验	2.87	0.0905
最终需求比重低	可达性（access）	单一门限检验	3.05	0.0721
最终需求比重高	可达性（access）	单一门限检验	2.97	0.0912

表 5-9　基于交通发展影响的产业特征差异门限回归模型的估计结果

	劳动密集度		中间投入比重			最终需求比重	
	（1）	（2）	（3）	（4）	（5）	（6）	（7）
	低	高	低	中	高	低	高
Access_low	0.0081	0.0410	0.0357 *	0.0399	-0.0013	0.0328	-0.0118
	(0.0090)	(0.0421)	(0.0151)	(0.0539)	(0.0317)	(0.0219)	(0.0825)
Access_high	0.0403 **	0.0528	0.0463 ***	0.0584 **	0.0299	0.0255 **	0.1444 ***
	(0.0191)	(0.0202)	(0.0171)	(0.0290)	(0.0124)	(0.0103)	(0.0477)
观察值	24960	14208	16668	12708	9792	23468	15700

注：①括号中的值是标准差，＊＊＊、＊＊、＊分别表示在1%、5%、10%水平上显著；②Access_low 与 Access_high 分别表示通行时间距离高和低区间内的可达性提升的影响；③为节省篇幅，汇报结果中将所有控制变量隐去。

从产业的中间投入比重来看，按属性值高低划分的三类产业的增长受到中心地区可达性的影响都表现出了较为明显的门限效应，但是存在显著的产业差异。对于较低中间投入比重的产业而言，可达性提高一直表现出较为明显的促进作用（可达性系数在两个阶段都显著为正），只是在可达性达到较高程度后，这种促进作用更强了（系数更大，也更为显著）。对于中度中间投入比重的产业而言，可达性的门限效应更为明显，在可达性未提高到一定程度之前，其对于产业增长的促进作用并不显著；而在可达性提高到一定程度之后，其对产业增长表现出显著的促进作用。对较大中间投入比重的产业而言，可达性变量的系数经历了由负到正的转变，虽然都不显著，但也反映一定的趋势：可达性对于产业增长的影响经历了由抑制到促进的转变。总体来看，可达性对于地区产业增长的影响与产业的中间投入比重有关，中间投入比重不高的产业，可达性的提高将会积极促进产业增长，而对中间投入依赖程度高的产业，可达性的提高并不总能带来积极作用，甚至在可达性较差的阶段，可达性的提高还会产生抑制作用。这意味着，在到中心地区可达性提高的过程中，对中间投入依赖程度不高的产业，将率先获得积极影响；而对中间投入依赖程度较高的产业可能会受到抑制，而且，只有当可达性提高到足够高的时候，这种抑制作用才会逐步得到缓解。

从产业的最终需求比重来看，对于最终需求比重较低的产业，到中心地区可达性对于产业增长表现出了较为明显的门限效应，对于可达性较差的地区与可达性较高的地区，可达性与产业增长都表现出正相关，但是前者不具备显著性；对于最终需求比重较高的产业，到中心地区可达性对于产业增长影响的门限效应比较显著，在可达性较差的阶段，可达性的提高对于产业增长表现出负面效应，不过并不显著，但是在可达性提高到门限值之后，可达性与产业增长表现出显著正相关，可达性的提高对于产业增长表现出显著正面效应。这意味着可达性对地区产业增长的影响与产业的最终需求比重属性有关。在到中心地区可达性提高的过程中，较低最终需求比重的产业将率先获得积极影响；而较高最终需求比重的产业将在可达性提高的初期受到抑制，直到可达性提升到足够高的时候，这种抑制作用才会逐步得到缓解并逐渐转变为促进作用。

总体来看，不同属性的产业受可达性的影响程度存在较为显著的差异。高劳动密集型产业受中心地区积极影响的拐点可能出现得更早。不同中间投入比重的产业受到中心地区可达性的影响表现出较为明显的变化趋势，对中间投入依赖程度不高的产业，将率先获得中心地区积极影响；不同最终需求比重的产业受到中心地区可达性的影响也表现出较为明显的变化趋势，较低最终需求比重的产业将可能率先获得积极影响。

第五节　本章小结

本章基于交通发展与中国制造业地区增长格局的角度，探讨了空间接近对于空间均衡的非线性影响与内在机制。首先，到中心地区可达性对于地区产业增长存在倒 U 形的变化，即中心地区对于外围地区的溢出效应跟随可达性的变化存在倒 U 形的非线性变化。在可达性未提高到一定程度之前，到中心地区时间距离的缩短会抑制本地产业增长，但随着可达性的进一步的提高，可以显著推动地区产业增长。其次，空间接近对于空间均衡的影响还表现出产业差异，其中，劳动密集度、中间投入比重、最终需求比重等特征是影响产业空间扩散次序的重要属性，中心—外围地区间良好的交通基础设施通过提高可达性可能会率先促使外围地区某些劳动密集度高、中间投入比重低、最终需求比重较低的产业活动的繁荣。

本章的研究在一定程度上印证了新经济地理学理论，交通发展通过降低贸易成本改变产业区位选择，从长期来看，贸易成本下降使经济活动集聚程度呈倒 U 形发展趋势。为此，对于辩证地认识交通基础设施建设与区域均衡的关系具有重要意义。"十三五"期间乃至未来更长的时间，交通基础设施的投入仍将是我国进行区域开发的重要手段。在中国区域一体化趋势加快的宏观背景下，我们迫切需要研究交通发展导致日益提高的空间接近如何影响区域发展格局，从而更好地实现交通基础设施建设与区域发展目标的协调性。以往很多研究证实了交通基础设施有助于差异增长，但也不能忽视交通发展带来的空间接近对于地区产业增长存在非线性影响的过程。在交通发展的一定时期内，空间接近可能会对外围地区产生负的溢出效应。这促使我们需要冷静看待"通过交通基础设施促成经济空间均衡的期望"，并再一次客观面对空间接近和空间均衡经常难以同时实现的事实。经济活动的空间分布具有不可违背的内在规律，在一定程度上，空间集聚是实现高效率生产的必然空间组织形式，忽视集聚而盲目追求空间均衡可能是愿景美好但缺乏效率的策略。

不过我们也不能因此否定交通发展对于国家区域发展以及对于落后地区的重要意义。空间接近有助于优化经济空间的内在组织结构、提供空间效率。正如以往很多研究以及本章的发现所言，交通发展通过降低区域间的联系成本，将会有效地促进中心—外围地区间的分工与合作。空间接近有助于促进各地区之间优势互补从而提高经济效率；贸易成本降低也有助于提高落后地区的市场准入，这对于落后地区优势产业的发展也是裨益良多。当中心地区由于经济集聚的拥挤效应增强时，空间接近也利于促进中心与外围的比较优势更快地转化，促进新的增长向外围地区扩散。因此，交通发展的意义在于促进区域一体化的深入，促进资源在地区间的优化配置，提高空间效率。

本章的研究还存在值得进一步拓展的方向。虽然我们在整体上找到了空间接近对空间均衡具有非线性变化影响的证据，但是仍需要进一步分析交通发展对于具有不同特征地区的区位、发展水平、产业结构等方面的影响程度、大小甚至方向。而且未来产业发展模式、空间生产网络等都有可能随着技术革新而发生巨大变化，此时，空间接近又将如何塑造区域分工并影响空间均衡又是一个更为复杂、但很有探索意义的研究课题。而且，本章仅从制造业角度探讨空间均衡也并不全面，空间接近也会影响现代服务业在空间上的不均衡发展。另外，本章仅针对公路网络来探讨，实际上也忽视了很多诸如铁路等交通基础设施的影响，并且，随着高铁网络的扩展与完善，其对于未来区域经济的影响至关重要，也值得深入探讨。

本章参考文献

［1］ Aiginger K, Rossi – Hansberg E. Specialization and Concentration: A Note on Theory and Evidence［J］. Empirica, 2006, 33（4）: 255 – 266.

［2］ Baldwin R, Forslid R, Martin P, Ottaviano G, Robert – Nicoud F. Economic Goegraphy and Public Policy［M］. Princeton, NJ: Princeton University Press, 2003.

［3］ Bottazzi L, Peri G. Innovation and Spillovers in Regions: Evidence from European Patent Data［J］. European Economic Review, 2003, 47（4）: 687 – 710.

［4］ Boarnet M G. Spillovers and the Locational Effects of Public Infrastructure［J］. Journal of Regional Science, 1998, 38（3）: 381 – 400.

［5］ Brülhart M, Torstensson J. Regional Integration, Scale Economies and Industry Location in the European Union［J］. Social Science Electronic Publishing, 1996, 142（1 – 2）: 102 – 110.

［6］ Cantos P, Gumbau – Albert M, Maudos J. Transport Infrastructures, Spillover Effects and Regional Growth: Evidence of the Spanish Case［J］. Transport Reviews, 2005, 25（1）: 25 – 50.

［7］ Combes P. P, Lafourcade M. Transport Costs Decline and Regional Inequalities: Evidence from France［Z］. Cepr Discussion Papers, 2001.

［8］ Combes P. P, Lafourcade M. Competition, Market Access and Economic Geography: Structural Estimations and Predictions for France［J］. Regional Science and Urban Economics, 2011, 41（6）: 508 – 524.

［9］ Faber B. Trade Integration, Market Size, and Industrialization: Evidence from China's National Trunk Highway System［J］. Review of Economic Studies, 2014, 81（3）: 1046 – 1070.

［10］ Faini R. Cumulative Process of Deindustrialization in an Open Region: The Case of Southern Italy［J］. Journal of Development Economics, 1983, 12（3）: 277 – 301.

[11] Finders M, Tatum A. Death of Distance? Economic Implications of Infrastructure Improvement in Russia [J]. Eib Papers, 2008, 13 (2): 126-147.

[12] Fujita M, Mori T. The Role of Ports in the Making of Major Cities: Self Agglomeration and Hub-effect [J]. Journal of Development Economics, 1996, 49 (1): 93-120.

[13] Fujita M, Mori T. Transport Development and the Evolution of Economic Geography [J]. Portuguese Economic Journal, 2005, 4 (2): 129-156.

[14] Forslid R, Haaland J I, Knarvik K H M. A U-shaped Europe: A Simulation Study of Industrial Location [J]. Journal of International Economics, 1999, 57 (1): 273-297.

[15] Ghani E, Goswami A G, Kerr W R. Highway to Success in India The Impact of the Golden Quadrilateral Project for the Location and Performance of Manufacturing [Z]. World Bank: Policy Research Working Paper 6320, 2013.

[16] Glaeser E L, Kallal H D, Scheinkman J A, Shleifer A. Growth in cities [J]: Journal of Political Economy, 1992, 100 (6): 1067-1090.

[17] Hansen B. E. Sample Splitting and Threshold Estimation [J]. Econometrica, 2000, 68 (3): 575-603.

[18] Hanson G. Market Potential, Increasing Returns, and Geographic Concentration [J]. Journal of International Economics, 2005, 67 (1): 1-24.

[19] Hanson, G. Regional Adjustment to Trade Liberalization [J]. Regional Science and Urban Economics, 1998, 28: 419-444.

[20] Harris, D. The Market as a Factor in the Location of Industry in the U. S [J]. Annals of the Association of American Geographers, 1954, 44 (4): 315-348.

[21] Henderson V, Kuncoro A, Turner M. Industrial Development in Cities [J]. Journal of Political Economy, 1995, 103 (5): 1067-1090.

[22] Krugman P. Increasing Returns and Economic Geography [J]. Journal of Political Economy, 1991, 99 (3): 483-499.

[23] Puga D. The Rise and Fall of Regional Inequalities: Spatial Agglomeration in Economic Development [J]. European Economic Review, 1999, 43 (2): 303-334.

[24] Redding J S, Turner M A. Transportation Costs and the Spatial Organization of Economic Activity. [A] //Duranton G, Henderson V, Strange W. Handbook of Urban and Regional Economics Vol. 5 [M]. Elsevier-North Holland, Amsterdam,

2015.

　　[25] Roberts M, Deichmann U, Fingleton B, Shi T. Evaluating China's Road to Prosperity: A New Economic Geography Approach [J]. Regional Science and Urban Economics, 2012, 42 (4): 580 – 594.

　　[26] Rosenthal S, Strange C. The Determinants of Agglomeration [J]. Journal of Urban Economics, 2001, 50 (2): 191 – 229.

　　[27] Rossi – Hansberg E. A Spatial Theory of Trade [J]. American Economic Review, 2005, 95 (5): 1464 – 1491.

　　[28] Stepniak M, Rosik P. Accessibility Improvement, Territorial Cohesion and Spillovers: A Multidimensional Evaluation of Two Motorway Sections in Poland [J]. Journal of Transport Geography, 2013, 31 (5): 154 – 163.

　　[29] Vickerman R. Infrastructure and Regional Development [M]. Pion, London, 1991.

　　[30] World Bank. Reshaping Economic Geography [R]. World Bank Development Report, 2009.

　　[31] 艾萨德·沃尔特. 区位与空间经济: 关于产业区位, 市场区, 土地利用, 贸易和城市结构的一般理论 [M]. 北京: 北京大学出版社, 2011.

　　[32] 陈丙欣, 叶裕民. 中国流动人口的主要特征及对中国城市化的影响 [J]. 城市问题, 2013 (3): 2 – 8.

　　[33] 范剑勇. 产业集聚与中国地区差距研究 [M]. 上海: 格致出版社, 2008.

　　[34] 韩峰, 柯善咨. 追踪我国制造业集聚的空间来源: 基于马歇尔外部性与新经济地理的综合视角 [J]. 管理世界, 2012 (10): 55 – 70.

　　[35] 贺灿飞, 潘峰华. 中国制造业地理集聚的成因与趋势 [J]. 南方经济, 2011, 29 (6): 38 – 52.

　　[36] 黄玖立, 李坤望. 对外贸易、地方保护和中国的产业布局 [J]. 经济学, 2006 (3): 733 – 760.

　　[37] 李涵, 黎志刚. 交通基础设施投资对企业库存的影响——基于我国制造业企业面板数据的实证研究 [J]. 管理世界, 2009 (8): 73 – 80.

　　[38] 刘冲, 周黎安. 高速公路建设与区域经济发展: 来自中国县级水平的证据 [J]. 经济科学, 2014 (2): 55 – 67.

　　[39] 刘生龙, 胡鞍钢. 交通基础设施与经济增长: 中国区域差距的视角 [J]. 中国工业经济, 2010 (4): 14 – 23.

　　[40] 刘修岩. 空间效率与区域平衡: 对中国省级层面集聚效应的检验

［J］．世界经济，2014（1）：55 – 80.

　　［41］潘文卿．中国的区域关联与经济增长的空间溢出效应［J］．经济研究，2012（1）：54 – 65.

　　［42］石敏俊，杨晶，龙文，魏也华．中国制造业分布的地理变迁与驱动因素［J］．地理研究，2013，32（9）：1708 – 1720.

　　［43］藤田昌久，蒂斯．集聚经济学：城市、产业区位与全球化（第二版）［M］．上海：格致出版社，2016.

　　［44］王任飞，王进杰．基础设施与中国经济增长：基于 VAR 方法的研究［J］．世界经济，2007（3）：13 – 21.

　　［45］吴意云，朱希伟．中国为何过早进入再分散：产业政策与经济地理［J］．世界经济，2015（2）：140 – 166.

　　［46］许德友，梁琦．贸易成本与国内产业地理［J］．经济学（季刊），2012（3）：1113 – 1136.

　　［47］许政，陈钊，陆铭．中国城市体系的"中心—外围模式"［J］．世界经济，2010（7）：144 – 160.

　　［48］张学良．中国交通基础设施促进了区域经济增长吗——兼论交通基础设施的空间溢出效应［J］．中国社会科学，2012（3）：60 – 77.

第六章　交通可达性提升与产业区位效应

本章将通过构建理解经济地图塑造机制的动态视角，展现交通发展促使时空压缩的产业区位效应——产业空间分布影响因素的作用性质、程度及其变化机制。基于对中国地级地区1997~2010年制造业空间分布的分析结果表明，交通发展促使不同因素对于产业区位选择的作用性质、影响程度产生差异性变化，并表现出非线性特征。交通发展将可能率先导致劳动力等生产要素成本成为产业空间分布的离散力。在交通可达性提高到一定临界值之前，时空压缩使在市场、产业基础等方面具有优势的地区对于产业布局吸引力进一步强化，但是随着交通进一步发展，经济集聚的优势弱化而拥挤效应强化，成为产业布局的离散力。本章的结果表明，交通发展会重塑地区间的产业竞争优势，从而引导我们辩证地认识交通基础设施建设对于经济主体空间决策的影响，有助于深入理解经济空间格局的内在塑造机制。

第一节　引言

经济活动的空间组织具有客观规律。距离是塑造经济空间的重要机制之一，指的是商品、服务、劳务、资本、信息等穿越空间的难易程度，实质上表现为要素和产品具有不完全流动性或空间流动成本。作为产品、生产要素等流通与联系的纽带，交通是影响经济活动空间组织的关键因素（Redding & Turner，2015）。人类经济发展过程中一个重要方面就是克服"距离专制"的历史（艾萨德，2011）。交通发展不断改变了人类的时空尺度，促进时空压缩，表现为空间距离的缩短，本质上是要素与产品在地区间流动或经济主体间空间作用困难程度的缓解。交通是人类对地域空间施加影响的主动方式，是影响经济活动空间组织的外生变量。通过交通基础设施建设进行国土开发对区域经济发展格局有显著影响。因此，研究交通基础设施对于经济空间组织的影响，有助于为政策制定提供分析视角与依据。

经济空间组织的重要内容之一就是产业区位或产业空间分布。目前主要有以比较优势为理论基础的新古典贸易理论和以收益递增与不完全竞争为理论基础的新经济地理学（Davis & Weinstein，1996）两种理论从不同方面解释了产业区位的形成机制。产业区位就是地区集聚力和扩散力相互作用的结果，两种力量的此消彼长决定了产业区位变迁。集聚力和扩散力即是影响产业空间分布的区位因素，其来源主要可以分为第一性质（First Nature）、第二性质（Second Nature）和触媒（Catalyzers）（Fujita，2004）。自然资源、人口、气候等方面的天生地区差异就是第一天性；第二天性是一个地区在后天经济发展中内生而成的经济地理属性；触媒是指其他外生因素，如历史变故、政策变化等。对产业区位影响因素的研究就是有关这些作用力的性质、影响程度及其变化与结果。无论是基于哪种理论，交通都是影响经济活动空间自组织过程的重要因素。交通发展促进时空压缩，提高地区间可达性，有利于降低要素与产品的流动成本，促进资源在产业和地区间的重新分配。交通发展在实质上影响了贸易成本的变化，从而改变产业区位因素的作用性质与影响程度，最终影响改变产业的空间分布形式与联系方式。贸易成本是影响地区间交易的内在属性，也是经济地理格局发展的核心（Lafourcade & Thisse，2008）。因此，探索交通发展对于产业区位因素的影响成为理解经济空间格局形成与演化机制的重要方面，本质上也是研究要素与产品不完全流动性的缓解与流动成本的降低如何影响经济活动的区位选择，即经济主体对广义上的贸易成本降低的空间决策反应，从而深入理解经济空间格局塑造的内在机制。

贸易成本在决定区位时发挥关键作用。贸易成本降低改变了企业进入要素市场、产品市场的可达性，实际上改变了不同区位因素对于产业布局的影响力。交通发展影响可达性，有可能会使某些地区的优势丧失，而有些地区优势强化，从而影响产业区位。Forslid 等（2003）研究表明，假定规模报酬不变和完全竞争，且两个国家的相对禀赋不同，在运输成本较高时，接近消费者更重要，这导致生产相对分散；当运输成本显著降低时，要素市场更重要。此时，要素市场竞争决定了根据比较优势的地区专业化。新经济地理学强调规模收益递增与贸易成本之间的相互作用决定了产业区位。交通发展促使贸易成本的变化会影响集聚效益与要素成本之间的权衡，从而改变产业区位选择。核心—边缘模型表现的一个理论规律是，在贸易成本很低时，为满足遍在性的需求，产业呈分散布局；在中等水平的贸易成本下，规模经济促使产业空间集聚；当贸易成本很低时，为了利用不同区位源于第一性质的要素成本节约，产业活动又倾向于空间分散（Krugman，

1991）。Puga（1999）通过改进核心—边缘模型发现了类似规律，在一定的贸易成本下，规模经济与产业间联系将吸引产业集聚到市场更大、产业基础更好的地区；但是随着贸易成本的降低，产业对于区域间要素成本差异的敏感程度提高，部分产业将转移到要素成本低廉的地区。Fujita 等（1999）的理论分析也发现，产业集聚到一定程度后将强化拥挤成本，形成促进产业外向转移的离心力，随着贸易成本降低，中心地区的集聚效应弱化，扩散效应开始显现。结合新古典贸易理论和新经济地理学的研究也反映了贸易成本对于区位因素影响的关键作用。Amiti（2005）则在 H-O 分析框架下，研究比较优势与集聚效应对产业集聚形成和发展的影响，要素成本差异促使厂商根据比较优势来选择区位，产业投入产出联系则促使上下游企业集聚，两者间的平衡则取决于地区间贸易成本水平。

交通发展对于产业区位因素作用机制的影响在另一个方面还表现为对空间尺度的重新塑造。长期以来，空间尺度对于经济活动空间分布机制的重要性不断得到重视并予以谨慎考虑，其中的重要一点就是不同空间尺度内经济空间组织的影响因素具有差异性。不同经济空间并不是像俄罗斯套娃那样除存在大小差异外别无二致，而是都具有自身特有的性质，某种阐述与某种尺度的空间有关，而与另一种范围的空间无关（Combes et al.，2008）。实际上，对于每一层次的空间而言，某些特定的基本原理决定了各自经济活动的空间结构，但这并不意味着对所有的空间范围都成立（Combes et al.，2008）。这也正如生态谬论（Ecological Fallacy）——在某个空间尺度上正确的规则未必在另一空间尺度上也是正确的。在此意义上，Martin（1999）对于经济学家使用同一模型"去解释各种空间尺度（从世界到区域、城市和地方）上经济活动的集聚现象"的批评是正确的。

交通发展促使时空压缩，实质上也是空间尺度的变化，正如 Spiekermann 和 Wegener（2008）指出，交通网络把原本孤立的区域与欧洲核心区紧密相连，快速交通网络的"空间吞噬"效应（Space Eating Effect）将把欧洲大陆在时空范围内大大缩小。空间尺度变化的影响在于，原本适用的机制在新的空间尺度下发生变化。不同空间尺度上各种作用力的特性和系统平衡点是不一样的。正如 Anas 等（1998）所述，不同的距离尺度上集聚经济作用的类型是不一样的，因为导致空间邻近的相互作用机制各有不同。也如国际与国家内部区域间经济空间分布的机制是不同的，主要原因在于不同空间尺度下要素流动性存在差异。自然地，交通发展使国内不同地区间的贸易成本与要素流动性也会发生巨大变化，这种时空压缩也类似于空间尺度变化。由此，交通发展改变了一国内部经济活动所面对的空间尺度，有理由相信，交通发展将改变不同区位因素对于产业区位的作用性质与影响程度。

目前有大量有关产业区位或产业空间分布的影响因素的研究，尽管如此，对于不同交通条件下或不同空间尺度下的产业区位因素的研究较为欠缺。总体而言，对于产业区位影响因素的考察基本为静态视角，即并不区分交通条件或时空距离动态变化下的差异性。事实上，交通发展对产业区位的潜在影响已经逐渐得到关注。周浩等（2015）研究发现，与交通息息相关的可达性是影响产业区位选择的重要因素。王雨飞和倪鹏飞（2016）的研究表明，交通发展对经济空间格局的改变具有重要影响。既然交通发展对塑造经济空间具有重要影响，那么有理由相信交通必然影响了经济活动空间组织的形成机制。藤田昌久和蒂斯（2016）认为，长期以来，运输成本持续且大幅度下降在一定程度上提高了经济活动空间布局的自由度，广义上贸易成本的下降使细微的区际差异都将对经济活动的空间分布产生重大影响。因此，非常有必要进一步探讨交通发展对于产业区位因素作用机制的影响，即交通发展对于产业区位决定机制中不同因素的作用性质、程度及其变化的影响。

目前研究发现，交通发展对产业区位因素的影响并不明确，因此需要实证研究的有益补充。从理论上看，Martin 和 Rogers（1995）基于新经济地理学的理论研究指出区域间交通设施状况的改善对企业区位选择的影响是不确定的。由于要素流动较为自由，交通发展对于产业区位的影响错综复杂：一方面，外围地区容易受到时空压缩的负面影响。提升市场准入是改善交通基础设施的潜在利益，可能促使企业向更大的集聚区集中（Baldwin et al.，2003）。中心地区在包括产业关联、知识外溢等长期积累的优势下，交通发展降低要素空间流动成本，更利于增强这种向心力对产业发展的影响。另一方面，外围地区能以更低的成本获得其他地区的要素供给和溢出效应，便可能推高中心地区的离散力。交通发展有助于重新识别中心与外围的比较优势，当中心地区的增长达到顶峰，产业高度集聚产生拥挤成本，形成驱使产业向外转移的离心力，交通发展能够便利企业家到外围地区寻找新的基地（World Bank，2009）。Burger 等（2015）提出"借用规模"（Borrowing Size）假说，城市之间的邻近使集聚效应的影响范围会延伸到本地区以外，使小城市可以"借用"所靠近大城市的集聚经济，从而获得与大城市类似的经济特征。Meijers 等（2016）通过对欧洲城市的研究验证了该"借用规模"理论。

因此，本章以中国为案例，分析交通发展对于产业区位因素作用机制的影响，即通过对中国国内产业空间分布的研究，重点分析中国不断发展的交通条件如何影响资源禀赋、市场潜力、集聚经济等区位因素在塑造经济空间中的作用及其变化。本章的创新之处就在于提供了一个动态的视角理解经济地图的塑造机制，即交通发展促使时空压缩背景下，产业区位影响因素的作用性质、程度及其变化机制。中国案例具有很好的典型性，中国经济活动的地区分布很不均衡，而且在改革开放后经历了交通发展与经济空间格局显著变化的若干阶段：改革开放以来到 21 世纪初期，交通基础设施显著改善，沿海与内地间极化发展格局增强，产业显著集聚于东部地区（范剑勇，2008）；此后，通过大规模高速公路建设、铁路网优化与提速等进一步促进了交通发展，经济活动也呈扩散趋势。大多数产业集聚程度在 2004 年左右进入拐点，维持稳定或开始下降（贺灿飞和潘峰华，2011），工业发展向中西部扩散与转移的趋势日渐明显（石敏俊等，2013）。中国的这些特征有助于探索交通发展对于产业区位决定机制的影响。本章接下来的安排如下：第二部分是实证模型构建与数据说明；第三部分是实证分析；第四部分是稳健性检验；最后是总结性评论。

第二节　模型设定与数据说明

中国地域面积广阔、产业门类齐全且异质性强，选择较小的空间尺度和产业尺度能够更好地分析产业区位变化特征，为此本项研究选择中国地级行政区与三位数制造业进行分析。研究范围仅限于中国内地，不包括中国香港、中国澳门和中国台湾，因为西藏社会经济较为特殊，也未纳入分析，北京、上海、天津、重庆四个直辖市也视为地级地区。另外，考虑数据的可得性，仅考察了《中国城市统计年鉴》中连续统计的 284 个地级及以上地区，研究时段为 1997～2010 年。

一、计量模型设定

为了探索交通发展对于产业区位因素的作用性质、程度及其变化的影响，本章采用 Henderson 等（1995）的地区产业增长实证模型，并在此基础上增加了交通变量及其与区位因素的交互变量，通过估计交通发展对于地区产业增长因素的交互作用，分析交通发展对于产业区位影响机制的影响，模型的设定如式（6-1）所示：

$$Growth_{s,t}^k = \alpha R_{s,t-1}^k + \beta_1 T_{s,t-1} + \beta_2 T_{s,t-1}^2 + \sum_i \delta_i R_{s,t-1}^k T_{s,t-1} + \sum_i \gamma_i R_{s,t-1}^k T_{s,t-1}^2 +$$

$$\sum_j \varphi_j Z_{s,t-1} + \varepsilon_{i,t} \qquad (6-1)$$

其中，$Growth_{s,t}^k$ 表示地区 s 在 t 时期内制造业 k 的增长，实际反映产业区位的变化，用该地区制造业 k 的总产值占全国制造业 k 总产值份额的变化量来衡量。实际上，这个变量也反映了制造业的空间分布变化。另外，因为不同类型的制造业增长带来的总产值增加是有差异的，以总产值来测度增长未必能很好地衡量制造业增长的地区差异，因此，本章还使用其他三种方式来度量制造业增长情况：第一，地区制造业 k 的就业规模在全国的比重变化；第二，地区制造业 k 的企业数量变化，其体现了一定时期内企业进入和退出的市场行为，也是反映产业区位变化的一个方面；第三，地区制造业 k 企业进入数量，即每年新建企业数量。

在产业区位影响因素（R）的选取上，除了上文提到的反映地区产业基础的投入产出共享程度、劳动力成本与市场潜力变量以外，重点纳入了集聚经济指标，遵循很多文献的思路，考察城市化经济和地方化经济两方面因素。为反映交通发展对于不同因素在产业区位选择中的作用性质与程度的影响，在模型中加入可达性与地区特征的交互项（$R \times T$），同时为了进一步探索交通发展的非线性影响，还纳入可达性平方与地区特征的交互项（$R \times T^2$）。

模型中还加入了影响产业增长的控制变量（Z）。第一，产业多样性，根据新经济地理理论，专业化经济与多样化经济会在一定程度上影响产业增长。第二，对于中国这样的转轨经济体来说，政策差异会成为重要因素。如吴意云和朱希伟（2015）研究发现，政府产业政策是形成中国工业地理独特演化轨迹的重要因素。因此，模型中引入了产业政策变量用以说明政府因素对特定产业的影响。第三，鉴于港口在经济活动空间分布中的重要作用，模型中纳入了到港口距离的变量。此外，由于产业增长是一个动态过程，制造业当前的增长情况可能依赖于过去水平，因而在模型中引入因变量滞后项，从而得到制造业增长的动态模型。另外，模型中还引入了一组虚拟变量以控制其他因素，其中包括用于控制区域特征的区域虚拟变量（分为东、中、西、东北四大区域）、控制行业特征的二位数产业虚拟变量、控制全国经济发展环境的年份虚拟变量。

二、主要变量说明

（一）交通发展与可达性的度量

本章使用可达性来表示交通及其发展情况。可达性反映使用特定交通系统从某一地区到达目的地的便利程度，其中，最短旅行时间距离是最为常用的测度方法。本章对于地区可达性的测度采用该地区到其他所有地区最短时间距离的平均值衡量[1]，计算公式如式（6-2）所示。

$$Access_i = \frac{\sum_{j=1}^{n} t_{ij}}{n}, \ i \in (1, 2, \cdots, n), j \in (1, 2, \cdots, n) \tag{6-2}$$

其中，t_{ij} 为 i 与 j 两地间的最短旅行时间距离，n 为地区数量。$Access_i$ 值越

---

① 最短旅行时间距离是指在某种交通方式下某一节点到达其他节点的最短时间，如果地区间具有多种交通方式，可以根据不同交通方式在地区间贸易中的重要性进行加权平均。本章只针对公路网络进行交通可达性的分析。一方面，公路是我国的主要运输手段；另一方面，铁路运输中车站等级直接影响到地区的运输能力，对于沿线的所有地区并不具有同等的准入地位，航空在运输中的占比相对要小很多。

小，表明可达性越好。为了分析便利，将可达性转化成为一个正向指标（即其值越大，可达性越高），引入可达性距离衰减函数，设定 $T_{i,t} = e^{-\mu Access}$，按照一般规范，设定 $u = 0.5$。本章利用地理信息系统软件 ArcGIS10.2 将 1997 ~ 2010 年中国大陆地区高速公路、国道、省道数字化，构建了交通基础设施数据库，并利用 ArcGIS 网络分析功能获取地区间的最短旅行时间距离。依据《中华人民共和国公路工程技术标准》（JTGB01—2003），设定等级公路的时速：高速公路为 100公里/小时，国家级道路为 80 公里/小时，省级道路为 70 公里/小时。

（二）投入与产出共享

产业基础是影响产业增长的重要因素，其中非常重要的是本地的投入产出共享关联水平。为此，本章根据 Dumais 等（2002）的研究，设定投入共享变量（Input）和产出共享变量（Output）两个变量，具体计算方法如式（6 – 3）所示。

$$Input_{ist} = \sum_{j \neq i} I_{ij} \frac{E_{jst}}{E_{jt}} Output_{ist} = \sum_i O_{ij} \frac{E_{jst}}{E_{jt}} \qquad (6-3)$$

其中，I_{ij} 表示产业 i 单位总投入中来自产业 j 的比重；O_{ij} 为产业 i 单位总产出中用于产业 j 消费的比重；E_{jst} 为年 s 地区 j 产业的总产值，E_{jt} 为 t 年产业 j 全国的总产出。因此，$Input_{ist}$ 即可以说明 t 年 s 地区产业 i 增长所具有的本地投入支持的基础，与此同时，$Output_{ist}$ 则表示 t 年 s 地区产业 i 增长所面临的本地产出需求基础。

（三）市场潜力

市场潜力的计算基于 Harris（1954）的经典定义，表示为本地区及其他地区的经济规模的一个空间加权值。具体计算公式如式（6 – 4）所示。

$$MP_i = \frac{1}{N} \left[\frac{\sum_j E_j}{\delta_{ij}} + \frac{E_i}{\delta_i} \right], i \neq j \qquad (6-4)$$

E_i 为 i 地区的国内生产总值，δ_{ij} 为 i、j 地区间的旅行时间距离，δ_i 表示 i 地区内部旅行时间距离，设定等于 $0.5h$，N 为地区数量。

（四）其他变量说明

关于集聚经济因素，地方化经济使用地区某行业的单位面积总产值表示，度量同行业集聚程度的外部性；城市化经济使用地区单位面积 GDP（即经济密度）表示，度量多样性经济活动集聚的外部性。其他的控制变量设定如下：产业多样性使用体现地区产业结构多样化程度的赫芬达尔指数表示；到港口距离利用各个地区到主要港口的最短旅行时间距离表示[①]。关于产业政策，属于各地区"十

---

① 主要港口设定为交通部《关于发布全国主要港口名录的公告》（2004 年）中的 25 个全国主要港口，如果该地区本身就是主要港口所在地，则设定时间距离为 0.5h。

五"规划、"十一五"规划中的导向产业，则 $Policy = 1$，否则，$Policy = 0$。

三、数据来源与说明

产业数据来自《中国工业企业数据库》（1997~2010 年），1997~2002 年的行业分类按照《中国投入产出表 1997》的三位数行业分类进行对应的调整合并，2003~2010 年的行业分类按照《中国投入产出表》的三位数行业分类进行对应的调整合并。另外，从《中国城市统计年鉴》（1998~2011 年）收集与整理服务业数据以及各地区历年人口、面积等数据；收集和整理区域发展规划、地区五年规划等，用以反映政策因素对于产业增长的影响。具体变量的设定与数据来源参见表 6-1。

表 6-1 变量设定与数据说明

变量名称	符号	数据来源与处理说明
投入共享程度	$input$	根据《中国工业企业数据库》与《中国投入产出表》整理与计算
产出共享程度	$output$	根据《中国工业企业数据库》与《中国投入产出表》整理与计算
市场潜力	mp	根据《中国城市统计年鉴》计算
劳动力成本	$wage$	根据《中国城市统计年鉴》整理
城市化经济	$urban$	根据《中国城市统计年鉴》计算
地方化经济	$local$	根据《中国工业企业数据库》整理与计算
产业多样性	$specialization$	根据《中国工业企业数据库》整理与计算
可达性	T	根据交通网络数据库计算
到港口距离	$port$	根据交通网络数据库计算
产业政策	$policy$	根据各地区"九五"规划、"十五"规划、"十一五"规划整理

第三节 实证分析结果

为进一步探索交通发展对于产业区位因素的作用性质、程度及其变化的影响，对模型（6-3）进行检验，估计结果如表 6-2 所示，其中第 1~5 列分别为基于不同控制变量的结果，因为结果类似，下面就针对列（1）进行分析。估计结果表明，在总体上，随着交通可达性的变化，不同区位因素对于产业区位的影响程度会发生较为明显的变化，而且这种影响还具有非线性特征。具体而言，产出共享与可达性交互项（$T \times output$）的系数为正，但不具有显著性；产出共享与可达性平方交互项（$T^2 \times output$）的系数为负，也不具有显著性。投入共享与可达性及其平方交互项（$T \times input$ 和 $T^2 \times input$）的估计系数也表现出类似结果。即便如此，不同交通条件下投入产出关联因素对于产业区位影响的变化趋势可作一定的判断：可达性及其平方项与投入产出共享估计系数由正向负的转变表明，随着交通发展，地区产业关联因素对于产业布局的影响程度在下降，因为良好的产业基础也意味着经济密度高、本地竞争效应强，所以，投入产出共享可能成为一种驱使产业迁出的离散力。劳动力成本与可达性交互项（$T \times wage$）的系数显著为负，其与可达性平方项交互项（$T^2 \times wage$）的系数为正，但不具有显著性。该结果表明，随着交通发展，每个地区获得诸如劳动力等可流动的要素的成本降低，那么较高的生产要素成本将很快成为产业分布的离散力。

市场潜力、城市化经济、地方化经济几个变量与可达性交互项的估计结果表现出类似的特征。市场潜力与可达性交互项（$T \times mp$）的系数显著为正，其与可达性平方的交互项（$T^2 \times mp$）的系数显著为负；城市化经济与可达性交互项（$T \times urban$）的系数显著为正，其与可达性平方的交互项（$T^2 \times urban$）的系数显著为负；地方化经济与可达性交互项（$T \times local$）的系数显著为正，其与可达性平方的交互项（$T^2 \times local$）的系数显著为负。以上结果表明，在可达性提高到一定程度之前，交通发展会强化市场潜力、城市化经济、地方化经济等对于产业分布的集聚力；交通发展降低要素的空间流动成本，增强了具有产业发展优势的地区对于生产要素的虹吸效应。但是，随着交通进一步发展使可达性提高到某个临界值以上后，市场规模大、集聚经济显著的地区由于经济活动密集引致的拥挤效应极大地弱化了产业发展优势，而其他地区则因为交通发展能以更低的成本获得原本需要高度集聚才能获得的生产要素供给和集聚经济，由此强化了离散力。因此，交通发展使市场潜力、城市化经济、地方化经济等因素对于产业空间布局的影响呈现出非线性的变化。

总体而言，交通发展使不同因素对于产业区位的影响发生明显变化，而且表现出非线性特征。交通发展将可能率先使诸如劳动力等生产要素成本成为产业布局的离散力，在可达性不断提高的情况下，高生产要素成本将对本地产业发展具有负面影响。在交通发展使可达性提高的初期，地区间不断降低的联系成本使具有市场、产业基础等优势（往往也是经济密度高、集聚经济显著）的地区对于产业布局的吸引力进一步强化，但是随着交通的进一步发展，其他地区能够获得更为便捷的市场准入与集聚经济的空间溢出，而经济活动集聚的负面效应增强，成为产业布局的离散力。

表6-2 交通发展对于产业区位因素影响的估计结果

	（1）	（2）	（3）	（4）	（5）
$T \times output$	0.0441 （0.0538）	0.0366 （0.0532）	0.0359 （0.0533）	0.0377 （0.0535）	0.0411 （0.0537）
$T^2 \times output$	-0.203 （0.429）	-0.130 （0.425）	-0.126 （0.426）	-0.144 （0.426）	-0.177 （0.427）
$T \times input$	0.427 （0.350）	0.484 （0.352）	0.464 （0.351）	0.443 （0.350）	0.421 （0.350）
$T^2 \times input$	-0.0515 （0.0402）	-0.0575 （0.0405）	-0.0554 （0.0403）	-0.0531 （0.0402）	-0.0508 （0.0402）
$T \times wage$	-0.000331* （0.000183）	-0.000299* （0.000185）	-0.000265* （0.000186）	-0.000218* （0.000187）	-0.000263* （0.000185）
$T^2 \times wage$	0.00146 （0.00176）	0.00139 （0.00178）	0.00107 （0.00179）	0.000156 （0.00181）	0.00101 （0.00178）
$T \times mp$	0.782*** （0.155）	0.813*** （0.154）	0.788*** （0.154）	0.765*** （0.155）	0.776*** （0.155）
$T^2 \times mp$	-6.763*** （1.259）	-6.984*** （1.250）	-6.794*** （1.255）	-6.645*** （1.260）	-6.814*** （1.255）
$T \times urban$	793.6*** （171.6）	755.0*** （170.9）	756.9*** （171.1）	778.5*** （171.4）	798.0*** （171.6）
$T^2 \times urban$	-73.35*** （18.89）	-70.60*** （18.84）	-70.56*** （18.85）	-72.44*** （18.87）	-74.13*** （18.89）
$T \times local$	1.404*** （0.390）	1.378*** （0.390）	1.375*** （0.390）	1.381*** （0.390）	1.391*** （0.390）
$T \times local$	-12.36*** （3.523）	-12.13*** （3.521）	-12.11*** （3.519）	-12.16*** （3.518）	-12.26*** （3.519）
因变量滞后项	16.26*** （1.354）	16.11*** （1.349）	16.15*** （1.350）	16.18*** （1.351）	16.23*** （1.352）
T	0.918 （2.706）	0.607 （2.709）	0.661 （2.713）	0.612 （2.721）	0.631 （2.714）
T^2	-15.03 （27.79）	-12.97 （27.84）	-18.850 （27.91）	-13.205 （28.02）	-16.438 （27.92）
$output$	-0.00208 （0.00169）	-0.00188 （0.00166）	-0.00186 （0.00167）	-0.00190 （0.00167）	-0.00199 （0.00168）

续表

	（1）	（2）	（3）	（4）	（5）
input	0.00155	0.00171	0.00165	0.00159	0.00153
	(0.00115)	(0.00115)	(0.00115)	(0.00115)	(0.00115)
wage	0.0153	0.0139	0.0129	0.0118	0.0130
	(0.00456)	(0.00462)	(0.00463)	(0.00466)	(0.00461)
mp	0.0193***	0.0204***	0.0197***	0.0189***	0.0189***
	(0.00497)	(0.00493)	(0.00495)	(0.00497)	(0.00497)
urban	1.425**	1.386**	1.381**	1.421**	1.456**
	(0.530)	(0.529)	(0.530)	(0.530)	(0.530)
local	0.0412***	0.0404***	0.0403***	0.0405***	0.0408***
	(0.0108)	(0.0108)	(0.0108)	(0.0107)	(0.0108)
specialization	0.00654		0.00592		
	(0.0108)		(0.0108)		
port	0.00188***			0.00177***	
	(0.000323)			(0.000320)	
policy	0.00338				0.00225
	(0.00303)				(0.00301)
year	yes	yes	yes	yes	yes
Sector	yes	yes	yes	yes	yes
Region	yes	yes	yes	yes	yes
constant	−0.142*	−0.131*	−0.123*	−0.115	−0.125*
	(0.0612)	(0.0612)	(0.0612)	(0.0613)	(0.0613)
N	171396	171396	171396	171396	171396
R^2	0.226	0.225	0.225	0.226	0.225
adj. R^2	0.225	0.224	0.225	0.225	0.225

注：括号中的值是标准差，***、**、*分别表示在1%、5%及10%水平上显著。

第四节 稳健性检验

为了进一步验证本章结论的可靠性，本章还使用其他三种方式来度量地区制造业增长以进行稳健性检验,结果如表6-3所示,其中第1~2列是基于不同控制变量以就业规模在全国的比重变化为自变量的估计结果;第3~4列是基于不同控制变量以企业数量变化数量为自变量的估计结果;第5~6列为基于不同控制变量以每年新建企业数量为自变量的估计结果。

检验结果显示了与以产值比重变化为自变量类似的结果,随着交通的变化,不同区位因素对于产业空间分布的影响会发生较为明显的变化,而且,这种影响也表现出非线性特征。具体而言,以就业比重变化为自变量的估计结果显示,产出共享与可达性交互项的系数为正,但不具有显著性;产出共享与可达性平方交互项的系数为负,也不具有显著性。投入共享与可达性及其平方交互项的估计系数也表现出类似特征。劳动力成本与可达性交互项的系数为负,其与可达性平方项交互项的系数也为负,但不具有显著性。城市化经济与可达性交互项的系数显著为正,其与可达性平方的交互项的系数显著为负。地方化经济与可达性交互项)的系数显著为正,其与可达性平方的交互项的系数显著为负。有所不同的是,市场潜力与可达性交互项的系数为正,其与可达性平方的交互项的系数为负,但都不具有显著性。以企业数量变化为自变量的估计结果与之类似,有所不同的是,城市化经济、地方化经济分别与可达性及其平方的交互项系数都不显著,但也表现出由正向负的变化趋势,由此表明,交通发展对于这些区位因素作用变化的影响趋势是一致的。以新建企业数量为自变量的估计结果也是类似的,但表现出更为显著的特征。投入共享与可达性及其平方交互项的估计系数分别显著为正与显著为负。总体而言,以三类不同变量度量地区制造业增长以反映产业区位的相对变化来看,交通发展在产业区位影响因素的变化中产生了不可忽视的影响。

表6-3 基于不同因变量的交通发展对于产业区位因素影响的估计结果

	(1)	(2)	(3)	(4)	(5)	(6)
	就业	就业	企业数量	企业数量	新建企业	新建企业
$T \times output$	250.8 (1187.4)	262.5 (1192.2)	2.249 (1.355)	2.377 (1.358)	0.576 (0.656)	0.777 (0.670)
$T^2 \times output$	-3080.3 (9534.9)	-3209.6 (9575.9)	-19.42 (11.27)	-20.56 (11.29)	-0.0852 (0.0757)	-0.109 (0.0772)
$T \times input$	7976.3 (8631.3)	7344.5 (8662.0)	12.58 (17.02)	12.43 (17.01)	0.356*** (0.0933)	0.371*** (0.0939)
$T^2 \times input$	-778.8 (1008.0)	-707.7 (1013.6)	-1.363 (1.970)	-1.349 (1.970)	-3.208*** (0.844)	-3.348*** (0.850)

续表

	（1）	（2）	（3）	（4）	（5）	（6）
	就业	就业	企业数量	企业数量	新建企业	新建企业
$T \times wage$	−0.925	−0.510	−0.00263	−0.00208	−0.00631 ***	−0.00613 ***
	（1.807）	（1.852）	（0.00421）	（0.00425）	（0.000645）	（0.000651）
$T^2 \times wage$	−16.47	−13.68	−0.0394	−0.0464	−0.0600 ***	−0.0582 ***
	（17.38）	（17.72）	（0.0404）	（0.0410）	（0.00646）	（0.00653）
$T \times mp$	2782.3	2725.8	6.454	6.037	2.710 ***	2.665 ***
	（2221.8）	（2226.2）	（3.659）	（3.659）	（0.425）	（0.427）
$T^2 \times mp$	−24882.7	−24791.2	−29.68	−27.78	−23.62 ***	−23.10 ***
	（18995.0）	（19010.9）	（29.79）	（29.79）	（3.665）	（3.682）
$T \times urban$	58.635 ***	61.229 ***	100.8	27.22	199.5 ***	206.3 ***
	（142.619）	（140.47）	（390.5）	（391.5）	（40.09）	（40.25）
$T^2 \times urban$	−572897.9 ***	−595165.7 ***	−1175.8	−1957.1	−2687.8 ***	−2744.9 ***
	（162951.3）	（162483.1）	（3575.9）	（3593.5）	（385.0）	（386.9）
$T \times local$	1160.7	1228.1	8.998	9.165	160.1 ***	160.2 ***
	（3799.2）	（3808.2）	（11.10）	（11.11）	（18.27）	（18.29）
$T^2 \times local$	−17993.9	−18535.8	−159.6	−160.8	−17.76 ***	−17.79 ***
	（31942.0）	（32005.2）	（97.60）	（97.63）	（1.999）	（2.000）
N	171396	171396	171396	171396	159489	159489
R^2	0.234	0.234	0.175	0.175	0.364	0.363
adj. R^2	0.234	0.234	0.175	0.175	0.363	0.363

注：括号中的值是标准差，*** 、** 、* 分别表示在 1%、5%、10% 水平上显著。为节省篇幅，部分控制变量估计结果未显示。

第五节　本章小结

　　本章通过对中国地级地区制造业空间分布的研究，分析了交通发展促使时空压缩的产业区位效应，即在不断改善的交通条件下，如要素禀赋、市场潜力、集聚经济等区位因素在塑造经济空间中的作用与变化。研究结果表明，在总体上，交通发展对于产业区位选择机制产生了不可忽视的影响。就具体的影响因素而言，交通发展会促使不同因素对于产业区位选择的作用性质、影响程度产生差异性变化，并表现出非线性特征。在可达性提高到一定的临界值范围内，交通发展会促使诸如劳动力等生产要素成本成为产业分布的离散力，高生产要素成本将对本地产业发展具有负面影响；而在市场、产业基础等方面具有优势的地区对于产业布局吸引力进一步强化。但是随着交通的进一步发展使可达性提高到临界值以上时，原本由经济活动集聚所创造的市场、产业基础等优势会逐步弱化，其负面的拥挤效应会逐步强化，成为产业布局的离散力。

本章的结果有助于理性认识交通基础设施建设对于经济主体空间决策的影响，对于我国国土开发实践具有重要现实意义。"十三五"期间乃至未来更长的时间，交通基础设施的投入仍将是我国进行区域开发的重要手段。深入研究交通发展导致日益提高的空间接近如何影响区域发展格局，能够更好地实现交通基础设施建设与区域发展目标的协调性。对于政策制定者而言，通过建设和完善交通基础设施，不断提高全国地区间可达性，能够推进地区间异质性行业发展优势的转变，有助于促进地区产业结构转型，尤其是有利于欠发达地区优势产业的萌芽与发展，从而为产业升级和区域协调发展创造条件。由此，交通发展也成为其他区位导向性政策发挥效果的重要基础，基于交通发展对于地区内生异质性竞争优势的激发，有助于政策性力量对于经济空间的塑造，进而实现基于交通基础设施和政策的外生力量引导基于市场机制的内生经济空间组织的优化。

总结而言，本章构建了一个动态的视角理解经济地图的塑造机制，展现了交通发展背景下产业区位影响因素的作用性质、程度及其变化机制。研究结果对于辩证地认识交通基础设施建设与空间经济非均衡增长的关系具有重要意义。基于产业区位视角，交通发展将可能重塑地区间的产业竞争优势，但不可忽视的是，这种重塑过程具有阶段性差异与非线性特征。不过，交通发展如何塑造经济空间格局非常复杂，本章仅针对公路网络来探讨，实际上也忽视了很多如铁路等交通基础设施的影响，并且，随着高铁建设的规模扩大与网络完善，其对于未来区域经济的影响至关重要，也值得深入探讨。

本章参考文献

［1］AmitiM. Location of Vertically Linked Industries：Agglomeration versus Comparative Advantage［J］. European Economic Review，2005（49）：809 – 832.

［2］Anas A. , R. Arnott, and K. A. Small. Urban Spatial Structure［J］.

Journal of Economic Literature, 1998, 36 (3): 1426 – 1464.

[3] Baldwin R., R. Forslid, P. Martin, G. Ottaviano, and F. Robert – Nicoud. "Economic Geography and Public Policy [M]. Princeton, NJ: Princeton University Press, 2003.

[4] Burger M. J., E. J. Meijers, M. M. Hoogerbrugge, and J. M. Tresserra. Borrowed Size, Agglomeration Shadows and Cultural Amenities in North – west Europe [J]. European Planning Studies, 2015, 23 (6): 1090 – 1109.

[5] Combes P. P., T. Mayer, and J. F. Thisse. Economic Geography: The Integration of Regions and Nations [M]. New Jersey: Princeton University Press, 2008.

[6] Davis D. R., and D. E. Weinstein. Does Economic Geography Matter for International Specialization [Z]. National Bureau of Economic Research (No. w5706), 1996.

[7] Dumais G., G. Ellison, and E. L. Glaeser. Geographic Concentration as a Dynamic Process [J]. Review of Economics & Statistics, 2002, 84 (2): 193 – 204.

[8] Forslid, R., J. I. Haaland, K. H. M. Knarvik, and O. Maestad. Integration and Transition: Scenarios for the Location of Production and Trade in Europe [J]. Economics of Transition, 2002, 10 (1): 93 – 117.

[9] Fujita M., P. R. Krugman, and A. J. Venables. The Spatial Economy: Cities, Regions and International Trade [J]. Cambridge, MA: MIT Press, 1999.

[10] Fujita M. The Future of East Asian Regional Economies [J]. Tokyo: Conference on Globalization and Regional Integration, 2004.

[11] Harris D. The Market as a Factor in the Location of Industry in the U. S [J]. Annals of the Association of American Geographers, 1954, 44 (4): 315 – 348.

[12] Henderson V., A. Kuncoro, and M. Turner. Industrial Development in Cities [J]. Journal of Political Economy, 1995, 103 (5): 1067 – 1090.

[13] Krugman P. Increasing Returns and Economic Geography [J]. Journal of Political Economy, 1991, 99 (3): 483 – 499.

[14] Lafourcade M., and J. F. Thisse. New Economic Geography: A Guide to Transport Analysis [Z]. Pse Working Papers, 2008.

[15] Martin P., and C. A. Rogers. Industrial Location and Public Infrastructure [J]. Journal of International Economics, 1995, 39 (3 – 4): 335 – 351.

[16] Martin R. The "New Economic Geography": Challenge or Irrelevance [J].

Transactions of the Institute of British Geographers, 1999, 24 (4): 387 – 391.

［17］Meijers E. J., M. J. Burger, and M. M. Hoogerbrugge. Borrowing Size in Networks of Cities: City Size, Network Connectivity and Metropolitan Functions in Europe［J］. Papers in Regional Science, 2016, 95 (1): 181 – 198.

［18］Puga D. The Rise and Fall of Regional Inequalities: Spatial Agglomeration in Economic Development［J］. European Economic Review, 1999, 43 (2): 303 – 334.

［19］Redding J. S, and M. A. Turner. Transportation Costs and the Spatial Organization of Economic Activity［A］//Duranton G, Henderson V, Strange W. Handbook of Urban and Regional Economics (Vol. 5)［M］. Elsevier – North Holland, Amsterdam, 2015.

［20］Spiekermann K., and M. Wegener. The Shrinking Continent: Accessibility, Competitiveness, and Cohesion［J］. European Spatial Research and Planning, 2008, 177 (4): 115 – 140.

［21］World Bank. Reshaping Economic Geography［R］. World Bank Development Report, 2009.

［22］艾萨德. 区位与空间经济: 关于产业区位、市场区、土地利用、贸易和城市结构的一般理论［M］. 北京: 北京大学出版社, 2011.

［23］范剑勇. 产业集聚与中国地区差距研究［M］. 上海: 格致出版社, 2008.

［24］贺灿飞, 潘峰华. 中国制造业地理集聚的成因与趋势［J］. 南方经济, 2011, 29 (6): 38 – 52.

［25］石敏俊, 杨晶, 龙文, 魏也华. 中国制造业分布的地理变迁与驱动因素［J］. 地理研究, 2013, 32 (9): 1708 – 1720.

［26］藤田昌久, 蒂斯. 集聚经济学: 城市、产业区位与全球化 (第二版)［M］. 上海: 格致出版社, 2016

［27］王雨飞, 倪鹏飞. 高速铁路影响下的经济增长溢出与区域空间优化［J］. 中国工业经济, 2016 (2): 21 – 36.

［28］吴意云, 朱希伟. 中国为何过早进入再分散: 产业政策与经济地理［J］. 世界经济, 2015 (2): 140 – 166.

［29］周浩, 余壮雄, 杨铮. 可达性、集聚和新建企业选址——来自中国制造业的微观证据［J］. 经济学 (季刊), 2015 (4): 1393 – 1416.

第七章　高速公路建设、空间知识溢出与地区产业升级

本章基于空间知识溢出视角，考察了以高速公路建设为代表的交通发展对于地区产业升级的促进作用。基于中国地级地区 2003～2009 年四位数制造业的证据表明，地区产业升级受到空间知识溢出的正面效应，但是影响程度随着地区间空间、经济与文化等多维距离的增大而衰减。高速公路建设有助于缓解多维距离对于空间知识溢出的限制作用，从而增进知识溢出对于地区产业升级的促进作用。研究结果表明，交通基础设施建设可以成为促进产业升级的重要力量，区域经济发展要重视地区间互动，提高地区间可达性、促使地区更便捷地利用区外的知识禀赋，可以有机会实现更大程度的产业升级。

第一节　引言

产业升级是地区竞争力不断提升和经济持续增长的基础所在，目前，推进产业结构调整并促进有序演进也已成为众多地方政府关注的重要现实问题。对于区域发展而言，空间因素的影响日益受到重视，邻近区域的空间溢出效应非常重要。另外，在现代经济增长中，知识扮演着愈加重要的角色。对于产业升级而言，跨地区的空间知识溢出成为产业升级的潜在技术机会窗口之一。通过区际贸易以及人口流动等多种方式（Trippl，2013），促进科学、技术、管理等方面知识的跨地区流动，可以促使产业发展路径实现区域间传播。随着区域经济一体化的不断深入，地区间的知识溢出通道可能会进一步畅通，在理论上，空间知识溢出对于地区产业升级的影响也会持续增强。

交通基础设施建设往往被视为影响区域经济格局的重要力量。交通发展提高地区间交流与协作的便捷性，有助于增强空间溢出对于产业升级的促进作用。交

通发展显著缩短地区间通行时间，产生"空间吞噬"效应（Space Eating Effect）（Spiekermann & Wegener，2008），地域范围随着交通发展不断"缩小"，形成时空压缩（Time – Space Compression）。大量经验证据表明，知识溢出会随着空间距离的增加而衰减（Rosenthal & Strange，2004；Combes & Gobillon，2015）。交通发展在理论上使地区间相互作用的可能性提升，增加获取知识的便利性，有助于通过强化空间知识溢出促进地区产业升级（Chen & Hall，2011；毛琦梁和王菲，2017）。

除了空间距离限制，地区间其他维度的距离或邻近性关系也会影响空间知识溢出，其中，地区间经济、技术与文化等方面的差异是造成区域壁垒的重要原因。以中国为例，叶静怡等（2016）以长三角为对象的研究表明，城市群内部的知识溢出受到地区间地理和技术距离的阻碍作用。徐德英等（2015）研究发现，地理邻近显著影响中国高技术产业的省际知识溢出效应，不过，随着信息化的深入与交通便利度的提高，地理距离对于知识溢出的制约作用逐渐弱化。另外，文化差异也会增加地区间多种形式的交易成本，以至于弱化空间知识溢出。其中，典型的经验证据表明，以方言为表征的文化差异成为隐性壁垒，阻碍了地区间技术扩散（林建浩和赵子乐，2017）。

产业升级是地区创新发展的重要方面，在目前交通快速发展极大促进时空压缩的背景下，空间距离与其他维度距离影响空间溢出的复合作用尤其值得重视。缩短空间距离有助于增强空间溢出效应，但同时也可能在很大程度上得益于其他维度距离对于地区间相互阻碍作用的弱化。不过，这方面的研究目前尚不多见。因此，有必要基于多维距离复合作用角度探索交通发展如何通过便利空间知识溢出促进地区产业升级。一方面，探索交通发展是否会通过缩短空间距离而增强空间知识溢出对产业升级的促进作用；另一方面，探索交通发展是否有助于弱化其他维度距离对于空间知识溢出的限制作用，进而促进产业升级。

基于多维距离探索交通发展对于空间知识溢出与产业升级的影响，对于我国区域创新发展具有有益的启示。随着经济复杂性不断提高，组织网络对于创新越来越重要。复杂技术领域的创新依赖以团队解决问题为基础的组织化学习或集体化学习（Collective Learning）。此类学习机制非常有赖于以空间、经济、文化等多种维度邻近关系为基础的社会经济网络，企业的区位选择高度依赖高效、密集的知识溢出。因此，经济空间组织网络关系及其变化对于地区创新的影响至关重要。交通发展是否有助于缓解空间距离对于地区间经济关联的限制作用，并同时弱化技术、文化等多维距离的分割作用，对于经济空间组织网络的紧密联系程度及其相关的空间知识溢出具有重要影响。由此，对于理解当今经济空间组织的演化及其经济管理的政策启示具有重要作用。

中国非常重视交通基础设施建设，致力于通过交通发展塑造经济关系网络，并优化经济空间格局。中国的交通基础设施引人注目，其中，高速公路建设是重要方面，自第一条高速公路在 1988 年开通以来，截至 2015 年底，高速公路的通车总里程达到 12.5 万公里，超过 90% 的地级地区已接入高速公路网络（林善浪等，2018）。另外，中国地域辽阔，文明悠久绵长，区域之间在经济、技术、文化等方面的差异很大（高翔和龙小宁，2016）。因此，本章以中国为研究对象，基于空间知识溢出视角，致力于探索高速公路建设对于地区产业升级的促进作用，并重点剖析空间距离的缩短是否有助于改变其他维度距离对于空间知识溢出的影响并促进产业升级。本章的研究意义在于，通过探索高速公路建设对于地区产业升级的影响，揭示交通发展以何种路径通过空间溢出效应影响地区产业升级，深化认识空间溢出与区域经济发展之间的关系，并从中获得有益的政策启示。本章接下来安排如下：第二部分是理论分析；第三部分是实证策略与变量说明；第四部分是实证检验与结果分析；最后是研究结论与启示。

第二节　理论分析

基于产品空间理论视角，产业升级是地区生产能力演化的体现，其中，知识的积累与创新是提升生产能力的重要途径。从这个意义上讲，产业升级是依托于知识积累与更新的创新体现。基于空间角度，创新来源可分为两种：本地创新投入的增加和其他区域的创新空间溢出（白俊红和蒋伏心，2015）。近年来，知识的空间溢出日益受到关注。空间知识溢出的实质在于知识的跨地区流动，在相关研究中，知识溢出（Spillover）、知识转移（Transfer）、知识扩散（Diffusion）语意相近，共性是知识的流动，经常被替换使用（李青，2007）。知识或表征知识的生产能力可能会扩散到其他地区，进而影响地区产业发展。Boschma 等（2017）、Gao 等（2017）分别针对美国和中国的研究表明，区域间会发生知识溢出，导致邻近区域之间产业的协同演化。

不过，空间知识溢出受到地区间不同维度距离的重要影响。知识溢出发生机制具有显著的空间基础，地区间空间距离的增加会减弱知识溢出效应。在理论上，时空压缩有助于促进空间知识溢出。随着交通发展，空间距离摩擦逐步弱化，理论上，获取知识更加便利。第一，空间距离的缩短有助于提高信息传播的数量和质量，促进经济主体获取外部信息的机会。第二，学习机制非常依赖面对面交流，空间距离的缩短有助于减少人口流动的成本、提高人口流动性，因此，学习效率也会随着经济主体间空间距离的缩短而增强。第三，根据引力模型思想，区际投资与贸易受到地区间空间距离的摩擦作用，因此，时空压缩可以通过投资与贸易机制促进空间知识溢出。第四，空间距离的缩短有助于降低经济主体间在信息搜寻、监管等方面的成本，减少跨地区协作的难度，从而有助于增强合作研发促进空间知识溢出。因此，交通发展将通过多种机制促进地区间的空间知识溢出，成为促进产业升级的重要力量。

另外，空间距离（或地理邻近）并非空间知识溢出的充分条件，经济主体之间的联系不仅依赖空间邻近，同时还依赖基于某种共同或类似基准的组织邻近（Organizational Proximity），如经济、制度、技术、社会等距离关系在空间溢出中也发挥了重要作用（Boschma，2005）。经济特征的相似意味着地区间认知差异较小，具有利用和吸收知识资源的共同基础。魏守华等（2009）以长三角高技术产业创新为例，发现地区间技术相似度越高，技术溢出对创新绩效的提高越明显。Paci 等（2014）研究发现，科技水平相近的区域之间进行知识交流的成本较低。另外，表现为社会环境、风俗习惯等文化差异的组织邻近也是阻碍空间知识溢出的重要原因。文化差异不利于建构相互信任，甚至容易引起非正式制度冲突，这会导致交易成本增加（高翔和龙小宁，2016）。文化特征相似的地区之间更容易实现隐性知识的交流与扩散。从另一个侧面而言，空间知识溢出受多维距离影响实际上表现为地区主体利用或吸收能力的差异。利用能力是一个地区主动使空间外部性转化为本地经济成果的能力，反映经济主体对外部资源的实际利用程度，其中，两地之间的匹配关系直接影响了这种能力（魏守华等，2017）。这种匹配关系往往等同于两地间的多维距离或邻近关系：如扩散来源地与吸收地之间的技术相似，两者在文化、制度等方面的相似性等（魏守华等，2017）。中国的经验证据表明，地区利用能力显著影响地区经济绩效的溢出效应（覃成林等，2016；龚维进和徐春华，2017）。

实际上，空间距离也是技术、文化等其他多维距离影响空间知识溢出的重要基础。空间距离的缩短在某种程度上会弱化其他距离对于空间知识溢出的限制作用。换言之，空间距离的缩短对于空间溢出效应的促进可能在很大程度上同时得益于其他维度距离对于区际分割的弱化。从地区间技术差异的分割作用来看，时空压缩有助于拓展地区间经济合作的广度与深度。中间产品是知识流动的重要载体，以中间产品贸易为媒介，进口地区可以通过投入产出关联或模仿先进技术进行低成本学习（Sharma & Mishra，2015）。地区间贸易与交流还可能促进纯知识溢出。为了把控产品质量，企业会通过技术指导、研发人员派遣、劳动力培训等多种方式提高所投资地区的技术水平；具有产业关联的地区间一般会进行更自觉的技术交流和研发合作。从地区间文化差异的分割作用来看，文化差异会导致群体之间的沟通障碍，降低交流程度，容易限制知识扩散（Spolaore & Wacziarg，2009），对经济发展产生不利影响（Pendakur & Pendakur，2002）。地区间文化差异的形成与地理壁垒的空间阻碍息息相关，两地间交通距离的缩短，会降低地区间交流的心理距离，潜在地提高两地间的交流程度，也有利于相互间对于文化差异的理解与文化融合，从而有助于缓解文化差异对于地区间知识溢出的限制作用。

总结而言，交通发展使地区间多维距离对于空间知识溢出的限制作用弱化。面对面交流对不容易明确表达、存储和转移的隐性知识（Tacit Knowledge）传播至关重要（Feldman & Audretsch，1999）。基于产品空间理论视角，针对产业升级的隐性知识往往是关于新产品在研究、设计与开发过程中关于技术路线、设计方案等关键性知识，而这类知识往往固化于特定的社会网络、组织安排与创新环境中，比较难以脱离其原生的网络关系，知识的流动性较弱。而且，从复杂性角度来看，产业越向高级化演进，其产品越具有凝结人的知识和技能的特征，其开发与生产越是依赖既有的知识基础（Hidalgo & Hausmann，2009）。交通发展的本质是促进时空压缩，降低经济主体的联系成本，有助于提高流动便利性，增加经济主体面对面交流机会，知识承载主体更加容易接近，有利于增进知识交流和扩散，促进新知识的产生与创新。另外，交通发展拓展了工作和生活等交流范围，有利于促进不同文化背景地区之间的有效交流，从而有助于促进创新思想的产生。交通发展还有助于通过促进商品、要素与资本流动，推进技术交流与扩散，成为促进产业升级的重要力量。总体而言，交通发展降低了地区间多维距离的分割作用，一方面降低了空间距离对于空间知识溢出的阻碍作用，另一方面也弱化了技术、文化等其他分割因素对于空间知识溢出的限制。

第三节　模型设定与变量说明

一、实证模型设定

演化经济学将知识置于理论的核心研究新知识、新企业、新产业的出现及其所体现的产业发展路径，这对于研究地区产业升级具有重要意义。产业被认为是地区知识禀赋的载体，产业升级是依托知识积累与更新的创新体现。地区产业发展与地方利用、吸收和创造知识的能力直接相关。基于演化经济视角，本地知识积累并演化与现状产业结构紧密相连，产业发展表现出路径依赖特征。表现产业间知识背景相似程度的技术关联（Technological Relatedness）影响了知识可拓展的方向与程度（Hidalgo et al.，2007）。本地新产业往往衍生于技术相近的部门，产业演化实际上是地区内已有产业衍生出关联产业的分支过程（Neffke et al.，2011）。因此，地区已有产业结构奠定了知识禀赋，直接影响到产业升级的程度与方向，地区产业升级的影响机制可以用实证模型（7-1）进行评估：

$$upgrade_{i,t}^c = \alpha_1 K_{i,t-1}^c + \sum_k \beta_k Z_{i,t-1} + \gamma LQ_{i,t-1}^c + \varepsilon_{i,t} \qquad (7-1)$$

其中，$upgrade_{i,t}^c$ 表示 t 时期 i 地区 c 产业的升级状况；$K_{i,t-1}^c$ 表示 i 地区 $t-1$ 时期在 c 产业上的知识禀赋，用以说明本地知识禀赋对于产业升级的影响，或本地产业升级对于地区知识禀赋的依赖程度；$Z_{i,t-1}$ 为影响产业升级的其他变量；为控制初期产业发展水平对于产业升级的影响，加入了产业区位熵的滞后项 $LQ_{i,t-1}^c$；ε 为扰动项。考虑到知识禀赋等地区特征对于产业升级的影响具有滞后性，所以对解释变量进行了滞后一期处理。另外，在回归模型中加入年份虚拟变量（year），控制如宏观经济层面上的产业结构变化；还加入了省份虚拟变量（province）以控制区域差异；加入二位数产业门类虚拟变量（sector）以控制产业差异。

为了进一步测度空间知识溢出对于地区产业升级的影响，本章发展了以下实证策略：选取行政边界邻接的地区作为研究样本。很多经验证据表明，知识溢出具有空间距离衰减特征，那么，在其他条件相同的情况下，空间知识溢出一般在邻接地区之间最显著。若地区产业升级中存在知识溢出效应，基于动态视角，邻接地区在某个产业上具备更好的知识禀赋，那么该地区未来在该产业上就越有可能实现产业升级。因此，为验证空间知识溢出对于产业升级的影响，在实证模型构建中加入邻接地区知识禀赋变量。另外，为剖析地区间在经济和文化维度距离对于空间知识溢出的影响，在模型中加入地区间多维距离变量与知识禀赋变量的交叉项，以反映多维距离关系或匹配程度对于知识溢出的影响，模型设定如式（7-2）所示：

$$upgrade_{i,t}^c = \alpha_1 K_{i,t-1}^c + \alpha_2 K_{Nj,t-1}^c + \alpha_3 K_{Nj,t-1}^c \times D_{i,Nj,t-1} + \alpha_4 D_{i,Nj,t-1} + \sum_k \beta_k Z_{i,t-1} + \gamma LQ_{i,t-1}^c + \varepsilon_{i,t} \qquad (7-2)$$

其中，$K_{Nj,t-1}^c$ 表示 i 地区的邻接地区 j 在 $t-1$ 时期有关 c 产业的知识禀赋，系数 α_2 表示该地区知识禀赋对于 i 地区产业升级的影响，即为空间知识溢出效应，如系数显著为正，说明地区产业升级受到周边地区的空间知识溢出正效应。$D_{i,Nj,t-1}$ 表示 i 地区与其邻接的 j 地区之间的多维距离关系，本章将重点考虑两地间经济距离和文化距离，用以描述两地间的匹配程度，因此，$K_{Nj,t-1}^c \times D_{i,Nj,t-1}$ 表示与 i 地区邻接的 j 地区知识禀赋与两地间不同维度距离的交互项，用以描述两地间在经济与文化方面的邻近程度对空间知识溢出的影响，如该交互项系数显著为负，说明地区间经济或文化距离越大，产业升级受到的空间知识溢出效应越小。

为进一步揭示交通发展对于产业升级受到空间知识溢出效应的影响，重点分析空间距离的缩短如何影响其他类型距离对于知识溢出的作用程度，采用的实证策略如下：以两地间是否有直接连接的高速公路作为交通发展的代理变量。在模型（7-2）中加入了高速公路连接的逻辑值、经济距离（或文化距离）与邻接地区知识禀赋的三变量交互项，用以反映交通发展对于空间知识溢出中经济或文化距离作用的调节效应，具体实证模型如式（7-3）所示。其中，$Highway_{i,Nj,t-1}$ 表示 i 地区与其邻接的 j 地区之间是否有高速公路直接连接，若有，则 $Highway_{i,Nj,t-1}$ 设定为1，否则为0。预期 $K^c_{Nj,t-1} \times D_{i,Nj,t-1} \times Highway_{i,Nj,t-1}$ 估计系数为正，表明交通发展会弱化其他维度距离对于地区间空间知识溢出的阻碍作用。

$$upgrade^c_{i,t} = \alpha_1 K^c_{i,t-1} + \alpha_2 K^c_{Nj,t-1} + \alpha_3 K^c_{Nj,t-1} \times D_{i,Nj,t-1} \times Highway_{i,Nj,t-1} + \alpha_4 K^c_{Nj,t-1} \times$$
$$D_{i,Nj,t-1} + \alpha_5 Highway_{i,Nj,t-1} + \alpha_6 D_{i,Nj,t-1} + \sum_k \beta_k Z_{i,t-1} + \gamma LQ^c_{i,t-1} + \varepsilon_{i,t} \qquad (7-3)$$

本章实证策略的选择基于以下原因：不同空间距离地区间交流所依托的交通方式结构并不相同，从而导致空间距离对知识溢出的影响将不具有一致性变化，高等级城市之间可以通过公路、铁路、航空等多样性交通条件进行联系，而很多邻近地区间可依赖的交通方式较为单一。由此，相距遥远的高等级城市间的知识溢出甚至可能强于邻近地区之间。邻接地区间交流基本以公路交通为主，公路距离是影响两地区间空间距离的主要因素。基于此，选择邻接地区作为空间知识溢出的来源可以有效克服交通方式对于地区间知识溢出的影响。另外，与普通公路相比，高速公路通行速度更快，而且，高速公路往往会采取工程手段弱化地形地貌因素对于路线布局的影响，减少迂回，相比普通公路，两地间的通行里程更短。因此，高速公路连通会在很大程度上缩短地区间通行时间，两地间是否具有高速公路的直接连通可以成为交通发展的有效代理变量。当然，空间知识溢出不仅会来源于邻接地区，较远距离的地区也可能成为知识溢出的源头。不过，本章的研究目的是在剖析多维距离影响空间知识溢出的基础上，重点探讨交通发展（即空间距离缩短）是否有助于弱化经济、文化等其他维度距离对于空间知识溢出的限制并促进产业升级。因此，本章并非需要探索地区间知识溢出的空间范围，而需着眼于地区间实际空间距离的缩短将如何改变其他维度距离对于空间知识溢出的影响。首先，邻接地区间空间知识溢出的潜在可能性最大；其次，邻接地区间空间接近程度相似，更有利于探索地区间经济、文化等方面的异质性对于空间知识溢出的影响，再加上交通发展的不均衡，邻接地区间实际空间距离变化也差异很大。基于此，通过分析高速公路建设对于邻接地区间知识溢出的影响，可以有效地探索交通发展对于产业升级的影响。

二、变量说明

（一）产业升级测度

基于研究进展来看，对于产业升级的测度可以从很多视角展开，本章选择基于产业结构角度，通过捕捉不同门类产业间的比例关系变化来评测产业升级，而并不关注产业在技术、效率等维度的升级状况。换言之，本章是从地区生产结构的数量关系视角考察产业升级问题。在此意义上，对于产业升级的测度可以利用区位熵。产业区位熵可以有效地表示地区比较优势。依据比较优势理论，地区比较优势实质上以地区产业竞争力为基础，直观体现于地区产品对区际市场的占有程度。区位熵指标能够很好地显示地区之间在各个产业上的相互贸易格局，从而反映各产业的竞争能力，区位熵的变化能够很好地反映地区不同产业间的相对竞争力变化，从而可以较好地描述产业升级状况。由此，本章利用地区各个产业区位熵的年际增长程度来测度产业升级状况，区位熵增大表示该产业为升级产业，若区位熵降低了，则表示该产业为相对衰落产业，不同产业间的区位熵增长差异可以很好地表现出地区产业升级的基本格局。区位熵与产业升级的测度方法分别如式（7-4）与式（7-5）所示。

$$LQ_{i,c}^{t} = \frac{\dfrac{O_{i,c}^{t}}{\sum_{c} O_{i,c}^{t}}}{\dfrac{O_{c}^{t}}{\sum_{c} O_{c}^{t}}} \tag{7-4}$$

$$upgrade_{i,t}^{c} = LQ_{i,c}^{t} - LQ_{i,c}^{t-1} \tag{7-5}$$

其中，$LQ_{i,c}^{t}$ 表示 i 地区 t 时期 c 产业基于总产值的区位熵，$O_{i,c}^{t}$ 为 i 地区 t 时期 c 产业的总产值，O_{c}^{t} 为全国 t 时期 c 产业的总产值。$upgrade_{i,t}^{c}$ 表示 i 地区 t 时期 c 产业的升级状况。另外，特别需要说明的是，为了更好地聚焦于产业升级，并不关注已经具备区域竞争力的产业的增长或衰落状况。为此，本章对于考察样本限定于考察期初地区并不具备比较优势的产业，按照研究惯例，往往从显性比较优势进行划分，一般设定为区位熵小于 1 的产业。为此，本章对于考察产业的选择，首先将考察期初（2003 年）区位熵大于 1 的产业删去；另外，为了尽可能地排除偶然性因素导致考察期初（2003 年）产业区位熵的较大幅度波动导致样本选择的偏差，仅选择了区位熵小于 0.5 的产业作为考察样本①。如此设定，尽

---

① 如区位熵为 0.8、0.7 左右的产业，很可能在某段时间内已经成为地区具有比较优势（区位熵大于 1）的产业，可能由于某些特定年份的偶然性因素导致区位熵在考察期初小于 1，因而很可能掩盖了产业的实际竞争力状况，相对而言，区位熵小于 0.5 的产业出现这种情况的可能性要小很多。

可能地保证所选择的产业在考察期之前并不是具有较强竞争力的产业。

（二）地区知识禀赋

为了测度地区间的空间知识溢出，度量地区知识禀赋是关键。目前，通常以知识存量来表示知识禀赋。从广义来看，知识存量是指某阶段内一个经济系统对知识资源的占有总量，是依附于系统内部人员、设备和组织中的所有知识的总和，反映了系统生产知识的能力和潜力（李顺才等，2003；邓明和钱争鸣，2009）。对于知识存量的测度，由于没有现成的统计数据，知识存量的测度一般都是基于估算，而且往往只能对狭义意义上的技术知识存量或 R&D 知识存量进行估计，即指企业或区域 R&D 的知识积累，这种形式存在片面性。

基于产品空间理论，产品是地区生产能力及其相关知识禀赋的载体，其综合性地包括产品生产所需要的要素投入以及相应组织方式、制度等外部环境在内的全部生产条件与能力的集合（Hidalgo et al.，2007）。因此，地区产业基础能够很好地综合性地体现出地区的生产能力，反映该地区所具有的知识禀赋。为此，本章根据 Hidalgo 等（2007）的"产品密度"概念来测度地区在相关产业上的知识禀赋。产品密度概念反映在某地区既定产业基础的条件下围绕某个特定产业所具有的生产能力，将该地区在某个产业上有关投入、技术水平和组织结构等方面知识禀赋综合地体现出来。产品密度值越大，说明该产业的知识禀赋越高，反之则反。同时，对于产业升级而言，产品密度越高，新发展产业与已有产业基础的关联更为密切，升级所需的跳跃幅度越小，产业升级越容易得到实现。具体方法如式（7-6）所示。

$$\omega_{i,c,t} = \frac{\sum_k x_{i,c,t}\phi_{c,k}}{\sum_k \phi_{c,k}} \tag{7-6}$$

其中，$\omega_{c,i,t}$ 表示 i 地区 c 产业在 t 年的产品密度，$x_{i,c,t}$ 为 i 地区 c 产业在 t 年是否具有显性比较优势的二元逻辑值，如果该产业区位熵大于 1，则 $x_{i,c,t}=1$，否则等于 0。$\phi_{c,k}$ 表示 c 产业与 k 产业之间的相似度，即基于技术关联的产业邻近度，若任意两种产业所需的生产能力或知识基础越相似，则产业的邻近度越高。根据产品空间理论，产业邻近度可以基于比较优势的共生分析进行测度，即基于如下思路：纵观全局，如果地区在某两种产业上同时具有显性比较优势的概率越高，则可以认为这产业所需的生产能力越相似，两种的邻近度越高。具体计算方法如式（7-7）所示：

$$\phi_{c,k} = \min\{P(LQ_c \mid LQ_k), P(LQ_k \mid LQ_c)\} \tag{7-7}$$

其中，LQ_c 表示产业 c 的显性比较优势（用区位熵测度），$\phi_{c,k}$ 表示在产品 c 具有显性比较优势的条件下（区位熵大于 1），产业 k 也具有显性比较优势的条件概率，反映了 c、k 两种产业在某地区同时具有显性比较优势的可能性，一般而言，同时生产两种产品所需条件相对严苛，因而，选取条件概率的最小值作为测度产业邻近度的数值。

（三）距离变量

为分析地区间多维距离对于地区产业升级过程受到空间知识溢出的影响，本章基于空间、经济与文化三个方面构建距离。在空间距离方面，如前文所述，以两地间是否有直接连接的高速公路作为交通发展的度量；经济距离表示地区间的经济特征相似程度；文化距离表示地区文化、社会甚至风俗习惯等诸多方面的相似程度。如理论分析部分论述，预期空间知识溢出与经济邻近呈正相关关系。本章根据林光平等（2006）的方法，利用地区间人均 GDP 的比值测度地区间经济距离，比值越接近 1，两地间经济距离越小，反之则反。

基于文化距离的测度，本章依据经典的经济研究范式，使用方言距离作为文化差异的代理变量（Desmet et al.，2009）。虽然随着普通话的推广，方言已经不再严重阻碍各地之间的交流，但由于文化认同的原因，方言所代表的文化特征仍然对知识扩散等地区间交流产生影响（林建浩和赵子乐，2017）。地区方言分布及系属情况来自《汉语方言大词典》（许宝华和宫田一郎，1999），其按方言大区、方言区、方言片的层次对汉语方言系属进行了整理。每个方言大区细分为若干个方言区，每个方言区下面又分为若干个方言片。一般而言，一个地级地区往往只分布有单一的方言大区，但其中经常分布有多个方言区，方言片的种类就更为多样化。相对而言，地域范围更小的县级地区一般只有单一的方言片分布。为此，本章基于刘毓芸等（2015）的方法，先进行县级地区间的方言距离赋值，再基于人口加权计算地级地区之间的方言距离。具体的方言距离赋值规则如下：若两个县级地区属于同一个方言片，则设定距离为 0；若属于一个方言区的不同方言片，则设定距离为 1；若属于同一方言大区的不同方言区，则设定距离为 2；若属于不同方言大区，则设定距离为 3。之后利用式（7－8）加权得到地级地区之间的方言距离。其中，$CD(A，B)$ 表示地级地区 A 与 B 之间的方言距离；$P(A_i)$ 为地级地区 A 下辖的 i 县所占的人口比例，$P(B_j)$ 为地级地区 B 下辖的 i 县所占的人口比例；$cd_{i,j}$ 是 i 县和 j 县之间的方言距离。

$$CD(A,B) = \sum_i \sum_j P(A_i) \cdot P(B_i) \cdot cd_{i,j} \qquad (7-8)$$

三、数据说明与描述

本章以 2003～2009 年为考察时期，并基于制造业和中国大陆地级地区进行分析。因为我国对国民经济行业分类进行过几次调整，为了尽可能地排除因行业分类变动对于研究结果的影响，选取使用同一分类标准且契合工业企业数据年份的时段——2003～2009 年。基于《中国城市统计年鉴》统计数据连续性以及

《汉语方言大词典》中收录县级地区方言情况，选择了有连续并完整数据统计的275 个地级地区①。产业数据根据《中国工业企业数据库》整理而得，总计包括除武器制造业等国防工业外的 516 个四位数行业。基于 2003～2009 年全国交通地图，建立全国交通网络地理信息数据库，利用 ArcGIS 空间分析功能获取地级地区之间的高速公路连接情况。其他如人均生产总值等数据来源于相应年份的《中国城市统计年鉴》。本章通过计算 2003～2009 年的产业邻近度获得了各个产业之间的距离关系，结果发现，产业间距离关系变化并不明显，产业邻近度的概率累积分布较为稳定，因此，最终选择了 2003～2009 年产业邻近度的平均值进行测度。

2003～2009 年中国高速公路的空间分布情况显示，2003 年高速公路覆盖的地区并不多，但到 2009 年高速公路网已经密集地覆盖到了全国多数地区，除了西部部分区域之外，高速公路已经覆盖到了全国绝大多数地级及以上地区。交通基础设施的快速发展使地区之间的联系便利性有很大提高，显著地促进了时空压缩。因为相对而言，西北（内蒙古、甘肃、青海、宁夏与新疆）和西藏的地级地区地域面积较大，地区间空间距离也相应较大，为了更好地反映相邻地区间的空间知识溢出情况，考察样本中不包括西北五省与西藏。最终，总计考察相邻地级地区共 697 对。图 7－1 显示了不同时期邻接地级地区间的高速公路连通情况，2003 年，多数相邻地级地区间还未连通高速公路，但到 2009 年，半数以上的相邻地级地区间已经实现高速公路的直接连通。

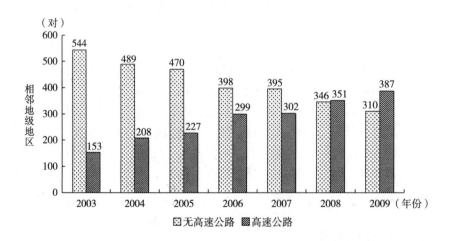

图 7－1 中国邻接地区间的高速公路连接情况（2003～2009 年）

---

① 北京、天津、上海、重庆四个直辖市视作地级地区。《汉语方言大词典》显示，汉语方言在少数民族地区的分布较少，因此，未将新疆、内蒙古、宁夏、青海、西藏 5 个省级行政区的地级地区纳入分析范围。

图 7-2 描述了考察期（2003～2009 年）内不同区域的产业升级情况，具体比较了邻接地区间有高速公路连接和无高速连接情况下，地区产业升级的特征事实差异①：无论是从全国整体而言，还是从分区域的结果来看，如果两个邻接地区间有高速公路连接，那么，当邻接地区具有某个产业的显性比较优势时（区位熵大于 1），本地该产业实现比较优势晋级（区位熵从小于 0.5 增长到大于 1）的非条件概率要大于毗邻两地间无高速公路连接的情况。该特征事实从侧面说明了，高速公路建设可能通过便利地区间相互作用而促进了产业升级。另外，表 7-1 列出了主要变量的描述性统计情况。

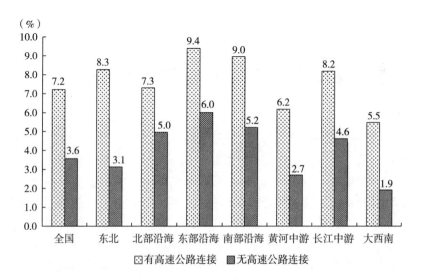

图 7-2 分区域地区产业升级情况（2003～2009 年）

注：区域划分基于国务院发展研究中心《地区协调发展的战略和政策（2005）》的"四块八分法"。

表 7-1 变量的描述性统计

变量	代码	观测数	平均值	标准差	最小值	最大值
文化距离	*culture*	137869	1.258038	0.878097	0	3
经济距离	*economic*	137869	0.552152	0.42334	0.1809	2.064
本地产业密度	*local_density*	137869	0.181309	0.076608	0.003	0.506

---

① 具体计算如下情况：按照前文标准选定的潜在升级产业中，在邻接地区该产业已经具备比较优势的情况下（邻接地区已具备相应产业竞争力），该地区有多大比重的产业最终实现了比较优势的晋级，即描述邻接地区对于本地产业升级的影响。

续表

变量	代码	观测数	平均值	标准差	最小值	最大值
邻接地区产业密度	*neighbor*	137869	0. 159676	0. 078571	0. 002	0. 506
是否高速公路连接	*highway*	137869	0. 464464	0. 498736	0	1
区位熵滞后项	*LQ_lag*	137869	2. 20926	4. 723872	0. 01	53. 27
区位熵增长量	*growth*	137869	0. 266853	2. 152193	− 3. 96	1. 541
区位熵增长率	*gowthrate*	137869	0. 017446	1. 434888	− 0. 98	5. 124
区位熵增长逻辑值	*logit_growth*	137869	0. 433734	0. 495921	0	1

第四节　实证检验与结果分析

表7－2汇报了模型（7－2）的回归结果，其中第1~7列分别为使用不同距离变量及其相关交叉项的估计结果。如结果所示，代表邻接地区特定产业知识禀赋的生产能力变量（*neighbor*）的回归系数都显著为正，这表明目标地区产业升级过程中明显受到周边地区的正面知识溢出效应。通过进一步观察这种空间知识溢出是否受到地区间的文化与经济距离的影响，如列2~4的结果表明，文化距离与周边地区产业知识禀赋交互项（*culture × neighbor*）的回归系数显著为负，这表明，在地区产业升级过程中，来自周边地区的空间知识溢出效应受地区间文化距离的负面影响，两地间文化距离越大，产业升级受到空间知识溢出的正面作用程度就越低。另外，经济距离与周边地区产业知识禀赋交互项（*economic × neighbor*）的回归系数也是显著为负，这表明在地区产业升级过程中，来自周边地区的空间知识溢出程度受地区间经济距离的负面影响，两地间经济距离越大，产业升级受到空间知识溢出的正面效应也就越低。总结而言，地区产业升级受到空间知识溢出的正面作用，但是影响程度受地区间经济距离与文化距离的综合性影响，表现出随着这几类距离的增大而衰减的特征。由此也表明，空间知识溢出效应及其衰减性与地区间多维距离的复合作用有关。

综上所述，地区产业升级受周边地区空间知识溢出的影响，影响程度与地区间多维距离有关。目前，随着交通的快速发展，地区间空间距离日益缩短，时空压缩是典型的特征事实。空间距离的这种变化是否会重新塑造产业升级中空间知识溢出效应的作用机制？具体而言，两地间空间距离的缩短是否可能改变经济、文化等其他维度距离对空间知识溢出效应的限制性影响？为此，有必要进一步探索时空压缩对于多维距离下产业升级受到空间知识溢出的影响程度变化。为此，对于模型（7-3）进行估计，分别加入了表征交通发展的高速公路连接情况变量与文化距离（或经济距离）、邻接地区产业知识禀赋的交互项，以期探索交通发展对于不同距离条件下空间知识溢出的调节作用，结果如表7-2中第5~7列所示，其中，分别显示了使用不同类型距离交互项的估计结果。

表 7 - 2　空间知识溢出与地区产业升级估计结果

	(1)	(2)	(3)	(4)	(5)	(6)	(7)
local_density	0.362 ***	0.351 ***	0.363 ***	0.352 ***	0.351 ***	0.362 ***	0.352 ***
	(0.00493)	(0.00498)	(0.00494)	(0.00498)	(0.00500)	(0.00495)	(0.00500)
neighbor	0.0104 ***	0.0604 ***	0.0406 ***	0.0871 ***	0.0583 ***	0.0392 ***	0.0845 ***
	(0.00387)	(0.00568)	(0.00587)	(0.00697)	(0.00576)	(0.00598)	(0.00710)
culture × neighbor			-0.0241 ***	-0.0220 ***		-0.0241 ***	-0.0219 ***
			(0.00373)	(0.00376)		(0.00373)	(0.00376)
culture			-0.0326 ***	-0.0295 ***		-0.0307 ***	-0.0286 ***
			(0.00771)	(0.00781)		(0.00794)	(0.00803)
culture × neighbor × highway						0.00143 **	0.00180 **
						(0.00029)	(0.00041)
economic × neighbor		-0.0849 ***		-0.0834 ***	-0.0852 ***		-0.0837 ***
		(0.00730)		(0.00737)	(0.00731)		(0.00737)
economic		-0.120 ***		-0.118 ***	-0.112 ***		-0.111 ***
		(0.0155)		(0.0157)	(0.0158)		(0.0159)
economic × neighbor × highway					0.0104 **		0.0101 **
					(0.00402)		(0.00405)
highway					0.0139 **	0.00999 **	0.0177 **
					(0.00592)	(0.00447)	(0.00750)
LQ_lag	-0.559 ***	-0.558 ***	-0.559 ***	-0.558 ***	-0.558 ***	-0.559 ***	-0.558 ***
	(0.00117)	(0.00118)	(0.00117)	(0.00118)	(0.00118)	(0.00117)	(0.00118)
year	Yes	Yes	Yes	Yes	Yes	Yes	Yes
province	Yes	Yes	Yes	Yes	Yes	Yes	Yes
sector	Yes	Yes	Yes	Yes	Yes	Yes	Yes
_cons	-0.405 ***	-0.380 ***	-0.370 ***	-0.349 ***	-0.383 ***	-0.382 ***	-0.359 ***
	(0.0228)	(0.0245)	(0.0247)	(0.0258)	(0.0251)	(0.0255)	(0.0267)

	(1)	(2)	(3)	(4)	(5)	(6)	(7)
N	137869	137869	137869	137869	137869	137869	137869
adj. R^2	0.196	0.197	0.196	0.197	0.197	0.196	0.197

注：括号中的值是标准差，***、**、*分别表示在1%、5%、10%水平上显著。为节约篇幅，删除了部分控制变量的估计结果。

表7-2第5列结果显示，高速公路连接情况变量、经济距离与周边地区产业知识禀赋的交互项（$economic \times neighbor \times highway$）的回归系数显著为正，与经济距离和邻近地区产业知识禀赋交互项的回归系数符号相反，说明两地区间有改善型的高速公路交通条件会弱化经济距离对于空间知识溢出的阻碍作用，也即为，空间距离缩小有助于弱化经济距离对于空间知识溢出的阻碍作用。换言之，交通发展有助于通过缓解地区间经济距离对于空间知识溢出的阻碍作用，进而成为促进地区产业升级的推动力量。表7-2第6列结果显示，高速公路连接情况变量、文化距离与周边地区产业知识禀赋的交互项（$culture \times neighbor \times highway$）的回归系数显著为正，与文化距离和邻近地区产业知识禀赋交互项的回归系数符号相反，说明两地区间有改善型的高速公路交通条件会弱化文化距离对于空间知识溢出的阻碍作用，也即为，空间距离的缩小有助于弱化文化距离对于空间知识溢出的阻碍作用。换言之，因为交通的发展，地区间文化差异所造成的区际壁垒对于两地间知识溢出的阻碍作用也逐步弱化，进而成为促进地区产业升级的推动力量。第7列为同时放入高速公路连接情况变量、经济距离与周边地区产业知识禀赋交互项以及高速公路连接情况变量、文化距离与周边地区产业知识禀赋交互项的回归结果，回归系数与两者分别单独放入时的作用方向一致，系数估计值也基本相同。因此，可以得出以下结论，交通发展有助于增强不同发展水平或不同文化地区间的潜在经济联系，交通发展使地区产业升级更加受益于空间知识溢出效应。

第五节　结论与启示

本章基于空间知识溢出的视角，深入探索了高速公路建设对于产业升级的促进作用。研究结果表明，地区产业升级受到空间知识溢出的正面效应，不过，影响程度随着地区间空间、经济与文化等多维距离的增大而衰减。进一步的研究表明，一方面，高速公路建设有助于缓解空间距离对于地区间空间知识溢出的限制作用而利于产业升级；另一方面，高速公路建设还有利于弱化地区间经济或文化距离对于空间知识溢出的限制作用，增强异质性发展水平或文化地区间的知识扩散，使地区产业升级更加受益于空间知识溢出效应。该结果表明，交通基础设施建设可以成为促进产业升级的重要力量。交通发展通过促进时空压缩，提高地区间可达性，使地区有更多机会可能利用外部的知识禀赋，从而更加便利地获取知识，促进学习机制，弱化本地知识禀赋对于产业升级的限制，可以有机会实现更大程度的产业升级。

目前，产业升级已成为当今中国备受关注的重大现实问题，推进产业有序演进与发展、获取经济发展新动能成为众多地方政府积极追求的重要目标。但是，以"东北经济问题"为代表性的区域经济现象表明，很多地区面临产业转型与升级的困境，产业竞争优势似乎掉入了结构性"陷阱"，产业发展好像被"锁死"。本章的结果意味着，各地区在促进本地产业升级的过程中，除了注重自身创新投入对本地区的直接效应之外，还要进行有效的区际互动，重视利用空间知识溢出效应，促进产业升级中的地区间集体学习机制。从全国层面上看，目前交通基础设施建设的大力投入不断促进时空压缩，有助于扩大地区间的知识溢出，成为促进地区产业升级的重要力量。从某种意义上而言，交通基础设施建设有助于推进地区产业升级的内生过程，成为产业转型与新经济结构塑造的重要源泉。

关于政策启示，在全国实施创新驱动发展战略以及地方政府积极推进产业升级过程中，探索并实施何种政策措施以利用创新的空间溢出非常必要。因此，政策的重点之一就是促进创新投入在区域间的溢出效应及其实现机制。正如高速公路的作用，尽可能降低地区间联系成本、破除地区间交流的阻碍因素是政策的题中之义。一方面，交通基础设施建设仍然是重点举措，力图持续促进时空压缩，降低知识等要素在内的空间流动成本。另一方面，需要重视制度建设，要深入推进经济发展中的制度化、法治化，降低地区间基于行政区划分割的交易成本；注重文化软实力建设以增强居民的文化认同感，提升国家统一市场的凝聚力，减弱文化差异引致的不信任对于地区间交流的不利影响。

本章参考文献

［1］Boschma R，Martín V，Minondo A. Neighbour regions as the source of new industries［J］. Papers in Regional Science，2017，96（2）：227－245.

［2］ Boschma R. Proximity and innovation: A critical assessment ［J］. Regional studies, 2005, 39 (1): 61 – 74.

［3］ Chen C L, Hall P. The impacts of high – speed trains on British economic geography: A study of the UK's intercity 125/225 and its effects ［J］. Journal of Transport Geography, 2011, 19 (4): 689 – 704.

［4］ Combes P – P, Gobillon L. The empirics of agglomeration economies ［A］//Handbook of Regional and Urban Economics ［M］. Elsevier B. V., 2015.

［5］ Desmet K, Weber S, Ortuno – ortin I. Linguistic diversity and redistribution ［J］. Journal of the European Economic Association, 2009, 7 (6): 1291 – 1318.

［6］ Feldman P, Audretsch D. Innovation in cities: Science – based diversity, specialization and localized competition ［J］. European Economic Review, 1999, 43 (2): 409 – 429.

［7］ Gao, J, B Jun, A Pentland, T Zhou, and C A Hidalgo. Collective Learning in China's Regional Economic Development ［Z］. Papers in Evolutionary Economic Geography, NO. 1706, 2017.

［8］ Hidalgo A, Hausmann R. The building blocks of economic complexity ［J］. Proceedings of the National Academy of Sciences of the United States of America, 2009, 106 (26): 10570 – 10575.

［9］ Hidalgo A, Klinger B, Barabási A, Hausmann R. The product space conditions the development of nations ［J］. Science, 2007, 317 (5837): 482 – 487.

［10］ Neffke F, Henning M, Boschma R. How do regions diversify over time? Industry relatedness and the development of new growth paths in regions ［J］. Economic Geography, 2011, 87 (3): 237 – 265.

［11］ Paci R, Marrocu E, Usai S. The complementary effects of proximity dimensions on knowledge spillovers ［J］. Spatial Economic Analysis, 2014, 9 (1): 9 – 30.

［12］ Pendakur K, Pendakur R. Language as both human capital and ethnicity ［J］. International Migration Review, 2010, 36 (1): 147 – 177.

［13］ Rosenthal S, Strange W. Evidence on the nature and sources of agglomeration economies ［A］//Handbook of Regional and Urban Economics ［M］. Elsevier B. V., 2004.

［14］ Sharma C, Mishra R. International trade and performance of firms: Unraveling export, import and productivity puzzle ［J］. Quarterly Review of Economics & Finance, 2015, 57: 61 – 74.

［15］Spiekermann K，Wegener M. The shrinking continent：Accessibility，competitiveness，and cohesion［J］. European Spatial Research and Planning，2008，177（4）：115 – 140.

［16］Spolaore R，Wacziarg R. The diffusion of development［J］. Quarterly Journal of Economics，2009，124（2）：469 – 529.

［17］Trippl M. Scientific mobility and knowledge transfer at the interregional and intraregional level［J］. Regional Studies，2013，47（10）：1653 – 1667.

［18］白俊红，蒋伏心. 协同创新、空间关联与区域创新绩效［J］. 经济研究，2015（7）：174 – 187.

［19］邓明，钱争鸣. 我国省际知识存量、知识生产与知识的空间溢出［J］. 数量经济技术经济研究，2009（5）：42 – 53.

［20］高翔，龙小宁. 省级行政区划造成的文化分割会影响区域经济吗?［J］. 经济学（季刊），2018，15（2）：647 – 674.

［21］龚维进，徐春华. 空间外溢效应与区域经济增长：基于本地利用能力的分析［J］. 经济学报，2017（1）：45 – 65.

［22］李青. 知识溢出：对研究脉络的基本回顾［J］. 数量经济技术经济研究，2007，24（6）：153 – 160.

［23］李顺才，邹珊刚，苏子仪. 一种基于永续盘存的知识存量测度改进模型［J］. 科学学与科学技术管理，2003，24（9）：13 – 15.

［24］林光平，龙志和，吴梅. 中国地区经济 σ – 收敛的空间计量实证分析［J］. 数量经济技术经济研究，2006，23（4）：14 – 21.

［25］林建浩，赵子乐. 均衡发展的隐形壁垒：方言、制度与技术扩散［J］. 经济研究，2017（9）：184 – 199.

［26］林善浪，叶炜，张丽华. 时间效应对制造业企业选址的影响［J］. 中国工业经济，2018（2）：137 – 156.

［27］刘毓芸，徐现祥，肖泽凯. 劳动力跨方言流动的倒 U 型模式［J］. 经济研究，2015（10）：134 – 146.

［28］毛琦梁，王菲. 比较优势、可达性与产业升级路径——基于中国地区产品空间的实证分析［J］. 经济科学，2017（1）：50 – 64.

［29］覃成林，龚维进，卢健. 空间外部性、利用能力与区域经济增长［J］. 经济经纬，2016（6）：1 – 6.

［30］魏守华，顾佳佳，姜悦. 知识溢出、吸收能力与经济绩效的研究述评［J］. 现代经济探讨，2017（9）：129 – 138.

［31］魏守华，姜宁，吴贵生. 内生创新努力、本土技术溢出与长三角高技

术产业创新绩效［J］．中国工业经济，2009（2）：25 – 34.

　　［32］徐德英，韩伯棠．地理、信息化与交通便利邻近与省际知识溢出［J］．科学学研究，2015（10）：1555 – 1563.

　　［33］许宝华，宫田一郎．汉语方言大词典（第五卷）［M］．北京：中华书局，1999.

　　［34］叶静怡，林佳，姜蕴璐．知识溢出、距离与创新——基于长三角城市群的实证分析［J］．世界经济文汇，2016（3）：21 – 41.

附　录

附录1　重点产业政策的选择方法

本章所谓政策导向行业基于吴意云和朱希伟（2015）的研究，是指在中央和各省规划中以"支柱产业""先导产业""潜力产业""重点发展产业""突破发展产业"和"优势产业"或者用"做大做强""重点发展""大力发展""积极发展""加速发展""壮大规模""着力培育"等词描述未来五年发展目标的行业；否则列入其他行业。列入其他行业的这些工业行业，或者在五年规划中未被提及，或多用"合理发展""适当控制""调整优化""改组改造""压缩规模""逐步淘汰""限制发展"及"有序转移"等描述其前景。个别省份五年规划对行业的提法惯用多个行业的统称（如高新技术产业、信息产业）、工业部门分类法（如化学工业）或以行业代表性产品指代。我们进一步查询这些省相应的工业五年规划并用国家统计局和各省统计局编制的产业统计分类标准进行归并，参考资料包括国家统计局编的《统计用产品分类目录》（中国统计出版社，2010年）、《战略性新兴产业分类（2012）》、《新材料产品统计目录》、《高技术产业（制造业）分类（2013）》、《高技术产业统计分类目录》（国统字〔2002〕33号）、《统计上划分信息相关产业暂行规定》及《环境保护活动分类》等，参见国家统计局网站 http：//www. stats. gov. cn/。值得指出的是，本章统计的各地政策导向行业个数与宋凌云和王贤彬（2013）的研究不尽相同，这是因为双方的界定方法有所区别。他们将30个省份五年规划（计划）中提到的制造业产业均视为重点产业，对其中提及的制造产品按国民经济行业代码（GB/T4754—2002）归类，但未考虑新材料、新能源等产业。

附表1 "九五"期间被选为重点产业的情况

行业	全国	北京	天津	河北	山西	内蒙古	辽宁	吉林	黑龙江	上海	江苏	浙江	安徽	福建	江西	山东
农副食品加工业	0	0	0	0	0	1	0	1	1	0	0	1	0	0	1	0
食品制造业	0	0	1	1	0	1	0	1	1	0	0	1	0	0	1	0
饮料制造业	0	0	1	1	0	0	1	0	0	0	0	0	0	0	0	0
纺织业	0	0	0	0	0	1	0	1	1	0	0	1	0	1	0	0
纺织服装、鞋、帽制造业	0	0	0	1	0	0	0	0	0	0	0	1	0	1	0	0
皮革、毛皮、羽毛（绒）及其制品业	0	0	0	0	0	1	1	1	0	0	0	0	0	0	0	0
木材加工及木、竹、藤、棕、草制品业	0	0	0	0	0	1	0	0	1	0	0	0	0	0	1	0
家具制造业	0	0	0	0	0	0	0	0	0	0	0	0	0	0	0	0
造纸及纸制品业	0	0	0	0	1	0	0	1	1	0	0	0	0	0	0	0
印刷业和记录媒介的复制业	0	0	0	0	0	0	0	0	0	0	0	0	0	0	0	0
文教体育用品制造业	0	0	0	0	0	0	0	0	0	0	0	0	0	0	0	0
石油加工、炼焦及核燃料加工业	1	0	1	0	1	0	1	1	0	1	0	0	1	1	0	1
化学原料及化学制品制造业	0	0	1	1	1	1	1	1	1	1	0	0	1	0	1	1
医药制造业	0	1	0	0	1	1	0	0	0	0	1	0	0	0	1	0

续表

行业	全国	北京	天津	河北	山西	内蒙古	辽宁	吉林	黑龙江	上海	江苏	浙江	安徽	福建	江西	山东
化学纤维制造业	1	0	0	1	0	0	0	0	0	0	0	0	0	0	0	0
橡胶制品业	1	0	0	0	0	0	0	0	1	0	0	0	0	0	0	0
塑料制品业	0	0	0	0	0	0	1	1	0	0	0	0	0	0	0	0
非金属矿物制品业	1	0	0	1	1	1	0	0	1	0	0	1	1	0	1	0
黑色金属冶炼及压延加工业	0	0	0	1	1	1	1	0	1	1	0	0	1	0	1	0
有色金属冶炼及压延加工业	0	0	0	0	1	0	1	0	0	0	0	0	1	0	1	0
金属制品业	0	0	1	0	0	0	0	0	1	0	0	0	0	0	0	0
通用设备制造业	1	1	1	1	1	0	0	1	0	0	1	1	1	1	0	1
专用设备制造业	1	1	1	1	0	0	1	1	0	1	1	1	1	1	0	1
交通运输设备制造业	1	1	0	0	0	1	1	1	1	1	1	1	1	0	1	1
电气机械及器材制造业	1	1	0	1	1	0	1	1	0	1	0	0	1	0	0	1
通信设备、计算机及其他电子设备制造业	1	1	1	1	1	0	1	1	1	1	1	1	1	1	1	1
仪器仪表及文化、办公用机械制造业	0	0	0	0	0	0	0	0	0	0	0	0	0	0	0	0
其他制造业	0	0	0	0	0	0	0	0	0	0	0	0	0	0	0	0

续表

行业	河南	湖北	湖南	广东	广西	海南	重庆	四川	贵州	云南	西藏	陕西	甘肃	青海	宁夏	新疆
农副食品加工业	1	1	1	0	1	0	0	1	0	1		1	1	0	1	0
食品制造业	1	1	1	0	0	0	0	1	0	1		1	1	0	1	0
饮料制造业	0	0	0	0	0	1	0	1	1	0		0	0	0	0	0
纺织业	1	1	0	1	0	0	0	0	1	0		1	1	0	1	0
纺织服装、鞋、帽制造业	0	1	0	0	0	0	0	0	0	0		1	0	0	0	0
皮革、毛皮、羽毛（绒）及其制品业	0	0	0	0	0	0	0	0	0	0		0	0	0	0	0
木材加工及木、竹、藤、棕、草制品业	0	0	0	0	0	0	0	0	0	0		0	0	0	0	0
家具制造业	0	0	0	0	0	0	0	0	0	0		0	0	0	0	0
造纸及纸制品业	1	0	0	0	0	1	0	0	0	0		0	0	0	1	0
印刷业和记录媒介的复制业	0	0	0	0	0	0	0	0	0	0		0	0	0	0	0
文教体育用品制造业	0	0	0	0	0	0	0	0	0	0		0	0	0	0	0
石油加工、炼焦及核燃料加工业	1	0	0	1	0	1	0	0	0	0		1	0	1	1	1
化学原料及化学制品制造业	1	1	1	0	0	1	1	1	1	0		1	0	1	1	1
医药制造业	0	0	0	1	0	1	0	1	0	0		0	1	1	0	0

续表

行业	河南	湖北	湖南	广东	广西	海南	重庆	四川	贵州	云南	西藏	陕西	甘肃	青海	宁夏	新疆
化学纤维制造业	0	0	0	0	0	1	0	0	0	0		0	0	0	0	0
橡胶制品业	0	0	0	0	0	0	0	0	0	0		0	0	0	0	0
塑料制品业	0	0	0	0	0	0	0	0	0	0		0	0	0	0	0
非金属矿物制品业	0	1	0	1	1	1	0	1	1	0		1	1	1	0	1
黑色金属冶炼及压延加工业	0	0	1	1	0	0	1	1	1	0		1	0	0	1	0
有色金属冶炼及压延加工业	1	0	1	1	0	1	1	1	1	1		1	1	1	1	0
金属制品业	0	0	0	0	0	0	0	0	0	0		0	0	0	0	0
通用设备制造业	0	1	1	1	1	0	0	1	1	0		0	1	0	1	1
专用设备制造业	1	1	1	1	1	0	1	1	1	0		1	1	0	1	1
交通运输设备制造业	0	1	0	1	1	0	1	0	1	0		1	0	0	1	0
电气机械及器材制造业	0	1	0	0	0	0	0	0	0	0		1	0	1	0	0
通信设备、计算机及其他电子设备制造业	0	1	1	1	0	0	0	1	1	0		1	0	1	0	0
仪器仪表及文化、办公用机械制造业	0	0	0	0	0	0	0	0	0	0		1	0	0	1	0
其他制造业	0	0	0	0	0	0	0	0	0	0	0	0	0	0	0	0

附表2 "十五"期间被选为重点产业的情况

行业	全国	北京	天津	河北	山西	内蒙古	辽宁	吉林	黑龙江	上海	江苏	浙江	安徽	福建	江西	山东
农副食品加工业	1	0	0	1	0	1	0	0	1	0	0	0	0	1	0	1	1
食品制造业	0	1	0	1	0	1	1	1	1	0	0	0	1	0	1	1
饮料制造业	0	1	0	0	0	0	0	0	0	0	0	0	0	0	0	0
纺织业	1	0	0	0	0	0	1	0	0	0	0	1	0	0	0	1
纺织服装、鞋、帽制造业	0	0	0	1	0	0	1	0	0	1	0	1	0	0	0	0
皮革、毛皮、羽毛（绒）及其制品业	0	0	0	0	0	0	0	0	0	0	0	0	0	0	0	0
木材加工及木、竹、藤、棕、草制品业	0	0	0	0	0	0	0	0	0	0	0	0	0	0	0	0
家具制造业	0	1	0	0	0	0	0	0	0	0	0	0	0	0	0	0
造纸及纸制品业	1	0	0	0	0	0	0	0	0	0	0	0	0	0	0	0
印刷业和记录媒介的复制业	0	0	0	0	0	0	0	0	0	1	0	0	0	0	0	0
文教体育用品制造业	0	0	0	0	0	0	0	0	0	0	0	0	0	0	0	0
石油加工、炼焦及核燃料加工业	0	0	1	1	0	0	1	1	1	0	0	0	0	1	1	1
化学原料及化学制品制造业	1	1	0	1	1	1	0	1	1	1	1	1	1	0	0	0
医药制造业	1	1	1	1	0	1	1	1	1	1	1	1	0	1	1	0

行业	全国	北京	天津	河北	山西	内蒙古	辽宁	吉林	黑龙江	上海	江苏	浙江	安徽	福建	江西	山东
化学纤维制造业	0	0	0	0	0	0	0	0	0	0	0	0	0	0	0	0
橡胶制品业	0	0	0	0	0	0	0	0	0	0	0	0	0	0	0	0
塑料制品业	0	0	0	0	0	0	0	0	0	0	0	0	0	1	0	0
非金属矿物制品业	0	0	0	1	1	1	1	0	1	0	0	0	1	0	0	1
黑色金属冶炼及压延加工业	1	0	0	1	1	1	1	0	0	0	0	0	0	0	0	0
有色金属冶炼及压延加工业	1	0	0	0	0	1	1	0	0	0	0	0	0	0	1	0
金属制品业	0	0	1	0	0	0	0	0	0	0	0	0	0	0	0	0
通用设备制造业	1	0	0	1	1	1	1	0	1	1	1	0	1	1	0	0
专用设备制造业	1	0	0	0	1	0	1	0	1	1	1	0	1	1	0	0
交通运输设备制造业	1	1	1	0	0	0	0	0	1	1	1	0	0	0	1	1
电气机械及器材制造业	1	1	0	0	0	0	1	1	0	1	1	1	1	0	0	1
通信设备、计算机及其他电子设备制造业	1	1	1	0	0	0	0	0	0	1	1	1	0	1	1	0
仪器仪表及文化、办公用机械制造业	1	1	0	0	0	0	0	0	0	1	0	0	0	0	0	0
其他制造业	0	0	0	0	0	0	0	0	0	0	0	0	0	0	0	0

行业	河南	湖北	湖南	广东	广西	海南	重庆	四川	贵州	云南	西藏	陕西	甘肃	青海	宁夏	新疆
农副食品加工业	1	0	1	1	1	1	0	1	1	1	1	0	1	1	1	1
食品制造业	1	0	1	1	1	1	0	1	1	1	1	0	0	1	1	0
饮料制造业	0	0	0	0	0	0	0	0	0	0	0	0	0	0	0	0
纺织业	1	1	1	0	1	1	1	0	0	0	0	0	0	0	0	1
纺织服装、鞋、帽制造业	0	1	0	0	0	0	1	0	0	0	0	1	0	0	0	0
皮革、毛皮、羽毛（绒）及其制品业	0	0	0	0	0	0	0	0	0	0	0	0	0	0	0	0
木材加工及木、竹、藤、棕、草制品业	0	0	0	0	0	0	0	0	0	0	0	0	0	0	0	0
家具制造业	0	0	0	0	0	0	0	0	0	0	0	0	0	0	0	0
造纸及纸制品业	1	0	0	1	1	1	0	0	0	0	0	0	0	0	1	1
印刷业和记录媒介的复制业	0	0	0	0	0	0	0	0	0	0	0	0	0	0	0	0
文教体育用品制造业	0	0	0	0	0	0	0	0	0	0	0	0	0	0	0	0
石油加工、炼焦及核燃料加工业	1	0	1	1	1	0	0	1	0	0	0	1	1	0	1	1
化学原料及化学制品制造业	1	1	0	0	0	1	0	0	0	0	0	1	1	1	1	1
医药制造业	0	0	1	1	0	1	1	1	1	1	1	0	1	1	1	0

续表

行业	河南	湖北	湖南	广东	广西	海南	重庆	四川	贵州	云南	西藏	陕西	甘肃	青海	宁夏	新疆
化学纤维制造业	0	0	0	0	0	0	0	0	0	0	0	0	0	0	0	0
橡胶制品业	0	0	0	0	0	0	0	0	0	1	0	0	0	0	0	0
塑料制品业	0	0	0	0	0	0	0	0	0	0	0	0	0	0	0	0
非金属矿物制品业	0	1	1	1	1	0	0	0	0	0	1	0	1	1	0	1
黑色金属冶炼及压延加工业	0	1	1	0	0	0	0	1	0	0	0	0	0	0	1	0
有色金属冶炼及压延加工业	1	0	1	0	1	0	1	1	1	0	1	0	1	1	1	1
金属制品业	0	0	0	0	0	0	0	0	0	0	0	0	0	0	0	0
通用设备制造业	0	1	0	0	1	0	0	1	0	1	0	1	0	1	0	0
专用设备制造业	1	1	1	0	1	0	1	1	0	1	0	1	0	1	0	0
交通运输设备制造业	0	1	1	1	1	0	0	0	0	0	0	1	0	0	0	0
电气机械及器材制造业	0	0	1	1	0	0	0	0	0	0	0	1	1	0	1	0
通信设备、计算机及其他电子设备制造业	0	0	1	1	1	1	1	1	1	1	0	1	0	0	0	1
仪器仪表及文化、办公用机械制造业	0	0	0	0	0	0	0	0	0	0	0	0	0	0	0	0
其他制造业	0	0	0	0	0	0	0	0	0	0	0	0	0	0	0	0

附表3 "十一五"期间被选为重点产业的情况

行业	全国	北京	天津	河北	山西	内蒙古	辽宁	吉林	黑龙江	上海	江苏	浙江	安徽	福建	江西	山东
农副食品加工业	1	0	0	1	1	1	1	1	1	0	0	0	1	0	0	1
食品制造业	1	0	0	1	0	0	1	1	1	0	0	0	1	1	1	1
饮料制造业	0	1	0	0	0	0	0	1	0	0	0	0	0	0	0	0
纺织业	1	0	1	1	0	0	0	0	0	0	1	1	1	0	1	1
纺织服装、鞋、帽制造业	0	1	0	1	0	0	1	0	0	0	0	1	0	1	0	1
皮革、毛皮、羽毛（绒）及其制品业	0	0	0	0	0	0	0	0	0	0	0	0	0	0	0	0
木材加工及木、竹、藤、棕、草制品业	0	0	0	0	0	0	0	0	1	0	0	0	0	1	0	0
家具制造业	0	0	0	0	0	0	0	0	0	0	0	0	0	0	0	0
造纸及纸制品业	0	0	0	0	0	0	1	0	1	0	0	0	0	1	0	0
印刷业和记录媒介的复制业	0	1	0	0	0	0	0	0	0	0	0	0	0	0	0	0
文教体育用品制造业	0	1	0	0	0	0	0	0	0	0	0	0	0	0	0	0
石油加工、炼焦及核燃料加工业	0	0	0	1	0	0	1	1	1	0	0	1	0	1	1	1
化学原料及化学制品制造业	1	0	1	0	1	1	0	1	1	1	1	0	1	0	0	1
医药制造业	1	1	1	1	1	1	1	0	1	1	1	1	0	0	1	0

续表

行业	全国	北京	天津	河北	山西	内蒙古	辽宁	吉林	黑龙江	上海	江苏	浙江	安徽	福建	江西	山东
化学纤维制造业	0	0	0	0	0	0	0	0	0	0	0	0	0	0	0	0
橡胶制品业	0	0	0	0	0	0	0	0	0	0	0	0	0	0	0	0
塑料制品业	0	0	0	0	0	0	0	0	0	0	0	0	1	0	0	0
非金属矿物制品业	1	0	0	1	0	1	1	0	0	0	0	0	1	1	1	0
黑色金属冶炼及压延加工业	0	0	1	1	1	1	1	0	0	0	0	0	1	1	0	0
有色金属冶炼及压延加工业	1	0	0	0	1	1	0	0	0	0	0	0	0	0	1	0
金属制品业	0	0	1	0	0	0	0	0	0	0	0	1	1	0	0	0
通用设备制造业	0	1	0	1	1	1	1	0	1	1	1	1	1	1	0	1
专用设备制造业	1	1	0	1	1	1	1	0	1	1	1	1	1	1	0	1
交通运输设备制造业	1	1	1	0	0	0	0	1	0	1	1	1	1	0	0	0
电气机械及器材制造业	1	0	1	0	0	1	1	0	0	1	1	1	1	0	0	1
通信设备、计算机及其他电子设备制造业	1	1	1	0	0	0	1	0	0	1	1	1	1	1	1	1
仪器仪表及文化、办公用机械制造业	0	1	0	0	0	0	0	0	0	1	1	1	0	0	0	0
其他制造业	0	0	0	0	0	0	0	0	0	0	0	0	0	0	0	0

行业	河南	湖北	湖南	广东	广西	海南	重庆	四川	贵州	云南	西藏	陕西	甘肃	青海	宁夏	新疆
农副食品加工业	1	1	1	1	1	1	1	1	1	1	1	1	1	1	1	1
食品制造业	1	1	1	1	1	1	0	1	1	0	1	1	1	1	1	1
饮料制造业	0	0	0	0	0	0	0	0	0	0	0	0	0	0	0	0
纺织业	1	0	0	1	0	1	0	1	0	0	0	0	0	0	0	1
纺织服装、鞋、帽制造业	1	1	0	0	0	0	0	0	0	0	0	0	0	0	0	0
皮革、毛皮、羽毛（绒）及其制品业	0	0	0	0	0	0	0	0	0	0	0	0	0	0	0	0
木材加工及木、竹、藤、棕、草制品业	0	0	0	0	0	0	0	0	0	0	0	0	0	0	0	0
家具制造业	0	0	0	0	0	0	0	0	0	0	0	0	0	0	0	0
造纸及纸制品业	0	1	1	0	1	1	0	1	0	1	0	0	0	0	0	0
印刷业和记录媒介的复制业	0	0	0	0	0	0	0	0	0	0	0	0	0	0	0	0
文教体育用品制造业	0	0	0	0	0	0	0	0	0	0	0	0	0	0	0	0
石油加工、炼焦及核燃料加工业	1	1	1	1	1	1	0	1	0	1	0	1	1	0	0	1
化学原料及化学制品制造业	1	1	0	1	0	1	1	1	1	1	0	1	0	1	1	1
医药制造业	1	1	1	1	1	1	1	1	1	0	1	0	1	1	0	0

行业	河南	湖北	湖南	广东	广西	海南	重庆	四川	贵州	云南	西藏	陕西	甘肃	青海	宁夏	新疆
化学纤维制造业	0	0	0	0	0	0	0	0	0	0	0	0	0	0	0	0
橡胶制品业	0	0	0	0	0	0	0	0	0	0	0	0	0	0	0	0
塑料制品业	0	0	0	0	0	0	0	0	0	0	0	0	0	0	0	0
非金属矿物制品业	1	1	1	1	1	0	0	1	0	1	0	0	0	0	0	0
黑色金属冶炼及压延加工业	0	1	1	1	1	0	0	1	0	0	0	0	1	0	0	0
有色金属冶炼及压延加工业	1	1	1	0	1	0	0	0	1	1	1	0	1	1	1	1
金属制品业	0	0	0	0	0	0	0	0	0	0	0	0	0	0	0	0
通用设备制造业	0	1	0	1	1	1	1	0	0	1	0	1	1	1	0	0
专用设备制造业	0	1	1	1	1	0	1	0	0	1	0	1	1	1	1	0
交通运输设备制造业	1	1	1	1	1	1	1	0	0	0	0	1	0	0	0	0
电气机械及器材制造业	1	1	0	1	0	0	0	0	0	0	0	1	0	0	1	0
通信设备、计算机及其他电子设备制造业	1	1	1	1	0	1	1	1	0	1	0	1	0	0	0	1
仪器仪表及文化、办公用机械制造业	0	0	0	0	0	0	0	0	0	0	0	0	0	0	1	0
其他制造业	0	0	0	0	0	0	0	0	0	0	0	0	0	0	0	0

附录2 "价格法"与市场分割的度量

使用"价格法"度量市场分割程度是由 Parsley 和 Wei（1996，2001a，2001b）发展而来的，国内学者也对该方法有很多的应用，如桂琦寒、陈敏、陆铭和陈钊（2006），陆铭和陈钊（2009）等将该方法应用于研究中国的市场分割。

"价格法"的思想来源于"冰川成本"模型（Samuelson，1954），该理论是对"一价原理"的一个修正。因为存在运输消耗等形式的交易成本，商品价值在贸易过程中将像冰川一样融化掉一部分，所以即使完全套利，两地价格仍然不会绝对相等，相对价格会在一定的区间内波动。以 i、j 两地为例，假定某种商品的售价在 i 地为 P_i，在 j 地为 P_j，交易成本（商品在两地间交易所造成的各种损耗）可以表示为每单位价格的一个比例 $c(0 < c < 1)$。此时，只有当条件 $P_i(1-c) > P_j$，或者 $P_j(1-c) > P_i$ 满足时，套利行为才可行，两地会进行此商品的贸易。当上述条件不成立时，商品的相对价格 P_i/P_j 将在无套利区间 $[1-c, 1/(1-c)]$ 内波动。广义上的交易成本，泛指各种致使商品在贸易中发生损耗的因素，既包括自然地理的阻隔，又包括制度性障碍。运输成本的减少、制度性壁垒的削弱均意味着交易成本的下降与市场整合程度的提高，此时相对价格波动的范围也会随之缩窄。

采用相对价格指数的分析方法，需要三维（$t \times m \times k$）面板数据，即时间（t）、地区（m）和商品（k）。测度中国市场分割程度的原始数据是历年《中国统计年鉴》中的分地区商品零售价格指数，涵盖了1985年以来全国28个省份九类商品（海南、重庆成为省级行政区后，两地的商品零售价格指数也被统计入内，则相应具有30个省级单元数据）。这里测度中国市场分割程度的时间范围为1985~2014年，不过为对应于各省相应的工业产业数据，在市场分割与产业增长的实证研究中只取2001~2010年的数据。商品零售价格指数数据的筛选原则如下：①以1985年作为数据集的起始年份。从平衡数据的角度看，1985年以前的统计年鉴没有给出商品零售价格指数的分省数据；从历史角度看，1985年是中共十二届三中全会后，国家开始实行价格改革的首年，自此以后，经济活动主体的理性决策在价格形成中的作用越来越大，可以认为价格运动在总体上越来越顺应市场经济规律。②剔除了海南、重庆和西藏的数据，这些地区的数据时序较短，故未采用。③在商品种类的取舍上，将1985年未纳入统计范围的商品略去，只选取了九类从1985年起连续统计的商品，包括粮食、鲜菜、饮料烟酒、服装鞋帽、中西药品、书报杂志、文化体育用品、日用品以及燃料。④1987年以后商品种类划分的变化，造成了数据的不连续性，为了尽可能地获得更多的数据，1985 年和 1986 年饮料烟酒数据以烟酒茶数据代替，服装鞋帽以衣着类代替，中西药品以药及医疗用品类代替，文化体育用品以文化娱乐用品代替。

利用《中国统计年鉴》中的分地区商品零售价格指数，可以构造 1985 ~ 2014 年（30 年）来 61 对接壤的省级地区的相对价格方差 $\mathrm{Var}(P_{ti}/P_{tj})$，该方差数据在每一个省级单位构成了时序数据，便于我们直接观察方差随时间推进的演变情况，从而利用时间序列的自身运动规律检验市场的整合程度的变化趋势。该方法的另外一个优点是综合了可利用的不同商品的价格信息，形成了对商品市场整合程度的总体评价。我们把计算相对价格方差的总体范围限定在相邻省份，这是因为我们可以利用邻省的市场分割程度的指标，进一步计算出每一个省级单位的市场分割程度的指标，构建相应的分割指数的面板数据。

所采用的相对价格为绝对值 $|\Delta Q_{ij}^k|$，$\Delta Q_{ijt}^k = \ln(P_{it}^k/P_{jt}^k) - \ln(P_{it-1}^k/P_{jt-1}^k)$，其中，$k$ 表示第 k 种商品。之所以对价格比的对数值再进行一阶差分，是因为我们可获得的原始数据是商品零售价格的环比指数，差分形式使我们能够利用环比价格指数来构造反映市场一体化进程的指标。由式（1）可知，通过直接转换，商品零售价格的环比指数 P_{it}^k/P_{jt}^k 和 P_{it-1}^k/P_{jt-1}^k 可以直接表示出 ΔQ_{ijt}^k。

$$\Delta Q_{ijt}^k = \ln(P_{it}^k/P_{jt}^k) - \ln(P_{it-1}^k/P_{jt-1}^k) = \ln(P_{it}^k/P_{it-1}^k) - \ln(P_{jt}^k/P_{jt-1}^k) \qquad (1)$$

此外，如果将市场分割的状态视作冰川成本 c 极大的特殊情况，此时相对价格 Q_{ijt}^k 终会收敛，而 ΔQ_{ijt}^k 自然也收敛，所以 Q_{ijt}^k 与 ΔQ_{ijt}^k 在数据特征上是等效的。对相对价格取绝对值的原因是，取对数形式后 i 地与 j 地价格的分子分母位置调换将引起 ΔQ^k 的符号反向变化，亦即 $\Delta Q_{ij}^k = -\Delta Q_{ij}^k$，此时，置放顺序将影响到 $\mathrm{Var}(\Delta Q_{ijt})$ 的大小，而统一取绝对值就能够避免这一问题。回顾"冰川"成本理论，无套利区间 $[1-c, 1/(1-c)]$ 的对数形式 $[\mathrm{Ln}(1-c), -\mathrm{Ln}(1-c)]$ 是对称的，这就意味着绝对值相等、方向相反的 ΔQ^k，其实揭示了同等价格波动幅度，只不过两者的套利方向相反。

根据计算的商品价格指数样本，九类商品 61 对相邻省市 30 年的数据可得出 16470 个（$9 \times 61 \times 30$）差分形式的相对价格指标 $|\Delta Q_{ijt}^k|$。为了更准确地度量特定市场的整合程度，还需要剔除 $|\Delta Q_{ijt}^k|$ 中由商品异质性导致的不可加效应。举例来说，某一时期 i、j 两地的粮食市场发生的价格变动，可以分解为两个部分：一部分变动仅与粮食商品自身的某些特性有关，如粮食的供给比较容易受到自然条件的影响，因而波动较大；另一部分变动与商品无关，与 i、j 两地特殊的市场环境或其他随机因素相关。没有消去第一类因素对 $|\Delta Q_{ijt}^k|$ 的影响即与其他商品的相对价格加总求方差，计算值可能会高估由贸易壁垒形成的实际方差值。去均

值的方法可以消除与这种特定商品种类相联系的固定效应带来的系统偏误。具体做法是：设 $|\Delta Q_{ijt}^k|$ 由 a^k 与 ε_{ijt}^k 两项组成，a^k 仅与商品种类 k 相关，ε_{ijt}^k 与 i、j 两地特殊的市场环境相关。要消去 a^k 项，应对给定年份 t、给定商品种类 k 的 ΔQ_t^k 在 61 组相邻省之间求平均值 $\overline{\Delta Q_t^k}$，再分别用这 61 个 $|\Delta Q_{ijt}^k|$ 减去该均值。以去均值的方法得到 $|\Delta Q_{ijt}^k| - \overline{\Delta Q_t^k} = (a^k - \overline{a^k}) + (\varepsilon_{ijt}^k - \overline{\varepsilon_{ijt}^k})$，令 $q_{ijt}^k = \varepsilon_{ijt}^k - \overline{\varepsilon_{ijt}^k} = |\Delta Q_{ijt}^k| - \overline{\Delta Q_t^k}$。最终用以计算方差的相对价格变动部分是 q_{ijt}^k，记其方差为 $\mathrm{Var}(q_{ijt}^k)$。在这里 q_{ijt}^k 仅与地区间市场分割因素和一些随机因素相关。

$\mathrm{Var}(q_{ijt}^k)$ 的含义如下：对于每一个观察单位的每一年都需要有一个度量市场整合程度的指标。因此，需要度量的是一个由交易成本 c 导致的价格波动范围指标，其经济学含义是套利区间。根据冰川模型，这个套利区间越大，市场分割程度就越大。如果没有 k 种商品，只有一个总的价格指数，就没有办法在一个时点上看到相对价格的波动范围。那么，获得在一个特定时点上的价格波动范围的度量，可以利用的信息就是 k 种商品的价格指数信息。对于一个特定的商品 k 而言，其 q_{ijt}^k 已经不包括与它自己的特征有关的信息，而只包括了与市场分割程度有关的信息，而其方差则反映了由市场分割因素所导致的套利区间的大小。

针对本研究而言，目的是揭示市场分割如何影响产业增长。因此，我们将 61 对相邻省间的指数按省合并，得到每一个省与其邻省的市场分割指数。例如，上海的市场分割指数就是上海和江苏之间、上海和浙江之间的市场分割指数的均值，其他各省市的市场分割指数也是这样计算的。由此，共得到 840（28×30）个市场分割的观测值，分别显示了 28 个省在 30 年间与所有邻省的市场分割程度的变化。

运用"价格法"得到的中国国内市场分割指数，可以描述各省、各地区和全国的市场一体化程度与演变进程。首先，我们按年将各邻省的指标分别进行平均，可以得到 30 年间全国的综合指数的时间序列（见附图 1）。我们发现 1985～2014 年这段观测时期内，全国市场分割程度在总体上经历了一个先放大后收窄的过程，在 20 世纪 80 年代至 90 年代中期，全国市场分割程度有扩大趋势，此后呈现出日渐整合的趋势，只是在 2006～2008 年经历了一段小幅度上升的过程。

针对市场分割的省区特征，分别观察各省的市场分割指数（见附图 2）可以发现，个别省份，如四川和贵州的变化趋势从图形上看并不显著，各省的相对价格指数绝对水平或变化幅度各异，但总体而言，大致与全国的变化趋势相同，大多数省份的市场分割指数随时间的推进趋于下降。

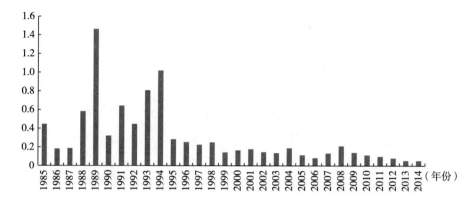

附图1　全国平均市场分割指数（1985～2014年）

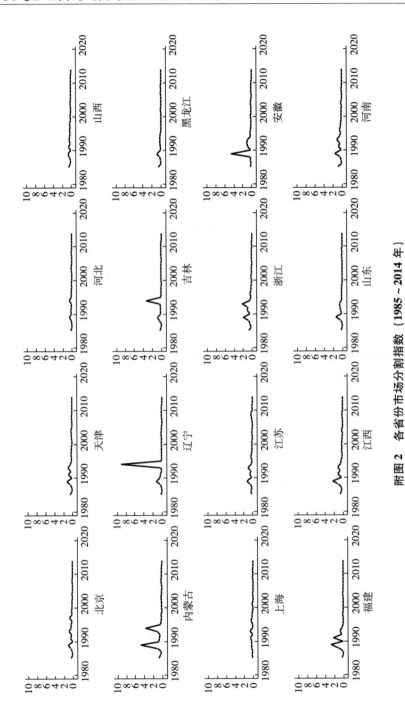

附图 2　各省份市场分割指数（1985～2014 年）

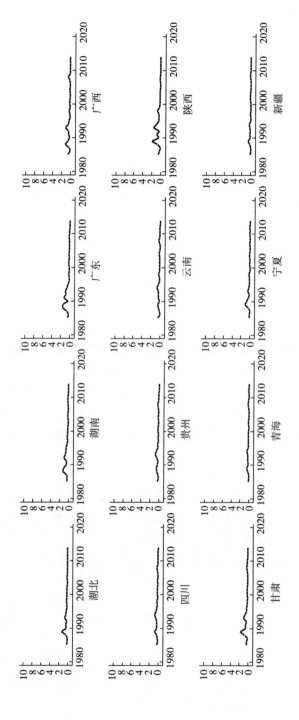

附图 2　各省份市场分割指数（1985～2014 年）（续）

注：为使图形易于观察，图中的市场分割程度指数已放大了 100 倍。且与计量分析中的数值保持一致，

后 记

　　本书的研究是在我博士后研究工作基础上的延续。中国的交通基础设施建设取得了引人注目的成就，"中国路、中国桥、中国高铁"已成为展示中国形象的新品牌，与此同时，交通基础设施建设也已成为改变中国经济景观的重要支撑。在完成相关研究的几年时光里，既有科研工作的辛酸与汗水，也有努力付出后的成功与喜悦。这期间，我有幸认识了许多良师益友，是他们给予我鼓励、关心与帮助，使我能够顺利完成研究工作。

　　首先，感谢我的恩师李善同教授。感谢李老师多年来对我的谆谆教诲和悉心培养，在您的带领下我有机会参与多项国家级课题、国际合作项目以及地方委托项目，我所取得的进步离不开您付出的辛劳与汗水。感谢您对我科研工作的严格要求和精心指导，您渊博的知识、严谨的治学态度、精益求精的工作作风、沉稳坚强的人格魅力为我树立了学习的榜样。感谢您在生活中给予我的温暖和关怀，与您相处的日子将是我终生无法忘怀的美好回忆。在此，我向恩师表示我最诚挚的谢意！

　　其次，感谢来自首都经济贸易大学的合作者毛琦梁副教授的倾力协作，感谢首都经济贸易大学安树伟教授主持的北京市属高校高水平教师队伍建设支持计划"长城学者培养计划"资助项目"新型城镇化与产业集聚：格局、过程与机理"（批准号：CIT&TCD20180336）对于本书的大力支持。

　　最后，感谢我的父母对我无私的爱和支持，这是我勇于战胜困难、不断前进的动力！

王　菲

2020 年 5 月 20 日